最初的國會
晚清精英救國之謀
1910～1911

李德林 著 （修訂版）

鴉片戰爭後的中國屢戰屢敗，外強中乾的清王朝危如累卵，
改革已箭在弦上，不得不發……

清皇族才俊們為何無法滅掉武昌的革命之火？
改革的精英們在政權垮台的前夕到底在做什麼？

最初的國會
晚清精英救國之謀 1910～1911（修訂版）

目錄

序言：世間已無老佛爺 ... 5
天子一號案（上） ... 9
天子一號案（下） ... 17
再見狀元郎 ... 25
新聞的界限 ... 35
議會是江湖 ... 45
泣血的國會（一） ... 55
泣血的國會（二） ... 65
泣血的國會（三） ... 73
泣血的國會（四） ... 81
辮子裡的刀（上） ... 89
辮子裡的刀（下） ... 99
昭雪六君子（一） ... 109
昭雪六君子（二） ... 119
昭雪六君子（三） ... 129
昭雪六君子（四） ... 139
致命的饑荒（上） ... 149

最初的國會
晚清精英救國之謀 1910～1911（修訂版）

致命的饑荒（下）	157
亡國的股災（一）	167
亡國的股災（二）	177
亡國的股災（三）	187
亡國的股災（四）	197
亡國的股災（五）	207
彈劾軍機案（一）	219
彈劾軍機案（二）	229
彈劾軍機案（三）	239
彈劾軍機案（四）	249
彈劾軍機案（五）	259
天朝的預算（上）	269
天朝的預算（下）	279
參考文獻	291

序言：世間已無老佛爺

慈禧太后內心崩潰的最後一刻，將清朝的權杖交到了年輕的攝政王載灃手上。

慈禧太后將政權交到攝政王手上時，整個國家的經濟已經恢復到鴉片戰爭之前的水準，年均一億二千萬兩白銀的出超貿易扭轉了帝國經濟七十年的出口頹勢。預備立憲更是慈禧太后留給攝政王消弭國內各派勢力分歧的最大政治遺產。

身為皇族宗室，年輕的攝政王是幸運的。但是，他沒有多爾袞那樣的定奪之功，更無多爾袞那樣的開創偉業，清朝的掌權者卻在生命的最後一刻將國家託付給了這位毫無尺寸之功的年輕人。

二十五歲的載灃以攝政王執政亮相國際舞台之時，成為當時全球最有權勢的領袖之一，西方的輿論一片歡騰，將這位年輕人譽為「初升的太陽」，誇讚攝政王身居九重卻有著國際視野。沒錯，在罷黜政治強人袁世凱後，攝政王的執政集團中皇族少壯派成了主角，他們都擁有留洋的背景，他們在政治、軍事、財政等諸多方面都有現代化視野。以梁啟超為首的改革派對攝政王寄了厚望。

攝政王柄國之初，傳統的士大夫已經成功地向現代精英轉變，以梁啟超為首的改革派在立憲的旗幟下如火如荼地進行改革的頂層設計，北京城的親貴們奔走於改革派之門。改革的精英們不斷地觸碰帝國的政治紅線，試圖透過滲透意識形態進行柔性的政治體制改革。改革猶如一鍋煮沸的水，無論是朝堂樞臣，還是販夫走卒，對攝政王的執政集團充滿信心。一度對革命信心滿滿的孫中山，在一次次城市暴動失敗後，面對攝政王執政集團的改革新氣

最初的國會
晚清精英救國之謀 1910～1911（修訂版）

象，都只能默默地在美國人的餐廳端盤子。

　　1911年10月10日，武昌城的一聲槍響，在美國餐廳裡看到報紙的孫中山沒有任何的興奮之感，他領導了太多次這樣的城市暴動。在孫中山看來，武昌城的新軍暴動很快就會被載灃的新軍鎮壓。孫中山遺忘了一個重要的軍事情報，武昌起義的那一天，攝政王直接控制的軍隊正在北方小鎮灤州進行大規模聯合軍事演習。武昌那個被推為第一位共和國都督的黎元洪，這之前曾率領湖北的兩營兵馬參加了灤州秋操。

　　孫中山錯了。

　　武昌城的槍聲成了推倒清政權的西洋骨牌，各路流亡海外的革命黨星夜兼程回國，紫禁城的御前會議卻在為誰南下平亂爭吵不休。攝政王望著慌亂的皇族少壯派長嘆不止，狡黠的慶親王奕劻已經暗中調動北洋新軍拱衛自己的宅邸。一夜激烈的爭吵過後，由有德國軍方勢力支持的陸軍大臣蔭昌乘火車南下武昌，可是在武昌郊外，他就被百多農民給嚇得肝膽俱裂，急令火車向北開。

　　武昌城的硝煙正濃之時，北京城的資政院精英們紛紛登台，譴責鐵路國有的罪魁禍首──郵傳部大臣盛宣懷。一份開放黨禁、赦免政治犯的文件送到了攝政王的手上。可一切都晚了。大思想家嚴復議員的大清國歌還沒有來得及奏響，大清王朝崩潰了。在漢江上遠望硝煙滾滾的武昌城，剛剛經過灤州秋操的攝政王軍隊，他們擁有德國最新的軍事裝備，卻在手持漢陽造的湖北新軍面前兵敗如山倒。清朝的狀元巨商、憲政改革領袖張謇仰天長嘆，他腦子裡已經有了一篇華麗的清帝遜位詔書。

　　這是一個不可思議的崩潰。

　　一個兩百多年的王朝，曾經出現過康乾盛世，在鴉片戰爭之後，也曾經試圖透過經濟改革來局部推動政治改革，曇花一現的同光中興令不少的改革派看到了王朝的希望。1900年八國聯軍將清朝的最高執政者慈禧太后趕到了西安，預備立憲成了清執政集團重拾帝國榮光的希望。攝政王的皇族少壯派們這一次怎麼未能滅掉武昌城的革命之火？誰將清政權推向了死亡的深淵？

序言：世間已無老佛爺

改革的精英們在政權垮台的前夕到底在做什麼？

一連串的問題一直縈繞在我的腦海中。改革在清朝最後的五十年中已經成了主旋律，即便是世人認定最頑固的慈禧太后，無論是經濟改革，還是像戊戌變法那樣激進的政治改革，沒有慈禧太后的首肯是難以推行下去的。慈禧太后在生命的最後一刻，留給攝政王的憲政遺產不僅沒能消弭多股政治勢力的分歧，相反成了分化攝政王執政集團的催化劑。利益集團丟盡了天朝的臉，讓毫無政治智慧的攝政王成了權力的孤兒。

一個時代的終結有千萬個理由。我試圖透過晚清改革精英們的系列救國韜略入手，洞見清王朝崩潰的根源，資政院成了最佳的視覺切入口。在武昌城槍響的一年之前，來自全中國的政治精英們在北京資政院濟濟一堂，他們在北京的預備國會現場緊張地審查政治、軍事、財政、意識形態等事關改革頂層設計的方案，在爭吵中達成了共識，最終都送到了攝政王的案頭，他們希望將慈禧太后的憲政遺產變成現實，讓憲政之花在封建的土壤上盛開。

改革就是一場利益的重組，儘管改革精英們的頂層設計猶如一把把鋼刀，但既得利益集團們卻在用手中的權力捍衛著他們的利益。可是，由德國軍械裝備起來的攝政王軍隊難掩王朝的虛弱。攝政王的執政集團內部黨閥森森，試圖透過軍事、經濟改革來推動全面立憲改革的攝政王，疲於七黨暗鬥，被執政集團七黨和國際勢力搞得內外交困。

世間已無老佛爺。年輕的攝政王無力調和各大政治勢力的分歧，無論是紛爭不斷的資政院，還是明爭暗鬥的紫禁城，攝政王猶如一具木偶，只是在樞廷之上陪著他的小兒子看令他厭倦的宮廷鬧劇。

既得利益集團們拒絕在最後一刻向憲政改革讓步。曾經試圖透過自上而下進行憲政改革的精英們，最後只能擦乾臉上的淚水，投向共和的懷抱。

最初的國會
晚清精英救國之謀 1910～1911（修訂版）

天子一號案（上）

1910年10月4日下午1點30分，資政院預備國會第一次議會開場。

落座的議員們發現議長溥倫未到，整個會場開始騷動，議員們交頭接耳。身為道光皇帝的曾孫，同治皇帝去世後，溥倫一度是最熱門的皇位繼承人，但在慈禧太后的操縱下，溥倫與皇位擦肩而過。1907年，清廷籌備資政院，慈禧太后為彌補溥倫政治上的損失，任命溥倫為資政院總裁。今天是資政院預備國會第一次審議國事，議長豈能缺席？

資政院祕書長金邦平站起來，掃了一圈會場，示意議員們安靜：「今日議長赴會議政務處會議要件，以故不能到會。」金邦平的話音未落，會場再次騷動，清廷當前第一要務就是憲政改革，憲政改革的頭等大事就是資政院開預備國會，難道還有比預備國會更大的事發生了？在會場旁聽的國際觀察團瞠目結舌，面對一開場就亂哄哄的清廷預備國會不斷搖頭。

議員們走進會場之時，遙遠的歐洲太加斯河河口叛軍如雲，里斯本皇宮硝煙四起。10月3日，葡萄牙的兩艘巡洋艦在共和黨的鼓動下叛變，國王曼努埃爾二世下令里斯本衛戍部隊鎮壓叛變軍艦，可衛戍部隊拒絕執行國王的命令，反而聯合叛變的海軍合圍里斯本四周。10月4日清晨，叛變的巡洋艦開始炮轟皇宮，國王曼努埃爾二世逃亡英國倫敦。

攝政王載灃第一時間收到了里斯本的情報，對於歐洲老派的彪悍君主王朝的覆滅，清執政精英們頗有兔死狐悲之感。慶親王奕劻曾當面向慈禧太后提出過警告，憲政是「民之趨向」，「拂民意是捨安而趨危，避福而就禍」。儘管葡萄牙從1820年就開始實行君主立憲制，可在政教合一的政治體制下，國王依然是唯一的主宰，最終連里斯本的衛戍部隊都拋棄了國王，站到了叛

最初的國會
晚清精英救國之謀 1910～1911（修訂版）

軍一邊。

　　清執政精英們對里斯本的武裝起義惶恐不安。里斯本起義前夕，民眾紛紛走上街頭遊行示威，最終在共和黨人的煽動下軍隊叛變。現在的清王朝正在重現葡萄牙的危機。1909年10月14日，大清帝國除新疆之外，全國二十一個行省成立了地方議會機構諮議局，這一天成了各界「為我國人民獲得參爭權之第一日」，輿論將諮議局看做「否極泰來，上下交通之氣象」加以謳歌。整個國家籠罩在立憲派狂熱的開國會喧囂之中。

　　張謇是地方議會的領袖，這位慈禧太后六十壽辰恩科狀元於1909年10月14日當選江蘇省諮議局議長。同一天，立憲派狂熱分子湯化龍當選為湖北諮議局議長，蒲殿俊當選為四川諮議局議長。一時間，「英才薈萃，海內震動」。清執政精英們萬萬沒有想到，位於帝國東部、中部和西南的三位議長最終成了清政權的掘墓人。張謇在當選議長後，通電全國提議各省諮議局聯合起來，要求清政府速開國會。

　　慈禧太后去世之前已經簽署命令，預備立憲以九年為限，1909年召開各省的立憲會議，1910年召開全國立憲會議，1917年召開國會。但各地諮議局的議員們對開國會已經迫不及待，張謇的提議一出，各地紛紛響應，均派出代表到上海共商赴京請願大計。1909年12月8日，長沙修業學校教員徐特立聽聞長沙代表啟程赴上海，「乃覓刀自斷左手小指，濡血寫『請開國會，斷指送行』八字」，並託人將此血書轉交代表。

　　張謇領導的請願國會代表團談話會第一次會議於1909年12月18日在上海召開，湖南代表羅傑、劉善渥展示了徐特立的血書，殷赤淋漓，字跡斑斕，與會代表無不感奮。1910年1月16日，請願國會代表團到達北京，由直隸代表孫洪伊領銜，列隊向都察院呈遞聯名請願書，要求「期以一年之內召集國會」。並向一些王公大臣分別呈交請願書副本，希望能夠得到他們的贊助。

　　1910年1月20日，請願國會代表團的請願書由都察院呈遞到攝政王載灃手上。請願血書深深地刺激了載灃，全國的民眾對憲政的熱情猶如岩漿噴

薄而出,一旦答應了請願團提前召開國會的請求,朝廷的威信將受制於民眾。更重要的是中央貨幣、財政改革均未有效推進,一旦國會召開,國家推行君主立憲政體,沒有統一的貨幣和強有力的財政保證,憲政的改革將成為國會各派政治勢力的玩偶。

載灃以慈禧太后的命令將開國會的請願給擋回去了,各地的請願代表們不斷地在北京進行各種各樣的集會,試圖遊說滿蒙王公進諫攝政王早開國會。1910年1月30日,請願代表們在北京公開成立了請願速開國會同志會,凡是在1909年各省簽名請願者皆為會員,請願速開國會同志會章程規定,非國會成立之日,同志會不得解散。令清執政集團恐慌的是同志會還號召會員鼓吹輿論,遊說各種社會團體、民間組織,分頭請願。

張謇作為國會請願運動的發起人,連續在1910年4月、6月主持第二次、第三次請願運動會議。徐特立的血書也被印成紅色傳單,分送各省流傳。各地不斷出現血書請願,將血書「以購國會,國會乎,政黨乎!血乎!」郵寄請願代表。愛新覺羅王朝龍興之地的東三省請願團更是泣血高呼:「東三省在帝國主義侵略下,今年疆界日蹙,權利日亡,財力日竭,人心日變的迫切情形,之處九年立憲之期,萬難以從容以待。」

東三省請願團的哭泣令遠在柏林的德國皇帝威廉二世都憤憤不平,他怒斥載灃為首的清執政精英「荒唐」,放任日俄兩國霸占東三省,「他不知道嗎?它是屬於他們的,他們皇朝的發祥之地」,威廉二世怒斥日俄在東北的行為簡直就是「強盜們的分贓」。威廉二世大罵不贊成中國進行迅速改革的日本「無恥」,日本擔心北京國會一開,影響自己在滿洲的利益。

皇朝的發祥地都落入日俄之手,滿蒙執政集團已經成了國際上的笑料。現在國內的民眾在各地諮議局的鼓動下請願不斷,各地諮議局還組織進京請願團,督請中央早日立憲。清執政精英們發現,士紳精英雲集的諮議局正在成為新的權力中心,他們逐步架空了地方督撫們的實權,地方督撫為了自己的利益同諮議局紛爭不斷,導致民眾同政府離心離德,地方督撫為了轉移地方矛盾綁架中央,一旦中央不能滿足地方的要求,里斯本的悲劇將在北

最初的國會
晚清精英救國之謀 1910～1911（修訂版）

京上演。

　　1910 年 10 月 3 日，葡萄牙海軍兩艘巡洋艦叛變之時，攝政王正在前往資政院的路上。當天上午 10 點 20 分，資政院舉行開院典禮。攝政王、軍機大臣、大學士、各部尚書及一百七十名議員參加開院典禮。開院典禮上宣統皇帝寄語議員們，「上為朝廷竭協贊之忠，下為庶民盡代議之責」，載灃希望議員們「殫竭忠誠，共襄大計」，資政院作為代表輿論之地，希望資政院「擴立憲之功用，樹議院之楷模」。

　　10 月 4 日一早，葡萄牙國內武裝起義的消息給攝政王的刺痛還沒有平復，一份從廣西發來的急電更令載灃汗流浹背。急電是廣西諮議局直接發給攝政王的，廣西諮議局言辭激烈地批評巡撫張鳴岐「不顧輿論」，「無論何等議案皆可以己意取消」，導致「諮議局權限從此喪失」，「議院基礎亦從此動搖」。諮議局在電報中嘲笑清廷的憲政改革簡直就是「假立憲之名以行專制之實」。在給攝政王的電報中，廣西諮議局的全體議員請辭。

　　廣西諮議局與巡撫的衝突源於北京方面的一紙禁煙令。1908 年，美國提議於 1909 年在上海召開萬國禁煙會議，北京為了配合萬國禁煙會議的召開，在禁煙會議準備期間下令全國禁煙，廣東、廣西 11 省自 1909 年下半年起全面禁止種植鴉片。廣西巡撫張鳴岐向北京方面報告，鴉片稅成為地方財政「歲入大宗」，「驟失巨款，財政固形困難」，希望朝廷同意廣西能夠分區分期禁售鴉片。

　　1909 年 2 月，美、德、日、法、英、義、中等十三國代表在上海簽署禁煙協議，協議明確規定鴉片除作醫藥外，在會各國，均視為禁物，各國要頒行嚴密條例，使之逐漸消減。1909 年 10 月 14 日成立的廣西諮議局將北京禁煙令、萬國禁煙協議當作決議法理，只給廣西政府 20 個月的緩衝期，到 1912 年 1 月 19 日必須全面禁絕種植、銷售。張鳴岐以禁期不展，地方經濟大亂為由拒絕執行諮議局的決議。

　　資政院的開院典禮剛開完，廣西諮議局同廣西巡撫就水火不容，集體請辭不做了。革命黨一直在海外抨擊北京的憲政改革，宣稱清廷的改革是「假

立憲之名行專政之實」的騙人把戲。1909年春天，日本明治勳臣伊藤博文預言：「中國在三年內將有革命。」這個時候，廣西諮議局給北京的電報無疑是證實了這個預言，載灃在國際上樹立的改革形象眼看著要毀於一旦，清廷的改革也將失去國際支持。

1910年8月，慶親王奕劻已經通知美國駐華公使嘉樂恆，中國將派代表參加1910年海牙禁煙會。中國作為深受鴉片之害的國家，同列強進行的兩次戰爭均因鴉片而起，豈能第一個違背萬國禁煙決議呢？廣西地方政府拒絕執行諮議局的禁煙期限決議，意味著中國地方議會的改革只是一個擺設，地方政府在美國主持的第二屆禁煙大會前拒絕執行上海禁煙協議，華盛頓將失去對北京方面的信任。

在此之前，攝政王載灃罷黜了親美的政治強人袁世凱，美國總統羅斯福對載灃管理的北京政府極不信任，在給德國皇帝威廉二世的信中寫道：「除了同他們極其慎重地往來以外，很難做其他的事。」奕劻向嘉樂恆通報參加海牙禁煙會實為向華盛頓示好，因為北京方面正在同華盛頓洽談一筆巨額的貸款，用於貨幣改革。載灃擔心華盛頓方面獲悉廣西諮議局集體請辭是因為地方政府拒絕執行禁煙令，貨幣改革貸款極有可能泡湯。

葡萄牙作為歐洲老牌的君主政權在共和黨的策動下，國王潛逃他國，政權土崩瓦解。里斯本的情報顯示，1891年開始，葡萄牙國內的共和主義勢力抬頭，他們主張在天下為公的原則下，廢除世襲的君主制，建立公平、公正的共和政體，實現政體的正義。1908年，葡萄牙總理若·弗朗哥下台後，黨派林立的葡萄牙議會陷入動盪之中，各黨派相互攻訐，一直未能組成一個穩定政府，共和黨藉機煽動軍隊叛亂。

葡萄牙的議會最終成了埋葬君主制的墳墓，葡萄牙的君主政權被顛覆前，國內的混亂局面同中國的局面如出一轍。立憲派越來越激進，他們已經不滿足於資政院的試點，他們以請願的名義向朝廷逼宮，朝廷不答應提前召開國會，各地的請願就不會停止。在請願的過程中，革命黨人推波助瀾，各地起義、刺殺不斷，同盟會員汪精衛甚至躲在攝政王府外伺機謀殺載灃。

最初的國會
晚清精英救國之謀 1910～1911（修訂版）

　　國際國內的局勢令清執政集團坐立不安。如果廣西諮議局議員們集體請辭，會深深地刺激廣西地方精英階層，他們對政府的改革將失去信心，一旦廣西問題傳到其他省份，各地諮議局紛紛仿效，地方議會改革將難以繼續推進。如此一來，大批激進的地方精英很快就會站到革命黨一邊。更為要命的是廣西地處邊陲，革命黨易於得到海外的人力、軍械的應援，且可進可退，一直都是革命的火藥桶，革命黨在廣西鎮南關、欽州一帶不斷發動武裝起義。一旦革命黨藉機煽動廣西民眾，廣西可能再次爆發武裝起義。

　　攝政王繼承的慈禧太后政治遺產就是一個敗壞到極點的政府：「政府諸臣均不能上體宸衷，振興庶務，旅進旅退，不痛不癢，使天下萬事隳發於冥冥之中。雖朝廷累下督責之詔，人民時聞怨謗之聲，而朝廷竟無一人引為己責者。」攝政王召集軍政樞臣開御前會議，「每次會議類多依阿唯諾議者，決者恆不過一二人」，文武百官「偏徇人情，公行賄賂，昌言運動，忌憚毫無，其所朦者皇上一人」，「諸王貝勒皆少年寡學，偏樹黨援，排斥異己，勾通閹寺，廣行賄賂」，「親貴攬取權利，開夤緣之門，手苞苴之饋」。

　　天朝的臉已經讓利益集團丟盡了，清執政集團在民眾眼中毫無公信力可言，在國際上更是一個沒有信任度的政權。槍桿子已經無法保障清政府的正常運行，憲政改革是愛新覺羅家族完成轉型的唯一選擇，只有完成政治轉型，透過憲政來重塑政府的公信力，將整個社會帶入法治的軌道之中。廣西諮議局全體議員請辭是一個可怕的信號，一旦憲政改革派同清執政集團內部的政治勢力對立，槍桿子是保不住清執政集團的江山的。

　　更讓攝政王載灃擔心的是，現在有山東農民殺妻女帶領數萬農民暴動，一度攻占了縣城，更何況有組織的革命黨？載灃非常擔心廣西問題成為動亂的導火線，那樣一來廣西將成為第二個里斯本。收到廣西諮議局請辭電報後，載灃立即召集王公大臣們在政務處開會，共商解決廣西問題。身為資政院議長的溥倫一直力主憲政改革，多次遊說載灃早開國會。廣西的突發事件自然需要資政院拿出一個可行的解決方案。政務處的會議開始之前，溥倫接到了載灃以宣統皇帝發布的命令，下令廣西事件作為資政院一號一案進

行審議。

　　10月4日是資政院第一次預備國會議事會議,資政院官報刊登的議案是選舉預算、決算、法典、稅法公債、陳請、懲戒專任股員。會議一開始,資政院祕書長金邦平宣布溥倫去參加政務處會議,臨走之前,溥倫「面囑」金邦平,廣西諮議局集體請辭事件是攝政王以宣統皇帝的名義給資政院下的聖旨,「係緊急事件」,「必應從速開議」。當天,資政院議事日表第一號議案緊急改定為審查廣西事件。

最初的國會
晚清精英救國之謀 1910～1911（修訂版）

天子一號案（下）

「廣西諮議局全體請辭即是解散。」會議一開始，議員易宗夔的話猶如一枚炸彈，廣西諮議局全體請辭是來自巡撫的壓力，按照廣西諮議局請辭即解散的邏輯，一旦資政院的議員集體請辭，資政院就自動解散，革命黨人就會藉機攻擊資政院只是皇帝專制的工具。副議長沈家本立即反駁易宗夔：「廣西諮議局問題是議員辭職，非解散。」

易宗夔，湖南湘潭人，1898年在《湘報》上發表〈中國宜以弱為強說〉，主張「民權與君權兩重」。時任湖廣總督張之洞閱該文後，斥之為「匪人邪士，倡為亂階」，咒之為「雜種」。1904年，易宗夔留學東京法政學堂學習法政，與著名民主革命家宋教仁過從甚密。1909年當選為資政院議員，是資政院「三傑」之一的憲政改革激進派代表。

沈家本，浙江湖州人，歷任副部級的刑部右侍郎、修訂法律大臣。沈家本在出任地方官期間，打過國際官司，在創辦京師法學堂時研習中外法典，主持修訂了民律、商律、刑事訴訟律、民事訴訟律多部大法，建議廢止凌遲、梟首、戮屍、刺字等酷刑。沈家本堪稱中國近代律法奠基人。現在作為資政院副議長的沈家本深知，議事程序是憲政的生命，議會的成立、解散事關大清憲政改革的成敗。

「立法權在議院，庶政歸於內閣。」廣西諮議局作為資政院的省級議事機構，一旦因為議員的辭職而遭遇解散，勢必會動搖資政院的根本。宣統皇帝聖旨緊急調整資政院一號議案，可以想像廣西事件背後的複雜。廣西巡撫張鳴岐在給北京的急電中說：「明知禁煙乃功令所在，展限為眾謗所歸，唯事關省市安危，不敢拘泥原案，務虛名而受實禍。」張鳴岐同廣西諮議局唱對台

最初的國會
晚清精英救國之謀 1910～1911（修訂版）

戲背後，一場更複雜的政商角力正在上演。

「禁期不展，市面必有危險」，鴉片商人在給張鳴岐的報告中措辭強硬，廣西鴉片「運往他區銷售，莊口不合，存貨難銷。且店鋪一經關閉，往來帳目不能周轉，仍與市面無益」。更讓張鳴岐緊張的是：「七省商店聯名具稟僉稱大宗貨物以煙土為重，商務命脈全賴帳目為流通，而普通帳目少數歸期為年底，煙土店一經歇業，則帳項無著，必致搖動全體。」

廣西鴉片商的報告令張鳴岐汗流浹背。1910 年 3 月開始，上海爆發了橡膠股票風潮，曾經一度暴漲數倍的橡膠股票價格一落千丈，曾經豪賭橡膠股票的山西、江浙、兩廣，甚至西南錢莊，頓時出現流動性危機。上海股票危機的影響下，快速引發了全國性的經濟危機。廣西鴉片商的報告警告張鳴岐，一旦廣西採取一刀切的禁煙政策，同鴉片貿易相關的錢莊票號將出現資金斷裂的危險，廣西將步上海股票危機後塵，出現嚴重的經濟危機。

廣西諮議局在給資政院禁煙大臣的電報中戳穿了鴉片商的底牌：「桂林煙土商因近日煙土價昂貴數倍，故意居奇，飾詞矇稟張撫批准展期。」廣西諮議局給在京桂系官員的信函中對鴉片商的狡詐相當不滿，廣西鴉片販運之途在 1909 年 6 月就堵塞了，可是鴉片「繞道由湖南入境者尚絡繹不絕」，鴉片價格「昂貴數倍於前，大利所在，人必趨之」，「故各煙土商不惜用全力以運動，希冀達其展限之目的，而牽動市面一說遂足以動道聽矣」。

張鳴岐在給北京的報告中將鴉片商同其他商人混在一起，以可能導致經濟危機來博得北京各個部門的支持。可是廣西諮議局的議員們透過調查發現，「各紳士之意均不主張展期」，「如果允許展期，是全省之輿論不敵一二奸商之運動」，廣西諮議局在給資政院的電報中痛心疾首地說：「似此禁煙之令任意反汗，各屬必因而觀望，於全省禁煙大受影響，且已公布之議案，亦可變更，恐將來議事全無效力，殊非朝廷設立諮議局之本意也。」

「尋常奏咨屬於督撫命令，事件可任督撫變更。此案奏咨屬於諮議局法律事件，自不得任督撫變更，若以督撫命令變更法律，則無論何等議案皆可以奏咨取消，朝廷又何必設諮議局？」廣西諮議局在給北京的電報中譴責張鳴

岐，張鳴岐在回答諮議局問題時，「答文張皇過甚，皆為煙土商辯護」，「現只三數煙土商造謠恐嚇，萬一得志，則傚尤眾，而禁煙難行，事關禁煙前途及立法權限」。

張鳴岐以經濟危機來為禁煙展期辯護，廣西諮議局以維護憲政之精神而反對。

廣西諮議局在集體請辭之前，試圖希望清執政集團以維護憲政改革之名，約束一下廣西巡撫張鳴岐，可是北京的執政者給廣西諮議局回覆說，「土藥稅為歲入大宗，明亦知禁售實行，自必失之巨款」，但是「唯大害終久必除，詎戀此止渴須臾之鴆酒？」北京方面模稜兩可的回覆令張鳴岐肆無忌憚，置議員反對不顧禁煙展期，廣西諮議局的議員們只有長嘆：「行政長官不顧輿論則無論何等議案皆可以己意取消之，豈立憲時代所宜？」

「今禁煙案不能照限施行，而護撫部院不負責任是諮議局議案之全無效力，廣西實開其先例，異日見諸奏咨轉恐波及於各省，不特諮議局權限從此喪失，即議院基礎亦從此動搖，假立憲之名以行專制之實，其關係於憲政前途甚大。」廣西諮議局全體議員在給資政院的辭職電報中相當無奈：「本局全體議員辭職實因禁煙議案實其效力，上無以負朝廷設立諮議局之盛心，下無以慰人民選舉議員之本意，愧悚交並，迫而出此。」

禁煙乃國策，愛新覺羅家族的江山敗在鴉片，張鳴岐明知會遭致罵名，卻仍然不顧議員們的反對，為一二個狡詐的鴉片商反對諮議局的決定。更為要命的是，立憲是清執政集團轉型大勢所趨，曾經為立憲改革幾欲跳湖的慈禧太后在身前都接受憲政改革，光緒皇帝身前通詔全國，大清帝國推行憲政改革，身為地方長官反對諮議局決議，是公然對抗中央改革，張鳴岐獨斷專行意欲何為？

張鳴岐出生農民家庭，以舉人身分在兩廣總督府給岑春煊當幕僚，從總理兩廣營務，一步步爬到廣西巡撫的高位。同諮議局的議員們爭論禁煙問題時，張鳴岐向慶親王奕劻行賄，正欲謀取兩廣總督之位。預備立憲期間，清執政集團內部各派勢力爭奪地方督撫人事大權，在這個人事考察的敏感時

最初的國會
晚清精英救國之謀 1910～1911（修訂版）

期，一旦廣西經濟出現大亂，奕劻的對手們就會以張鳴岐執政能力問題進行攻擊，張鳴岐的兩廣總督之位將成空。

廣西諮議局集體請辭令清執政集團相當緊張，憲政改革之門已開，政治體制改革已經是開弓沒有回頭箭。以江蘇省諮議局局長張謇為首的十四省諮議局代表，從 1909 年 10 月開始謀劃赴京請願速開國會，資政院召開預備國會期間，請願團已經第三次赴京，立憲派批評清執政集團：「籌備憲政之實之所以不舉者，皆坐無國會而已。」全國各地諮議局赴京請願的議員們放出狠話，朝廷再拖延不開國會，「全體議員，同時解職」。甚至有請願議員宣誓，如果朝廷「不得請，當斧鑕死闕下」。

全國立憲派對清執政集團寄予憲政改革厚望，沒想到廣西諮議局的議員們率先全體請辭了。廣西諮議局在給資政院的電報中說，「電呈資政院」的同時，「通告各省諮議局」，「以供天下之研究，事關憲政，自有公論」。第三次請願團進京之前，各省爆發了數千人規模以上的請願，紳商學界各團體提出「不開國會，人民不承認新捐稅」的口號，如果朝廷不給廣西諮議局一個滿意答覆，清執政集團將失去立憲改革派的支持。

第三次全國諮議局赴京請願團進京之前，立憲派的意見領袖梁啟超警告滿清執政集團，「國民所以哀號迫切，再三籲訴者」，說明對朝廷的改革還抱有一線希望，執政集團別辜負了國民的期望，「全國人兵變與全國之民變比起於一二年之間，徒以現今之政治組織循而不改，不及三年，國必大亂，以至於亡」。對於拖延憲政改革，恐怕「宣統八年召集國會，為將來歷史上必無之事也」。

洶洶的憲政改革浪潮，清執政集團擔心重蹈里斯本的悲劇，自然不希望史書上沒有「宣統八年」四個字。沈家本作為預備國會天子一號議案的主持人，相當清楚廣西諮議局集體請辭的政治意義，一旦預備國會上將集體請辭定性為諮議局解散，第三次進京請願的各省諮議局代表會對執政集團失去信心，到時候全國諮議局集體請辭，大清帝國的憲政改革將失敗，激進的立憲派投身革命黨將是國家的災難。

天子一號案（下）

一號議案令沈家本高度緊張，作為皇帝下了聖旨的緊急案，沈家本提議為了從速審查，先不要糾纏於事件性質，宜組建特別審查委員會，專門審查廣西事件。按照規定，特別審查委員會一般為六名，但是廣西諮議局集體請辭「關係於憲政前途」，沈家本提議組建特別審查擴大委員會，規模宜用十八人。沈家本指定了以宗室王公、外藩世爵、各部院衙門官、碩學通儒為主的十八人為特別審查委員會委員。

廣西事件特別審查委員會成立後，沈家本提議由祕書官向全體議員朗讀一遍廣西諮議局電報。祕書官還沒有開始朗讀，議員們就議論開來，甚至建議取消冗長的朗讀，中途有議員鼓掌，導致會場秩序混亂。載灃希望從速審議的廣西事件毫無進展，有議員實在看不下去，站起來高聲訓斥：「如此秩序紊亂，殊不雅觀，況外國人在議場參觀，若無秩序，未免為外人所訕笑。」

會場的爭吵沒完沒了，一直吵到下午4點10分，一直沒發言的議員雷奮站起來說，「凡開會時，議長宣布之後，諸君可以發言，若未宣布以前，應宜靜坐。」清廷「第一次開辦資政院，為天下觀瞻所繫」，沈家本一看場面已然失控，旁聽的國際友人如果看猴戲一般，實在是尷尬之極，喧鬧之中，沈家本無奈只有宣布廣西事件於10月6日再議。

10月6日下午1點30分，資政院預備國會議長溥倫親自主持廣西事件審議。溥倫開場說，廣西事件攝政王需要給廣西諮議局一個滿意的答覆「甚關緊要」「請諸君詳細斟酌」。朝廷已經掌握情報，第三次進京請願的代表將要在10月7日向攝政王遞交請願書，如果廣西諮議局請辭事件不能處理妥當，還不知道請願團將在攝政王府鬧出什麼動靜。

「廣西禁煙事小，而諮議局機關甚大，決議之件，南山可動，此議案自不可移。」滿漢世爵議員李長祿第一個發言。李長祿之父曾是湘軍名將，在湘軍集團頗有人望，李長祿本人世襲子爵，曾經在廣西出任候補知府，在廣西呆了四五年，曾經在釐金局工作過，對廣西政局十分熟悉。李長祿覺得廣西巡撫張鳴岐在憲政改革的敏感關頭，「何得捨大而謀小」？

張鳴岐曾經以鴉片稅是廣西財政大宗為由，希望北京方面批准禁煙展

最初的國會
晚清精英救國之謀 1910～1911（修訂版）

期，鴉片商作為財稅貢獻大戶，以禁煙可能危機廣西經濟大局相威脅。李長祿給議員們揭開了另一個祕密，廣西「所謂公款者，凡各釐金局所收入，皆存之於大商家生息」，官方的財政款項一樣，每年的利息收入歸於盈餘項下，各局的辦事員可以提二釐花紅作為獎勵。更為誇張的是，「平時官款以一紙空票存店」，政府用錢時向各大商家挪取。

「近日該省官吏多飽私囊，凡遇舉辦各項新政，即以財政困難為名，甚至借此放棄責任。」李長祿批評廣西官場吏治已經壞到極點，現在朝廷明文禁煙，廣西官員們「不得不謀對付之策」，「煙土一項，搜刮無遺」，在「一二商人運動」後，張鳴岐「寧敢上違禁煙，不甘坐失利藪」，遂將廣西諮議局「議決公布之案倏爾變更」。李長祿義憤填膺，「功令昭垂，公議宣布，豈可任該撫一人意見敗壞全局？」

兩廣總督之位的誘惑真的可以讓張鳴岐對抗憲政改革之洪流？議員吳賜齡覺得張鳴岐冒天下之大不韙背後有更大的政治企圖，因為「商家習慣帳目盡於冬月收清，1909年帳目已清，何以今年有許多帳目」？廣西諮議局年初調查煙土商存貨無幾，可是張鳴岐電告北京「帳目二百餘萬之多」。廣西選出來的這位吳賜齡議員判斷，張鳴岐給朝廷匯報說「牽動市面」四字「顯係臆造」，「是以財政要挾中央，其毒辣手段即伏於奏陳」。

張鳴岐出生於山東農村，在兩廣總督岑春煊幕下期間，廣西爆發會黨起義，張鳴岐隨岑春煊入桂平亂，至此開始一步步發跡。廣西作為大清帝國經濟最糟糕的一個省，在張鳴岐擔任巡撫之前毫無工商業可言，張鳴岐在官場上自然毫無地位，在憲政改革中毫無話語權。張鳴岐在主政廣西期間大興鐵路、礦業等工業，還創辦了廣西銀行。在廣西地方改革過程中頗有政績的張鳴岐決定為自己謀求更大的政治舞台。

慶親王奕劻身為首席軍機大臣，多年執掌總理衙門、外務部，同歐美各國駐華公使交好，在國內同北洋領袖袁世凱是政治盟友，奕劻曾在御前會議力陳憲政改革大義，最終慈禧太后採信奕劻的建議。奕劻是未來責任內閣首相的熱門人選，只要得到奕劻的支持，在未來的憲政時代，一定可以謀得重

要的政治地位。張鳴岐重金行賄奕劻，謀得兩廣總督之位，他在敏感的人事考察期只有穩住廣西，才能坐上兩廣總督的高位。

張鳴岐向民政部禁煙大臣、度支部、資政院發電報，以地方稅賦、經濟穩定藉口，希望北京的各級部門能夠支持他禁煙展期的決定，甚至置廣西諮議局決議不顧，他非常清楚憲政改革的現實，「蓋憲法既立，在外各督撫，在內諸大臣，其權必不如往日之重，其利必不如往日之優」。各地諮議局情願不斷，攝政王載灃拒絕提前召開國會背後，清執政集團內部各派勢力沒有達成共識，在各派勢力衝突不可調和期間，地方督撫只有做大自己，才能在未來的政壇謀得一席之地。

廣西鴉片商的一紙警告，成了張鳴岐對抗中央的最好證據。當時上海的橡膠股票風波讓攝政王焦頭爛額，北京城十三家錢莊同時宣布破產，攝政王載灃透過度支部下令從鐵路局抽撥現銀五十萬拯救京城的金融危機。五十萬兩實在是太少了，杯水車薪，天津、江浙、廣東等地的告急求助信函猶如雪花般飛向紫禁城。一旦激怒鴉片商，廣西爆發經濟危機，會黨勢力勢必同革命黨聯手起義。

洶洶的國會請願團猶如一個火藥桶，一旦廣西爆發起義，激進的立憲派同革命黨聯合是攝政王最不希望看到的。張鳴岐牢牢地抓住了對抗中央的經濟、心理籌碼，他萬萬沒有想到諮議局那一幫耍嘴皮子的書生居然集體請辭，還通電全國諮議局。議員林炳章言辭激烈，「奉明詔督促禁煙，不啻三令五申」，廣西鴉片商以維持市面「大題要挾」，政府豈能「以少數奸商壓制多數代表之輿論」？

廣西諮議局在給資政院的電報中感嘆，原以為諮議局設立後地方行政可逐漸改良，沒想到對於禁煙極重要的議案，「官廳竟徇三數煙土商之情，準其展期」，簡直沒有將憲政放在眼裡。張鳴岐對抗諮議局的行為令輿論譁然，指責「張鳴岐之摧毀憲政」，「諮議局為一省立法之機關，則其權限自不能任行政官侵奪，雖所立之法為一省之單法，然既經公布即不能以行政官之命令而更改」。

最初的國會
晚清精英救國之謀 1910～1911（修訂版）

「夫憲法者，國家之根本法也，為君民所共守，自天子以至於庶人，皆當率循，不容踰越。」1908 年，光緒皇帝頒布《欽定憲法大綱》時，非常明確地規定：「憲法一立，全國之人，皆受治於法，無有差別。」在《憲法大綱》序言特別對國家政體和君主權力做了限制：「君主立憲政體，君上有統治國家大權，凡立法，行政，司法皆歸總攬，而以議院協贊立法，以政府輔弼行政，以法院遵律司法。」

張鳴岐身為地方行政長官，公然對抗中央，不惜摧毀憲政，令議員們忍無可忍。雷奮議員更向議長溥倫申請到議台發言，詰問張鳴岐「諮議局為何全體請辭」？資政院預備國會沒有必要討論廣西禁煙事故，只認定張鳴岐在廣西諮議局未進行第二次決議之前，遂公然自行對禁煙展期，是違背法律，侵奪了諮議局的權限。李長祿希望預備國會的議員們對張鳴岐公然蔑視憲政進行公決，「以維國紀而順輿情」。

1910 年 10 月 6 日下午 2 點 30 分左右，溥倫提及資政院預備國會議員對廣西事件進行表決，三分之二以上議員贊成決議張鳴岐禁煙展期違法。6 日下午 3 點 30 分，資政院將表決結果向攝政王載灃匯報。載灃以宣統皇帝的名義向廣西發出電令，勒令廣西巡撫按照諮議局議決辦法進行禁煙，廣西諮議局迅速召集照章議事。天子一號議案終以議員戰勝地方行政長官，議會第一案以法律成功約束地方行政長官的權利。廣西諮議局迅速給資政院回電：「陽電計達，現本局蒸日開會。」

再見狀元郎

「今人之見夫世界各大國船堅炮利，財富兵雄，以為自強之根本在此矣，而不知實由民德、民智之完備與民力之堅強，萬眾固結如山岳之不可搖撼，乃為根本中之根本耳。」1910年10月14日下午1點40分，資政院預備國會現場，學部尚書唐景崇站在議台上鏗鏘有力地向全體議員就教育改革作主旨說明。唐景崇早在江蘇學政任上時，向清執政集團奏陳預備立憲時就提出，「必教育普及，而憲法乃有樹立之時」。

教育是一個大問題。

攝政王載灃以宣統皇帝之名，緊急調整了資政院預備國會天字一號議案後，學部提交的《地方學務章程》成了預備國會的二號議案。現在憲政改革呼聲日隆，速開國會請願團的激進分子「拔刀剖腹，以明心跡」，清執政集團一身冷汗，「天下之變岌岌哉」。一直透過八股科舉選拔人才的執政者發現，八股文士皆「貪微末膏火」之輩，憲政改革誰堪大任？

教育是令中國執政者最頭痛的問題。春秋戰國百花齊放，三教九流爭雄。秦始皇天下一統，焚書坑儒，孔夫子那樣招徠三千弟子的盛況一去不復，甚至會被扣上聚眾擾亂公共秩序安全的罪名。到了漢代，孔大了倡興的儒家學說被推崇為官學文化代表。到了唐朝，儒家學說以「修身、齊家、治國、平天下」為最高理想的科舉製成了執政者選拔人才主要管道，社會精英深陷八股仕途，成為執政者的附庸。

「科場之文，萬啄相因，詞可獵而取，貌可擬而肖，坊間課本，如山如海。」大清「第一清流」龔自珍曾經在宗人府工作，這位進士出身的文人看慣了清執政集團的腐敗，在中進士十年後的四十八歲憤然辭官，對科舉制度

最初的國會
晚清精英救國之謀 1910～1911（修訂版）

選拔庸碌人才相當失望：「四書文祿士，五百年矣，士祿於四書文，數萬輩亦，既窮既極。」

執政者們為了束縛思想活躍的知識分子，他們將儒家學說忠君思想提到核心高度，透過科舉考試的方式給知識分子戴上思想的枷鎖。社會精英們一旦接受執政者固化的八股教育，立即產生通向仕途的強烈願望。進士出身的淮軍集團領袖、一直試圖透過經濟改革來推動局部政治改革的李鴻章，在改革試點過程中發現人才奇缺，寒窗苦讀的八股文士只是「小楷試帖，太蹈虛飾」，遍布全國的書院「甚非養人才之道」。

書院一直是科舉狀元的搖籃，清入關後大興文字獄，書院早已失去了宋明時代講學論道的功能，淪為科舉的附庸，「所科皆八股試帖之業」，「所延多庸陋之師」，書院的學生唯功名是圖。剿滅太平軍後，滿清江山已是滿目瘡痍，執政精英們試圖透過經濟改革來永固江山，以李鴻章為首的改革派提出，「造就人才」「實為中國自強根本」，革新教育，乃「當務之急」。

甲午海戰，現代化的北洋艦隊毀於一旦，《馬關條約》兩億兩白銀賠款讓李鴻章成了千夫所指的對象，民眾一度對改革失去了信心。同樣進士出身的康有為將李鴻章痛罵一番後，理性地向光緒皇帝進諫，「挽世變在人才」，「泰西之所以富強，不在炮械軍兵，而在務理勸學」，「才智之民多則國強，才智之民少則國弱」。在戊戌變法期間，提出教育體制改革，主張廢除科舉，創辦新學。

康有為的主張在百日維新之後成為書院內的笑料。全國各地的書院猶如一張網，那些「庸陋之師」的門生遍布整個大清官場，廢科舉簡直就是斷了「庸陋之師」的活路。在「庸陋之師」的眼中，康有為簡直就是一個離經叛道之徒，從書院走出來的舉人、進士們豈能眼睜睜地看著鍛造他們錦繡前程的書院關門？豈能旁觀撫育他們走上仕途的恩師失業？

書院一直是清教育改革整頓的對象，可是「庸陋之師」們的關係網令整頓舉步維艱。到了 1900 年，儒家學說未能阻止八國聯軍攻占北京，光緒皇帝同慈禧太后一路倉皇西逃，清執政集團的精英們真正意識到：「中國不貧於財

而貧於人才，不弱於兵而弱於志氣。人才之貧，由於見聞不廣，學業不實；志氣之弱，由於苟安者無履危救亡之遠謀，自足者無發憤好學之果力，保邦致治，非人無由。」

1901年1月29日，逃往西安的慈禧太后頓悟，以光緒皇帝之名發布新政上諭：為政之道，首在得人，況值時局艱危，尤應破格求才，以資治理。教育之興廢，為國家強弱所由繫，教育之良否，為人民智昧所由分，東西各國莫不注重教育，合力通籌，以立強國智民之本。故「學堂最為新政大端」，清執政集團已經將教育提高到治國、強國之本的高度。

清執政集團最高層的改革上諭令全國歡呼雀躍，甚至流亡日本的戊戌通緝要犯梁啟超都興奮莫名，「言自強於今日，以開民智為第一義」。開民智勢必要推廣教育，作為儒家學說傳播的重要管道，新式學堂取代傳統書院成為必然，清廷下令：「除京師已設大學堂，應行切實整頓外，著各省所有書院，於省城均改設大學堂，各府及直隸州均改設中學堂，各州縣均改設小學堂，並多設蒙養學堂。」

教育改革是新政一等要務，管學大臣張百熙主持擬定了學制系統文件共六件，光緒皇帝簽署命令後統一以《欽定學堂章程》頒布。學制主系列劃分為三段：第一階段為七年初等教育，宗旨「在授以道德知識及一切有益身體之事」；第二階段為四年中等教育；第三階段為高等教育。不算大學院，張百熙制定的整個學制年限長二十年。課程設置方面除了修身、格致，增加了算學、物理、化學、外語等課程。其中傳統課程占比為百分之二十五，新學為百分之七十五。

教育新政一出，可憐的中央沒有制定教育經費預算，地方督撫們只將書院換了一塊招牌，對學堂沒有任何實質性的改變，他們向中央的解釋是「通省學堂同時並舉，財力或有不逮」。當時新任直隸總督的袁世凱是個改革的積極分子，他向北京提交一份開設大學堂的報告，直言「以今日世變之殷，時艱之亟，將欲得人以佐治，必須興學以培才」，他下令將泺源書院改制製為山東大學堂。

最初的國會
晚清精英救國之謀 1910～1911（修訂版）

　　書院改制成為大學堂最大的問題是生源、資金、師資問題。袁世凱在山東大學堂大興創新，先辦相當於州縣之小學堂的備齋和相當於中學堂的正齋，條件成熟後再設專門之學的專齋。各省紛紛仿效袁世凱的改革模式，可是告老還鄉的翰林院侍講王先謙很快發現問題，教育新政未及平民百姓子弟，以致「父兄失教，子弟荒嬉者，殆不可以數計」。王先謙擔心教育的不公平將成為「中國之大患」。

　　清執政集團推行的教育行政目的是開民智，富國強兵，可是各地督撫們以經費問題同中央的改革進行對抗，教育的不公平導致「愚民沉夢之酣」，令執政者「顧此豈豈割心沉痛」。不少改革志士也是相當悲憤：「實行新政要在民氣新，民氣新必自教育發達始，現於近日俄之勝，是可司教育效果，惜財政困難，學生未能遍布，頑固之民反而震撼之，是尤不可無權變開通之法，以輔學堂之不足。」

　　王先謙在湘軍做幕僚期間考中進士，經常給光緒皇帝講課，受皇命主持雲南、江西、浙江三省鄉試，後出任江蘇學政，對地方教育頗有研究。面對教育新政出現的問題，王先謙提出地方政府在興辦學堂之時，「用少數之經費，施切實之教法」，「然後推擠各屬」，對貧困「凡及歲兒童，皆令便宜就學」，「總期費少效多，大眾聞風刑期，以漸達西國所稱無人不讀書識字之目的」。

　　王先謙的建議很快得到清執政集團的注意。1905年2月，學部向朝廷陳奏：「考各國學制，大別有二：曰專門。曰普通。而普通尤為各國所注重，普通雲者，不在造就少數之人才，而在造就多數之國民。」唐景崇在江蘇學政任上給慈禧太后陳奏：「國家者，國民之所積而成也。」國民對於遭受數百年奴役的大清老百姓來說，是一個奢侈而又崇高的稱謂，滿蒙執政集團能將老百姓待之以國民，普及教育，將是執政集團重塑公信力之良策。

　　儒家學說成為王道馭人精髓，「忠君」、「尊孔」的儒教已經政教合一，一旦教育核心從求仕主義轉向國民主義，推廣至所有的國民，士紳精英階層在社會中的尊崇壟斷地位將不復存在。清執政集團的改革派相當清楚，要想國

再見狀元郎

民革士大夫觀念，推行新學，沒有強有力的行政命令難以執行。光緒皇帝在世時下令將「忠君，尊孔，尚公，尚武，尚實」的欽定教育宗旨「頒示天下」，「懸之京外學堂」，以示朝廷新政圖振之決心。

1906年，清廷派出五大臣出洋考察憲政，憲政考察團回國後匯報，歐美各國之所以「國勢隆盛者，無不由於普及教育之功」，「所以上下通信，共圖治理者，殆由教育普及」。在王先謙的普及教育建議後，考察團建議清廷在全國推行小學義務教育，學習各國實行強迫教育。政府提出，「設立學堂者，並非專為儲才，乃以開通民智為主，使人人獲有普及之教育，且有普通之知能」。

張之洞坐鎮武漢遙持朝政，在教育改革方面是個典型的激進派。張之洞被清廷召至京城主持教育改革，他主持重新擬定的《奏定學堂章程》規定，蒙養院招收三至七歲幼兒，初等小學堂為強迫教育階段，兒童七歲進入學齡期後，理應一律進入，「使邑無不學之戶，家無不學之童」，「以啟其人生應有之知識，立其明倫理愛國家之根基，並調護兒童身體，令其發育為宗旨」。

《奏定學堂章程》將學前幼兒教育寫入國家規劃，開中國教育之先河。為了避免貧苦老百姓拒絕將幼童送進學堂，張之洞在這部具有法律意義的學制章程中規定：「初等小學堂為養正始基，各國均任為國家之義務教育。東西各國政令，凡小兒及就學之年而不入小學者，罪其父母，名為強迫教育。蓋深知立國之本，全在於此。」

張之洞激進地推廣強迫教育，讓「教育非徒為上等社會而設者，必使負販之夫，賈豎之子皆系學堂卒業之學生」，真正做到「學校者，陶鑄全體國民得實地之生活而設者也」。「強迫教育為各國所公認，良以國民為國家之命脈，捨此即無以自立」。唐景崇在預備國會現場再次強調，「小學之所以最急者，以國家之發達繫於國民」，「蓋國家者，國民之所積而成也」，大清帝國進行憲政改革，「欲其與列強相抗，無一不須普通必要之道德知識，即無一不須受小學教育」。

清執政集團將普及國民教育當成是一場規模空前的「忠君愛國」運動，

最初的國會
晚清精英救國之謀 1910～1911（修訂版）

憲政改革派將國民教育當成是立憲之基石。可是遭受百年奴役的大清老百姓，在清執政集團的眼中只是會說話的奴才，毫無國民意識。法國政論家約瑟夫·塞亞斯主張的「所謂國民便是生活在同一憲法下作為立法代議機構主權代表的人們共同體」。將奴才改造成國民，「國民普及教育，所以造成立憲資格」。

張之洞推行激進教育，期待的就是憲法「樹立之時」。

學部向預備國會提交《地方學務章程》議案時，攝政王已經收到了速開國會請願團的血書。清執政集團的精英們早意識到，「欲改憲法而無國民參政之知識，則法萬不能成立，欲興實業而無普通必須之科學，則實業萬不能完善，欲立地方自制而無東西洋公民之資格，則凡百事業絕不能擔當責任」，「倘以此無知識之國民強納」於憲政改革，「縱不叢刖足適履之弊，將難免夏蟲語冰之譏」。

革命黨一直攻擊清廷的憲政改革虛偽，因為中國官本位的精英教育體制導致民眾的皇權觀根深蒂固，絕大多數國民對公共事務漠不關心，國民沒有參政之知識，憲政就成了小眾精英階層新的政治壟斷遊戲。中央推行系統的教育改革，「教育既遍，國民胥智，政治上之知識，皆磅礡於人人之腦中，而後自治之能力，隨在可以發揮，以之充議員之選，聞國家之事，其恢恢乎遊刃有餘矣」。

光緒皇帝簽署預備立憲命令後，為了普及國民的知識，尤其是貧寒及年長之國民的知識，主政學部的唐景崇奏准公布了《簡易識字章程》，要求各地在原來各級官立、公立、私立學堂中附設學塾，其基本目標是掃盲，主要對象為「貧寒無力入學之子弟及年長失學之人」，「學生一律不收學費，其畢業年限為三年以下，一年以上，其授課時間定位每日三時或二時」。

議員們對學部推動義務教育很是贊成，不過雷奮議員對初等小學的如何辦法提出了質疑。從 1902 年張百熙提出的 7 年制免費義務教育，到 1905 年張之洞提出的小學強迫教育，初等小學的政策看上去總是高瞻遠矚，可是學部對於「各省初等小學如何法辦甚少調查」，學部在 1909 年曾派出調查

員,「然所派之人寥寥無幾」,「終系敷衍了局」。雷奮質問唐景崇,初等小學作為普及國民知識的教育,為何辦理中高等考試的官員多於初等小學政務的官員?

在雷奮看來,《地方學務章程》將初等小學作為最急學務,可是學部設置的負責各省師範考試的普通司、調各省高等學堂與實業學堂到京考試的專門司「異常忙冗」。「既然學部所辦多系考試,凡學生自初等小學起都無他項思想。」雷奮擔心國家大量推廣義務教育不是為國民知識普及,而是「其父兄使其子弟讀書,其宗旨在畢業後,必須使彼入中等及高等學堂,然後可以達其獎勵之目的」。

學部為了鼓勵國民放棄官本位的陳腐觀念,教師們經常在課堂上宣傳:「實業振興則不必營謀官吏,而足以自立,試觀世界富強之國,其實業家之養尊處優,皆有笑傲王侯之慨,則求仕主義必輕。」有教師鼓勵學生放棄士大夫的出身、官本位思想:「鄙人竊以一言敬告學生曰,既具健全之身體,普通之知識則任選一業,皆足以自立,又何必爭此不足輕重之出身。」

口頭的獎勵不足以令國民迷戀升學考試。學部從1902年開始推出了一系列的獎勵機制。如中學堂畢業考列最優等、優等、中等者,均準保送升入高等學堂、優級師範學堂、高等實業學堂,以保證為上一級學校提供生源。升入以上三種學堂之中學畢業生,最優等作為拔貢,優等作為優貢,中等作為歲貢等等。優等師範生還可以授予舉人,國家統一分配工作,各部司優先錄用優等生。

留學生是晚清憲政改革的生力軍,同教育新政的獎勵有莫大的關係。1908年1月23日,憲政編查館、學部制定的《遊學畢業生廷試錄用章程》規定:凡在外國高等以上學堂之畢業生,經學部考驗合格,奉旨賞給進士、舉人出身,然後每年在保和殿舉行廷試一次。學部的考試是一種「資格考試」,僅授予出身,不授官職。廷試則為「入官考試」,參加廷試後,即可根據不同的等級授予翰林院編修、檢討、內閣中書、知縣等官職。

「如果因學堂有一定獎勵,然後使子弟讀書,實於國家普及教育之宗旨大

最初的國會
晚清精英救國之謀 1910～1911（修訂版）

相甚遠。」雷奮擔心，「即或將來可以教育普及，而各人均有希望獎勵之心，如此人才亦復有何用處？」不少留學生就是衝著獎勵而讀書，這種不科學的獎勵與追求獎勵的衝動後患無窮。有一位留學生歸國後感嘆：「我們歸國所得的待遇，直同被褫奪了國籍的罪犯。上岸之後，即由士兵一隊押解入上海縣城，安置於一所破舊不堪、久無人蹤的書院裡，直蠻荒野人之不若。」

教育獎勵可以刺激國民的求知慾望，可是清廷的人才思維依然停留在科舉時代，對優等生的獎勵依然是舉人、進士這種科舉出身的頭銜，相反，對歸國的留學生所擁有的海外學位代表著什麼，學部沒有一個客觀的認定標準，更沒有一個對應的人才使用出口，導致不少的留學生載譽而歸，上岸卻成了海歸棄兒，造成國家教育資源的極大浪費。更嚴重的是，不少留學生在海外時，思想逐漸開化，他們對革命黨的主張有一個全新的認識，一旦歸國得不到妥善安置，留學生很容易成為革命黨在國內的新生力量。

清執政集團期冀國民透過教育普及後：「君民一體，愛國即以保家；正學昌明，冀教乃以扶世。人人有合群之心力，而公德以昭；人人有振武之精神，而自強可恃。各講求農工商各科實業，物無棄材，地無遺利，期有益於國計民生；庶幾風俗淳厚，人才眾多，何患不日臻上理。」很顯然，在國民對教育的認識、教育獎勵的刺激、國家人才分配機制未健全之前，教育的功利性會嚴重影響教育改革的執行。

在彭占元議員看來，教育新政是憲政之基石，學部在制定《地方學務章程》時過於理想化，「為全國謀普及教育」，章程規定「地方自治公款三年以後再行撥還」給學校。地方自治剛剛開始，地方國民教育本是地方政府分內之事，可是各地官員會以財政緊張為由繼續推諉，甚至會以教育的名義「互為支用」。彭占元懷疑的理由是，「學部設立已八年之久，而所辦之事，似覺甚難」。除了地方政府對普及教育不積極外，各省師資力量不足，導致學部章程「不過一紙虛文而已」，將來「中國前途何堪設想？」

科舉廢除之後，舉人、進士一類的出身沒有了，為了解決師資力量問題，學部再出新招。各省會城市設立師範傳習所，明確規定「師範學堂所有

各費一律免收」。免費是有代價的，對於初級和優級師範學堂畢業的學生，有義務效力的最低年限，在此年限內「不准私自應徵他往並營謀他事」，如果年限期滿後仍願充當教員，則給予獎勵，「如更充當年久，積有資勞者，從優獎勵」。

對於地方政府拖欠學務費用問題，汪榮寶議員提出了一個解決辦法，「將議決權與執行權分開，所有地方學務均歸自治機關議決」，執行權保留在地方政府手上，一旦發生地方政府官員拖延劃撥教育經費、教育管理失責，地方自治機構均可以進行彈劾。學部侍郎李家駒無奈地感嘆，現在國家在教育方面的法律甚少，「命令的居多」，現在國家「既注重地方教育，即不能不以地方學務章程為要圖。蓋必養成地方自治之能力，始可達教育普及之目的」。

李家駒希望預備國會能夠審議透過《地方學務章程》，將其上升成為一種法律，「則學務應該據此為標準」，才能「隨時修改他項之法令」，避免敕令、省令、訓令以及各種規章制度「有所違異」。經過長時間的討論，預備議會最終審議透過了《地方學務章程》。擔心學部擅用法規修改之權，陶鎔議員警告學部官員，對於法律法規一定要「慎重修訂」，「以垂久遠」，「萬不可朝令夕改，失國民之信用」。

《地方學務章程》作為中國第一部透過預備國會審議的教育法律，標誌著教育體制開始由人治管理向法治管理轉化。更為重要的是，將孔夫子請下神壇，教育不再是執政者選拔奴才的唯一仲介，讀書人「皆有笑傲王侯之概」，經世致用的多元化教育成為主流。遺憾的是，憲政沒有真正推行之時，執政者掌握著教育的決策權，無論他們推行多麼激進的教育改革，維護專制政權的宗法洗腦教育總是占據著教育宗旨的核心地位。

最初的國會
晚清精英救國之謀 1910～1911（修訂版）

新聞的界限

　　1910年10月14日，下午4點，資政院預備國會現場，一場舌戰正在上演。

　　大清帝國憲政改革最高機構憲政編查館向資政院提交了《大清報律》修正案，資政院三傑之一的易宗夔留日期間研修法政，對1908年頒布的《大清報律》限制言論自由的規定早就不滿，沒想到憲政編查館提交的修正案進一步規定，「損害他人名譽，不論有無事實，報紙不得登載」，清執政集團打壓言論簡直到了登峰造極的地步。《大清報律》修正案朗讀完畢，會場簡直就如一顆手雷爆炸。

　　《大清報律》於1908年初頒布，共計四十五條，規定報章每期出版前須送交地方行政機關或警察機關審查；禁止刊載「詆毀宮廷」、「淆亂政體」、「擾亂公安」的言論，違者「永遠禁止發行」；禁止刊載「未經官報、閣鈔發布的諭旨章奏」。執政者透過新聞事前審查制度完全掌控輿論，限制了言論自由。更為詭異的是，清執政集團一方面下令進行憲政改革，一方面透過立法以「詆毀宮廷」、「淆亂政體」之名拒絕輿論討論政治改革，執政集團透過立法的形式壟斷著意識形態的解釋權。

　　「擾亂公安」更是一個口袋罪。當時各地民眾對憲政改革充滿激情，憲政改革激進派警告清執政集團，「朝廷若無雷霆之舉動，以昭蘇薄海之生機，恐人心一去不復回，國運已傾而莫挽」，各省的請願團督請清廷執政集團「一年之內，召集國會」。面對憲政改革風潮，執政集團試圖透過輿論管控來控制請願團的影響力，按照《大清報律》的規定，只要報章報導請願團的任何新聞，執政集團就可以「擾亂公安」之名，抓捕報館編輯記者。

最初的國會
晚清精英救國之謀 1910～1911（修訂版）

　　管控輿論、打壓言論自由之後，各級政府官員以新政之名徵收苛捐雜稅，吏治腐敗叢生，忍無可忍的長沙饑民發動暴動，民眾高喊「撫台給我飯吃」、「把撫台拖出來殺死」的口號。以孫中山為首的革命黨頻繁策劃刺殺、武裝暴動。1910 年春天，同盟會會員熊成基謀刺海軍大臣載洵，汪精衛策劃炸死攝政王載灃。廣西鎮南關、雲南河口、安慶等地更是起義不斷。

　　饑民暴動、民眾起義的訊息並沒有登載在官報上，民營報章擔心各監管衙門扣上「擾亂公安」之罪，對各地的暴動也選擇性沉默。偶爾在《國民公報》、《國風報》一類發行量極小的報紙上看到梁啟超等人對憲政改革的評論性文章，革命黨資助的報紙只能在租界裡對憲政改革冷嘲熱諷。清政府主辦的《政治官報》整天粉飾預備立憲形勢一片大好，清執政集團的精英們整天沉溺在官報的歌功頌德之中。

　　《大清報律》起草階段，清執政者限制言論自由之目的昭然若揭，「欲以極嚴酷之手段，虜使人民，以箝制輿論，將使輿論一線方萌之生理，因而摧殘消歇。」憲政改革已經成了清執政集團最後的選擇，光緒皇帝身前承諾憲政改革將是「大權統於朝廷，庶政公諸輿論」，可是執政者透過《大清報律》掐住了輿論咽喉，「政府之言語行動，可以狂猖自恣，為所欲為，不復有人承議其後，自以為是而後快其私心」。

　　1910 年 10 月 7 日，也就是《大清報律》修正案審議前一個星期，各省的立憲社團、商會、學會、華僑商學等社會精英階層，聯合各地諮議局代表，集體到北京上訪請願，在沒有報章的輿論支持下，請願團一路散發傳單，步行到攝政王府遞交請願書，請願書措辭激烈：「國家瓜分在即，非速開國會不能挽救。」請願團警告攝政王載灃，今後的「請願勢不能再如前之和平」。兩個請願代表現場割肉，血灑請願書。

　　四天後的 1910 年 10 月 11 日，革命黨領袖孫中山支持于右任創辦了《民立報》。于右任是個令清執政集團頭疼的人，他創辦的《民籲日報》整天攻擊滿清政府，執政集團於 1909 年 11 月 19 日強制查封了《民籲日報》。《民立報》在租界成立後，更是特設立《民賊小傳》專欄，專門揭露各級官吏貪劣賣國，

抨擊清廷是「冥頑不仁之政府」，憲政改革都是騙人的把戲，公開鼓吹「戰勝政府」、「改造中國」。

《民報》嘲笑國會請願團的行動是「死灰復燃的國會熱」，對於煌煌請願潮簡直就是火上澆油，清廷擔心「各省紳商士庶」干預朝政，「一唱百和，肆意簧鼓」，容易引發內亂。軍機大臣、慶親王奕劻向載灃建議：解散請願代表團，限制代表團的自由開會演說，禁止報館刊登請願的消息和發表評論。報導請願的報章均以「擾亂公安」之罪嚴懲，警備京師的步軍統領衙門對赴京請願的代表一律「送回原籍」，「不准在京逗留」。

執政集團管控了報章輿論，民意猶如不放氣的高壓鍋。不召開國會的憲政改革都是耍流氓，民眾對執政集團越來越失望，沒有輿論支持的請願行動依然在不斷擴大。天津、四川、奉天、福建等地都召開有數千人規模的會議，要求督撫代奏即開國會請願書。10月14日，審議《大清報律》修正案的當天，河南國會請願同志會開會，三千人在巡撫總署門前呼籲之聲喧天震地，並表示「如果此次請願無效，群起以死力爭」。

愈演愈烈的請願令清執政集團膽顫心驚，清廷下令各省密探偵察代表行動，「稍有可疑，即行密拿請懲」。第一個中招的就是直隸請願同志會會長溫世霖。溫世霖遭遇祕密逮捕的第二天，直隸總督陳夔龍密電朝廷，抹黑溫世霖「出身微賤」，是「鄉里無賴」，「擅捏會名，妄稱會長」。陳夔龍提醒清廷，溫世霖「遍電各省，廣肆要結」，「意圖煽動，居心實不可測」。執政者大言不慚，將逮捕溫世霖的行為說成是「為地方除害」。

眼睜睜地看著執政者搆陷為憲政改革奔走的紳商士庶，報章界卻無能為力。奉天爆發兩萬人大請願過程中，報章嚴禁報導、評論請願行動，一位報紙編輯斷指血書大旗，請願現場哭聲震天。《大公報》只能悲傷地感嘆，「報界言論自由之靈魂飛散於雲霄之外……湛精爛漫之輿論，更芻狗之不若也」，《申報》也只能憤憤然地說一句「吾國真為無輿論之國」。

1910年10月14日，報界對預備國會審議的《大清報律》修正案寄予厚望。憲政編查館特派員、法律編纂局編修、內閣法制院副使章宗祥向議員

最初的國會
晚清精英救國之謀 1910～1911（修訂版）

們說明了修正案主旨，一方面修訂新聞事先審查制度，事後一經檢查不守規範，將依律嚴懲；第二方面，辦理報界案件，以前均為報館所在行政衙門，國家頒布立憲，申明司法獨立，報界案件自然歸司法衙門辦理。

《大清報律》修正案取消了事前審查制度，同時取消了行政部門直接干預報界案件的權力，壓縮了公權力管控輿論的權力。議員們對《大清報律》的言論自由管控問題沒有得到實質性改變相當失望，請願一類事關憲政改革的新聞、評論，報章依然嚴禁刊登，一旦查獲違規者，執政者可以以「詆毀宮廷」、「淆亂政體」、「擾亂公安」之名，對辦報之人進行嚴懲。

更令報界失望的是《大清報律》修正案對言論的管控更加嚴厲。因為修正案第十一條規定，「損害他人名譽，不論有無事實，報紙不得登載」，此規定意味著報章不能刊登批評宮廷、政體的文章，對於批評各級官員的文章也不能刊登。這一條簡直就是一個新的口袋罪，以《民立報》為首專門扒糞官員劣跡的報紙，執政者完全可以以此罪打擊報館。

「中國官吏行為之貪汙，人民性質之卑下，數年來少有進步，全賴此報紙之監督以救正之。」修正案以維護個人名譽之名，進一步限制了輿論監督，易宗夔拋出了上海道台蔡乃煌挪用公款給錢莊炒股，最終因橡膠股票危機引發全國性恐慌案。易宗夔質問：「若謂關人名譽之事不宜登載，蔡乃煌侵蝕公款牽動全國經濟界之恐慌，實在可惡，若禁報紙登載，其何以儆奸慝而伸輿論？」

「費有關於名譽，誰樂為此報紙所載？通盤無關人名譽之事，又焉用此？」議員汪龍光認為報紙就是追逐焦點的，如果通篇都是不鹹不淡的官樣文章，沒有人關注的。如果按照修正案第十一條管理，「辦報之人日日在監禁之中，時時有罰金之事」，如此一來，報章的輿論監督功能喪失殆盡，「凡報館言論原以主張公道激濁揚清為天職，若加以如此箝制，則報館無置喙之地矣」。

章宗祥是日本帝國大學法學高才生，主持立憲相關律法的制定、修訂工作，是資政院公認的「四金剛」之一，他介紹說《大清報律》是依據日本報

律所修訂。羅傑議員立即援引日本報律質問章宗祥:「日本《報律》第二十五條略云,新聞紙記載事項以誹謗控訴者,除涉於私行者外,被告人可免其誹謗之罪,只分別私行、公行,未嘗一律禁止。修正案第十一條所指是否分別公行、私行,抑不論公私一律禁止?」

章宗祥的下屬、日本法政大學高才生、內閣法制院編纂、憲政編查館特派員顧鰲接過羅傑議員的話辯解道,「名譽為立身處世之要端,妄加損害,實與傷害生命自由無異」,私事專指個人私行,範圍為「以他人不能告發者為限」,如果要刊登,報紙一定要證明其為公益起見。對於他人告發者的限度,顧鰲沒有給出一個權威的司法解釋,只是說了一句「非本日初讀時之所有事」敷衍了事。

顧鰲的解釋令議員們相當不滿,因為顧鰲在解釋的時候還恐嚇說,日本《新聞紙法》對修正案第十一條規定的情形可不是《報律》懲處那麼簡單,只要觸及報律中這樣的規定,那是要受到《刑法》制裁的,同《大清律》奸發隱私之罪。吳賜齡議員嘲笑顧鰲的解釋,「損害名譽不能有物事實,被害人告訴即論罪,則是使報館立於必敗之地」。

宮廷、政府、官員都透過報律完美地保護起來,執政者對言論自由的控制還沒有停止。《大清報律》修正案第十二條規定,「諭旨章奏及一切公文電報,關係祕密未經公布者,報紙不得登載」。文龢議員質問顧鰲:「是否凡系未經公布者,皆認為關係祕密,不得登載?抑或凡系未經公布者,雖非認為關係祕密,亦不得登載?」

顧鰲解釋說,關係祕密者專就「未經公布以前而又關係祕密者為範圍」,至於如何分別已未公布及是關係祕密,則應以現行法令所規定,或各衙門通行慣例為準,「各衙門一切公義或電報,在未經標發以前,即系未經公布,即是應當祕密」。文龢反駁說,此條最終解釋權在各衙門,各衙門完全根據自己的需要,「視為祕密者而不祕密,不應視為祕密者而卻祕密者,公布與否,無一定準」。

吳賜齡批評憲政編查館無知:「報館機關全在訪員,而報館價值全在登載

最初的國會
晚清精英救國之謀 1910～1911（修訂版）

新聞，所以訪員能聞人所未聞，方為可貴。至於政府祕密事情，應該自守祕密，不能使報館不調查。」議員們擔心各衙門以洩密罪打壓一切不利於政府、官吏的新聞報導，聯繫到修正案的第十一條，無論是政府，還是個人，只要報導對象控告，無論報導真實性如何，報館都將受到律法嚴懲。報館必將失去輿論監督功能，成為執政者鼓吹的喉舌。

「政府修正本律之主旨，無非為便於實行起見，一面在於限制不正當之言論，一面即在保護正當之言論，而有希望報紙發達之意。」身為內閣法制院的二把手，章宗祥從日本歸國後，深受愛新覺羅皇族厚恩，在肅親王善耆的舉薦下，朝廷賜章宗祥「進士出身」，慶親王奕劻將章宗祥調入憲政編查館，章宗祥在律法制定方面自然站在清執政集團一邊。在國會審議現場，章宗祥「深冀」議員「諸君協贊」《大清報律》修正案，「俾得早日施行」。

吳賜齡批評憲政編查館拿出的《大清報律》修正案一旦施行，實為「取締本國報館，為摧殘輿論之計」。吳賜齡痛心疾首地說，「在外國報紙不能取締」，《大清報律》修正案透過實施只能「令外國報紙日形發達，而中國報紙受多方箝制，令通國輿論機關無以自存，必爭設立於各租界而後快」，最終的局面是「中國輿論在境內不可自由，在外國可以自由」。

《大清報律》修正案在10月14日引發的國會辯論一直持續到11月17日。憲政編查館特派員顧鰲在11月17日國會辯論現場反駁了吳賜齡的說法：「諸君之意，頗以為政府限制報館言論為疑，殊不知限制的要點只有兩端，第一是國家政務，第二是個人名譽。」顧鰲特別強調：「關於國家政務者，有時應守祕密主義，若報館於外交、軍事有關事件，自由宣洩，毫無限制，與國家安寧秩序有種種之傷害，是以不能不各付以制裁。」

作為執政集團的特派員，顧鰲將言論自由同軍事、外交掛鉤，自然是一個堵住悠悠眾口的最佳理由，凡是有關政務者，各衙門都可以機密管控輿論。易宗夔當即反駁了顧鰲之說：「據政府特派員所說，是對於政務上有個限制報館的意思，但是中國現在有很多的政務上事情，有本國人不知道而外國報館已登載，如此看來，這個限制無從限制。」

新聞的界限

　　議員雷奮質問顧鰲:「試問報館於國家有什麼好處？若於國家有好處,一定要想個法子保護;若於國家有害處,就不必定這個《大清報律》。當初定《大清報律》的時候,一定知道報館於國家很有利益的,既以為有利益,若是拿監禁處置這一班人,是非常不妥的。」雷奮嘲笑《大清報律》限制報館種種條文,很顯然「國家苟不欲有報館」,如此一來「禁止之可也,何用《大清報律》」?

　　憲政改革是清執政集團唯一的選擇,報紙是開民智、促發展的輿論媒介,憲政編查館向攝政王提交的一份報告稱:「報紙之啟迪新機,策勵社會,儼握文明進行之樞紐也。」執政集團為了彰顯改革信心,各衙門甚至在司法審判、諮議局和資政院會議、軍事演習等重要活動都允許記者參加,有些還為記者設有專席。廣東巡警總局特邀記者每週一次列席巡官會議,以謀求社會的信任和報界的監督。

　　出洋考察憲政的執政精英們相當清楚,新聞自由可以推動民主與憲政發展,更是衡量民主與憲政發展程度的重要尺度,革命黨一直嘲笑清廷推動的憲政改革是騙人的把戲,可一旦放開報禁,整個社會將失去控制。無論是透過憲政改革完成清執政集團的轉型,還是維護清政權的穩定,執政集團都不會粗暴地關閉報館。將輿論關進權力的籠子裡是最佳的選擇,律法是最完美的實現通道。

　　國會現場緊張辯論之時,《國民公報》為首的七家及北京報界代表朱淇的陳情書送抵資政院,對《大清報律》修正案中進一步透過名譽問題限制報館言論提出抗議。顧鰲態度強硬:「報館固是言論機關,然於私人名譽可以任意損害,究為法律所不許。」尤其是報館「若藉口公益損人名譽,則一般國民之名譽權皆立於危險之地」。

　　易宗夔贊成「立憲國民對於個人名譽」要「竭力保全」,但是修正案中「損害他人名譽」之語沒有標準,「如此規定,將來報紙一句話都不能說」。議員們擔心名譽罪成了各衙門官員的護身符,對揭露官吏惡行的報館進行打擊報復。易宗夔提出修正案苛刻限制報館,「將使全國主持輿論的人都要禁在囹圄

最初的國會
晚清精英救國之謀 1910～1911（修訂版）

之中了」。

經過激烈的交鋒，清執政集團同意刪掉《大清報律》修正案第十一條中「無論有無事實之語」，對第十二條中「關係祕密」進行司法解釋，限定了各衙門關於祕密的範圍。對於「淆亂政體」，清執政集團把控了意識形態解釋權，憲政編查館特派員向議員們進行了司法解釋，光緒皇帝時期就已經明確大清帝國將推行君主立憲政體，凡是報紙登載主張專制政體、非君主立憲政體之說，都是「淆亂政體」。

報界對修正案依然不滿，因為出版、言論、集會三大自由是萬國憲法共同遵守的通例。1903年，慈禧太后下令杖斃洩露外交機密的記者沈藎後，輿論一度風聲鶴唳。光緒皇帝簽署憲政改革命令後，民眾一度寄望執政者依法行政，因為「各國因專制而立憲」，「以報館監督政府」。無論是《大清報律》，還是現在的修正案，人們看到了「中國反以政府監督報館」，「因立憲而專制」的憲政畫皮。

新聞的自由度是民主與專制的試金石，凡是設定自己是天下蒼生的代表和睿智公正化身的統治者，新聞媒體只是政治統治的工具。美國總統傑斐遜認為：「我們的第一個目標應該是使所有通往真理的道路為人類開放。迄今為止所找到的最有效的道路就是新聞自由。因此，那些怕自己的行為被調查的人第一件事就是把這條路封起來。」

預備國會現場，憲政編查館的特派員極力為執政集團尋找各種限制新聞自由的理由，正如馬克思嘲笑普魯士限制言論自由那樣：「我是一個幽默家，可是法律卻命令我用嚴肅的筆調。我是一個激情的人，可是法律卻指定我用謙遜的風格。沒有色彩就是這自由唯一許可的色彩。」已經喪失國家公信力，處於國家政治失控狀態的清廷，只能透過輿論控制來掩蓋激化的社會矛盾，粉飾脆弱的江山。

預備國會激烈交鋒新聞自由背後，是各種政治力量的激烈衝突，正因為這種政治衝突出現的政治裂縫給新聞提供了發展機遇。1911年2月頒布的《欽定報律》中，新聞審查制度依然是報館頭上的一把利劍。歷史沒有給清廷實

現憲政的時間,隨後的袁世凱執掌的北洋政府則告訴世人,憲政在中國沒有真正實現,統一的強有力國家政權不會給新聞自由任何的發展空間。

最初的國會
晚清精英救國之謀 1910～1911（修訂版）

議會是江湖

「議長制止議員發言，係剝奪他人言論自由，殊屬不合。」1910年10月17日下午，四川省諮議局議會現場，四川官廳議會委員饒鳳藻突然站起來打斷了諮議局議長蒲殿俊的話，頓時整個會場「聲浪大作」，不少議員站起來圍觀饒鳳藻。

饒鳳藻，四川總督趙爾巽的心腹幕僚。1910年8月，在憲政編查館未擬定各省會議廳規劃以前，鑒於諮議局彈劾官吏，干涉軍政，心懷忌憚的趙爾巽成立了四川官廳會議，自任議長，下設參事、審查二科，提出諮議局的議案，審查諮議局的決議，以提高總督處理政務的獨斷權力。饒鳳藻正是趙爾巽在官廳會議箝制諮議局的干將。

10月17日是諮議局按照正常程序召開年度會議，趙爾巽帶領饒鳳藻旁聽，按照諮議局議事規則，旁聽的官廳會議委員無權發言。當第三議案「各議員次第發言之後，議長認為討論已畢，就宣布停止發言。當時忽有一個議員要求再說，被議長制止，議員都無異議」。饒鳳藻「忽於旁坐起立發言」，抨擊蒲殿俊剝奪議員言論自由。

蒲殿俊以諮議局議事規則同饒鳳藻理論，饒鳳藻態度蠻橫，揚言是「代表總督發言糾正」。饒鳳藻話音未落，議員們憤怒地群起而攻之，斥責饒鳳藻「不應干涉議長權限」。饒鳳藻毫不收斂，「竟然氣勢洶洶，大聲喝斥議員」。坐在一旁的趙爾巽眼見會場秩序混亂，「一再制止」，希望饒鳳藻與議員們克制，沸騰的會場已然失控，「猶復未已」。

諮議局全體議員認為饒鳳藻干涉諮議局內部之事，「實屬違法越權，侮辱諮議局」。諮議局全體議員當場要求趙爾巽查辦饒鳳藻。可饒鳳藻是官廳會議

最初的國會
晚清精英救國之謀 1910～1911（修訂版）

獻策創立者，「敢於狐假虎威，當趙爾巽之面，自稱代表總督，糾正議長行動，實欲顯示官權壓力之大」。趙爾巽一直想用官廳議會壓制諮議局，公然袒護饒鳳藻，對諮議局的抗議不予理睬。

同時，北京資政院預備國會現場，度支部特派員婁思誥突然衝到議台，高聲陳述度支部對河南印花稅案的意見。議員們立即指責婁思誥違背資政院議事規則，「不應發言」。沒想到在台下的度支部特派員李景銘突然高聲朗讀《資政院院章》第十九條，批駁議員們的指責，爭辯婁思誥的陳述合法。頓時，「議場大譁」。

無獨有偶，資政院預備國會現場發生衝突的也是第三議案。

第三議案是核議河南試辦印花稅案。在資政院的議事日程中，看上去河南印花稅案是一個相當普通的議案，卻事關財政改革成敗。河南印花稅案同禁煙有著密切關係，禁煙後鴉片稅消失，1909 年春天度支部要求各省彙總禁煙後鴉片稅損失，度支部最後統計鴉片稅損失二千八百多萬兩。英國駐華公使朱爾典向倫敦提交的報告估算，「中國每年從洋藥中的收入計五百七十一萬一千七百十一兩，土藥則十倍之，是所徵收之稅約四千五百萬兩」。

朱爾典提示清執政集團注意鴉片稅的財政抵補。禮部副部級侍郎吳郁生提出以印花稅收入來抵補鴉片稅收：「竊思印花稅一法，行於東西各國，凡戶婚田土、商民交易之事，皆以此為納稅之總機關。」度支部立即採用了吳郁生的建議，下令各省試辦印花稅。北京的命令發到各地督撫，「各省阻抗」，「間有奉行，稅收亦鮮」。1909 年 6 月，度支部強行推動印花稅，印刷了大量的印花票，敕令各省「將印花票陸續領去」。

度支部向各省督撫函電：印花票已經裝箱封固，因系有價紙票，未便迻交驛遞，除另將票數咨達外，希先由貴省派員到部承領，以期妥速。在給督撫們的函電中，度支部急切之心溢於言表，「飛咨各直省將軍、督撫一體欽遵辦理」。各省督撫們接到度支部函電後，相互觀望，不少地方商會提出「今欲增稅印花，必先急減苛細捐」，「明定國家稅與地方稅之區別，以定蠲除苛雜及重疊之捐稅為主」，方能配合印花稅的試點。

議會是江湖

河南巡撫寶棻，蒙古正藍旗人，秀才文憑，在北京官場混了二十一年後外放，出任過山西、江蘇兩省巡撫。1909年，寶棻開始出任河南巡撫，沒想到一到河南就接到了度支部試辦印花稅的函電。寶棻欲執行度支部之命，正值河南省諮議局第一次議事會，因度支部明文印花稅將「以一二成分各省作為行政經費」，河南省諮議局決定審議印花稅試辦案。

印花稅在河南商場官場爭議巨大，民眾「僉疑此項稅則貨必有稅，物必有捐」，對清執政集團「種種之苛稅，索取錙銖」早已不滿，印花稅試辦消息一出，「群肆攻訐」。官場內部也有人質疑，外國客商稅費很少，國內商民苛捐雜稅多如牛毛，如此「內重外輕，內國工商何自而興，國家元氣因之戕損，國民感情得毋益渙散乎」！

河南省諮議局以「民窮財盡」為由，審議時否決了印花稅在河南試辦議案。寶棻初到河南，作為清執政集團最信任的疆臣之一，豈能忤逆度支部的命令？寶棻要強行試辦印花稅，河南諮議局以巡撫侵奪權限，違背法律之名，同寶棻的對抗不斷升級。寶棻將情況匯報到度支部，河南諮議局將寶棻告到資政院，希望資政院給出一個公正的答覆。

印花稅事關大清財稅收入，一旦河南諮議局否決河南巡撫試辦印花稅，各省諮議局會紛紛仿效，拒絕試辦印花稅。度支部異常緊張，禁煙後大清財政每年少了千萬財稅，印花稅再推行不下去，沒錢的憲政改革將寸步難行。而清執政集團的高層精英們更緊張，廣西諮議局集體請辭事件之後，各省諮議局動輒以全體請辭相威脅，令攝政王載灃在國際上樹立的改革形象盡毀。

更為要命的是河南人民已經行動起來了。在各省諮議局代表組成的國會請願團進京之際，河南省憲政改革激進分子鼓動各界向巡撫寶棻請願。10月16日，開封各界群眾三千餘人開請願大會，要求河南巡撫寶棻代奏速開國會請願書。開封請願團向巡撫遞交請願書後，浩浩蕩蕩遊行至諮議局，警告河南政府當局：「此次請願如仍不得請，學則停課，商則罷市，工則休作，諮議局亦不許開會。」

寶棻將河南請願情況向北京匯報，現在河南省諮議局正以印花稅試辦案

最初的國會
晚清精英救國之謀 1910～1911（修訂版）

同巡撫對抗，一旦諮議局議員藉機向民眾煽動稅費問題，河南的工商學政將全面停擺。接到寶棻的電報後，清執政集團將河南印花稅試辦案升級到廣西諮議局集體請辭案的高度，下令資政院從快核議河南印花稅試辦案。為了確保河南印花稅試辦案在資政院預備國會審議透過，度支部特派以李景銘為首的一幫法律專家到場答辯。

「看世界大勢所趨，我中國印花稅將來是應行的，不過就現今時勢論，實有不可不從緩者。」議員陳善同擔心現在「民、商、登記等法均未訂定，稅法又不統一，民間財產貨物權利之轉移」難以調查，這個時候推行印花稅，「租稅複雜，焉得不擾」？在沒有明確的管理方法的情況下，如何確保「商民不漏報，官吏不騷擾」？更為重要的是，各種承攬字據、期票、借款字據，「關涉於貧民小民者，居其大多數」，「河南民窮財盡較各省尤甚」，一旦開徵印花稅，對於貧苦小民來說將苦不堪言。

議員王佐良對通行各國的印花稅並不排斥，可「中國現時稅法未定，國家稅與地方稅並未劃分」，各省督撫們「因辦新政，今日籌款，明日加捐，激逼民變，層見疊出」。沒錯，現在民眾對新政名目下的苛捐雜稅已經忍無可忍，安徽、江蘇、山東、湖南等地都發生了萬人起義，如果現在「再行印花，難免不又生事端」。王佐良認為，「此事不但河南諮議局不承認」，「即河南巡撫，問心能否自安」？

易宗夔議員實在壓不住心中的怒火，批評資政院審議河南印花稅簡直就是浪費時間，要想解決河南問題，必須「由根本上之解決」，因為印花稅不只是河南一省所辦的，「是關係全國問題」。問題的關鍵在資政院預備國會開會半月，「預算案尚未交出，歲入若干，歲出若干，通不得知，何能懸揣印花稅之必要」？

諮議局沒有權力決議印花稅。

易宗夔言論一出，整個會場譁然。「國會未開，人民無直接選舉之權。」易宗夔的話令很多議員一頭霧水，印花稅作為一個新稅種，需要立法機關進行決議是全球通行之例，怎麼突然扯到選舉權上來了？「我們是諮議局間接

所選者，不是人民直接所選者，準諸不出代議士不納租稅之通例。」易宗夔從資政院議員的法屬權限提出，正式國會沒有召開之前，預備國會的議員們「不能代表人民承諾新租稅」。

議員們開始圍繞印花稅的審議權限爭論不休，各省試辦印花稅，意味著各省諮議局有權力按照《諮議局章程》審議本省稅法，所以全國各地在印花稅試辦階段是「群言龐雜，莫衷一是」。更為糟糕的是，河南印花稅案將各地諮議局與資政院推到了對立面，形成了中央議會機構同地方機構打架的局面，作為憲政改革的權威機關，任何一方做出的決議一旦無效，都事關法律的權威與尊嚴，更關乎憲政改革的命運。

資政院作為議決全國稅法機關，對印花稅這種全球通行的良稅，只有對「窒礙難行之處」提出修正案，絕無否決的理由。一旦資政院預備國會決議河南諮議局的決議無效力，「則諮議局之章程壞矣」；如果河南諮議局的決議有效力，「則資政院之章程又壞矣」。議員們指責河南印花稅案根源在制定全國稅法機關的度支部，居然連印花稅到底是國家稅還是地方稅都沒有劃分清楚。

一直沒有發言的度支部特派員婁思誥衝到議台上，陳述度支部的意見。資政院預備國會開議以來，從未發生過政府特派員未經議長許可擅自發言的先例。議員們指責政府特派員違背《資政院院章》，不應該擅自發言，學習法律出身的度支部員外郎李景銘不甘示弱，高聲朗讀《資政院院章》，同議員們爭辯，整個「議場大嘩」。

議員雷奮實在看不下去，批評李景銘不懂《資政院院章》及《議事細則》，河南印花稅案是河南巡撫和諮議局異議，將議案送到資政院核議，這個議案不是政府提出，而政府特派員在未經議長許可的情況下陳明意見，違背了《資政院院章》及《議事細則》。沒等雷奮說完，李景銘與婁思誥同時發飆，對雷奮的嘲諷相當憤慨，用《議事細則》同雷奮爭辯，整個會場陷入混亂之中。

議長溥倫坐看度支部特派員同議員們爭辯到下午六點，雙方並沒有停下來的意思，溥倫不得不叫停爭論，宣布散會。到了10月19日，資政院預備國會再度開會，資政院收到了各省諮議局陳請速開國會的說帖，資政院作「為

最初的國會
晚清精英救國之謀 1910～1911（修訂版）

議院之基礎，必有與議院對待之內閣，而資政院無對待之內閣」，「議院為獨立之機關而資政院非獨立機關，是不可為基礎」。印花稅事關民眾利益，豈能讓不獨立的資政院作出決議？

「中國當此危急存亡之秋，除開國會無救亡之法。」一直建議延緩審議河南印花稅案的易宗夔痛心疾首，日本侵占朝鮮後，「東亞之風雲日惡，政府袞袞諸公尚在醉生夢死中」。易宗夔提議按照《議事規則》改定議事日表，開議速開國會這樣的重大問題，對於河南印花稅這樣的「枝枝節節之問題可以從緩議」。

10月19日主持預備國會的是副議長沈家本，他立即意識到會議一開始已然失控。10月7日，各省赴京國會請願團到攝政王府遞交請願書，兩個憲政激進分子割肉血書，攝政王載灃收下請願書後，一直沒有明確表態。資政院的絕大多數議員都收到了各省代表的陳請書，他們絕大多數都來自於地方諮議局，自然站到請願團一邊，在攝政王、軍機大臣們沒有意見之前，沈家本立即否決了易宗夔的提議，「事體重大，不能倉促開議」。

議員們對沈家本的堅決態度相當不滿，齊聲請沈家本命祕書官朗讀陳請提議速開國會說帖。沈家本無奈讓祕書官朗讀說帖，議員們紛紛站起來，整個會場「聲浪嘈雜」，議員們「主張即行討論」。沈家本堅持要將議案登入議事日表後再行討論。羅傑議員援引《資政院院章》第二十七條反駁沈家本，「資政院於人民陳請事件，若該管各股議員多數認為合例可採者，得將該件提議作議案」，現在的速開國會陳請書得到多數議員認可，「即可作為議案，何必另編議案？」

修訂律法大臣出身的沈家本立即抓住羅傑援引的《資政院院章》及《議事細則》，警告議員們，要遵循《資政院院章》及《議事細則》，無論討論什麼議案，絕不能起鬨，一定要按照程序規則進行審議，一旦議員們起鬨搞得議場聲浪大作，「議場秩序總要整頓，以後必須一人發言後他一人再發言，務要分個前後次序，說話之間還須徐言為要」。

沈家本的法律功底是那些留洋海外的法律科班生議員難望其項背的，作

議會是江湖

為清執政集團欽選的資政院副議長，在沒有得到清執政集團明確意思表示前，沈家本用議事規則反擊議員的用意相當明確，用議事規則來約束議員們的言論，絕不容忍議員們集體逼宮審議速開國會陳請案這樣的事情再次出現。沈家本運用規則反擊議員同時，試圖轉移議場爭論的焦點，淡化速開國會這一敏感話題，將議事日程拉回到河南印花稅案。

資政院議員有民選、各部院衙門官、王公貴胄三類，清執政集團欽定的各部司衙門議員同王公貴胄議員很多時候都站在執政集團的立場，同各省諮議局的民選議員發生立場衝突毫不稀奇，身為主持會議的副議長，沈家本的言論令議員們相當失望。雷奮議員立即跳出來質問沈家本，河南印花稅核議案議員與政府特派員辯論本來就有一連串的疑義，現在沈家本突然拋出言辭激烈的限制議員言論自由的言論：「到底是決定前日事還是解釋《資政院院章》與《議事細則》？」

沈家本駕輕就熟地開始跟議員們爭辯《資政院院章》及《議事細則》，非常明確地告訴羅傑，自己是在透過河南印花稅案解釋《資政院院章》，河南印花稅案屬於核議案，「無所謂初讀、再度、三讀，說明主旨後就可發議，一發議即是討論。因為當時祕書長說明河南印花稅核議案主旨後，諸君就討論起來」，沈家本質問議員們，「豈能禁政府特派員不許討論？」沈家本強調，無論是《資政院院章》，還是《議事細則》，對於核議案「政府特派員無論何時均可發議」。

四川諮議局的狗血劇情在資政院上演，整個議場一片混亂。

以易宗夔為首的憲政激進分子一直站在請願團一邊，現在全國上下「人心不能安定」，財政紊亂，「不開國會，何從解決？」天真的民選議員們試圖透過資政院預備國會的決議，迫使清執政集團做出速開國會的決議。當情緒激動的議員們紛紛站起來督促沈家本即行討論速開國會議案，沈家本為了拖延審議速開國會陳請案，用資政院的章程、規則來約束議員們自發的集體逼宮。如此小兒科的轉移矛盾的手段居然讓議員們方寸大亂，毫無議會經驗的議員們很快陷入了規則之爭，速開國會這樣的大事淹沒在規則爭辯之中。

最初的國會
晚清精英救國之謀 1910～1911（修訂版）

沈家本深知議員們在資政院最在意的是言論自由，議員們一定會將整頓議場秩序視為限制言論自由。果然，議員們對沈家本的警告視為對議員言論自由的挑戰，「議場秩序務須整齊，各人言論自由，有理僅可辯駁，不能常作叱聲，禁人發議」，議員們警告沈家本，「各國無此法，請議長注意」。整個「議場騷然，聲浪大作」，有議員嘲諷沈家本，以後資政院預備國會開會，如果議長沒有認定可以討論，「無論何人不能在審查以前說話」。

有議員一直沒有說法，終於回過神來。「各位議員因前日之事糾纏章程規則，再四辯駁，喋喋不休，殊屬耽擱光陰。」劉澤熙議員畢業於日本法政大學，同四川諮議局議長蒲殿俊是校友，他提議沈家本中止議員們沒完沒了的辯駁。「速開國會、責任內閣是最重要問題，大家若徒爭執此事，將最寶貴之光陰概為虛擲，可惜孰甚！」江蘇諮議局總辦、二品官議員許鼎霖提議民選議員、欽選議員、政府特派員要和衷共濟，「不然一天光陰又輕易過了」。

雷奮對劉澤熙他們的冷靜不以為然，速開國會確實事關憲政改革的成敗，作為國會基礎的資政院如果不能按照律法進行審議議案，未來的國會豈能真正做到民主決議？雷奮希望議員們不要小看《資政院院章》及《議事細則》賦予的法律作用，議員們在審議任何議案，「從法律上著想即至公」，無論是議員、軍機大臣、各部行政大臣、政府特派員，「都要存一個神聖不可侵犯之意思」，對《資政院院章》及《議事細則》「不可不敬謹遵奉」。

「議長為全院之主理，應綜籌全局，調和意見，使議員與政府委員結成一體，以便維持危局。」議員陶峻抨擊沈家本，「故意袒護政府委員，以致一場騷動，將來議員與政府委員生出意見，民選議員與欽選議員生出意見，彼此衝突，有議論而無成功，誰執其咎？」資政院預備國會作為議決國家大事的法律機關，民主是憲政的基石，陶峻提醒資政院主持會議的議長，「維持大局」一定要以法律為準繩，「勿存私見」。

「今天這件事就是議長一句話引出來的。」議員于邦華對沈家本聲東擊西，拖延審議速開國會案相當不滿，不過議員們在議場規則方面達成了遵循法律的民主共識。沈家本按照《資政院院章》及《議事細則》，宣布繼續審議

議會是江湖

河南印花稅案，經過無數次的激烈討論，預備國會的議員們一致認為，印花稅作為國家稅，是憲政改革中財政改革至關重要的一個環節，諮議局無權干涉，資政院最終裁定河南諮議局違法。

無論是四川諮議局會場的喧囂，還是資政院議場的騷然，議員們可以拋卻速開國會這樣的頭等大事，喋喋不休地辯駁《資政院院章》及《議事細則》，將《資政院院章》及《議事細則》視為民主議會的生命，讓議會成為約束權力的籠子。晚清的憲政試驗田中，從四川到北京，嘈雜的議場現場，就是一個江湖，無論你是王公貴胄，還是政府高官，進入議會現場的那一刻，權力只是至高無上的憲政民主議會的奴僕，必須像遵循江湖規矩那樣遵循議會的規則。

最初的國會
晚清精英救國之謀 1910～1911（修訂版）

泣血的國會（一）

「這位先生談到了很合理的、很實際的計劃，並且顯出了很好的眼光及政治手腕，對中國人來說是很好的。」1910年10月21日，德國皇帝威廉二世在柏林皇宮向首相柏特曼讚揚清密使梁敦彥。說話期間，威廉二世在一份中德軍事合作的報告上不斷地批註，臉上流出滿意的笑容。

梁敦彥早年跟隨晚清重臣李鴻章，也曾做過湖廣總督張之洞的幕僚，後成為直隸總督袁世凱在北洋的左膀右臂，1909年1月出任外務部尚書，可惜當月袁世凱遭遇攝政王載灃罷黜。梁敦彥在外務部尚書上坐了八個月，突然請病假回家休養。1910年年初，梁敦彥以「養病」為名周遊歐美列國，事實上樑敦彥是帶著結盟德、美的外交密令到歐美「養病」，中國同美、德結盟還有更重要的交易，與美國談財政借款，與德國談陸軍合作。

攝政王政府現在舉步維艱，不得不面對三方面的威脅：國內革命黨四處暴動、刺殺，激進的立憲派煽動民眾發動全國請願，逼迫載灃在憲政改革的道路拿出誠意，提前召開國會是最具改革誠意的行動；財政上相當困窘，各地督撫們毫無節制地鑄造銅元，整個貨幣體系一片混亂，地方的士紳們為了保護地方利益，拒絕印花稅試點，加之上海大量錢莊倒閉，經濟危機蔓延向全國；俄、日兩國對滿蒙和新疆虎視眈眈，英國更不歡迎有中國軍隊進駐西藏，列強們在大清瓜分勢力範圍，大江南北防線均駐有軍隊跟警察。

國內外的三股威脅無形中聯合起來，破壞攝政王政府為鞏固執政地位而進行的內政改革和為保持帝國完整所做的最後的努力。載灃派「養病」的梁敦彥充當歐美合縱連橫密使，結盟美國和德國，向美國借款以便消減日俄在滿洲龍興之地對貨幣及工業改革的威脅，同柏林的軍事合作可以改組中國的

最初的國會
晚清精英救國之謀 1910～1911（修訂版）

陸軍，將漢族武裝集團掌握的新軍徹底地改組為清執政集團可控的中央軍，以維護國家的穩定和主權完整。

梁敦彥歐洲之行前，載灃收到了禁衛軍大臣載濤的訪德報告。載濤是攝政王的七弟，宣統皇帝的七皇叔，1910年6月在德國考察研究軍事制度，受到德國皇帝威廉二世的接見，威廉二世對這位清皇室貴冑相當友好，吩咐德國軍方向載濤詳細交流了德國陸軍經驗。載濤給載灃的報告中反覆提及柏林對北京的友善。跟隨載濤在德國考察過的陸軍部大臣蔭昌希望得到德國在陸軍改革方面的援助，對載濤的報告予以充分的肯定，鼓勵了載灃同德國做出更密切的外交決策。

載灃在梁敦彥抵達柏林之前，給德國皇帝威廉二世寫了一封親筆信，說明中國局勢的危機，提議德國派遣軍事教官到中國協助陸軍改革，並請一位德國商業問題專家做北京的顧問。載灃在信仲介紹了密使梁敦彥，梁敦彥的柏林之行就是為這個目的服務的。同時，德國駐華公使雷克司向德國皇帝詳細介紹了大清密使梁敦彥，形容梁敦彥是一位受過美國教育的、謙虛的、謹嚴的愛國人士，有無私的性格和明白的政治見識，完全值得柏林信任。

蔭昌的陸軍部大臣是在德國考察期間任命的，當他回到北京，發現中國軍隊非常複雜。載灃罷黜袁世凱後，載灃自封「代理統率陸海軍大元帥」，成立了陸海軍聯合機構——軍咨處，以控制全國海陸軍的調動之權，載灃的兩個弟弟載洵、載濤分管海軍和軍咨府，形成弟兄三人分攬軍政大權的局面。同時，蔭昌任陸軍部大臣；宗室良弼任禁衛軍訓練大臣。看上去清執政集團掌握了海陸軍控制權，可是北洋的袁世凱舊部、南方各省的新軍均成為地方督撫們的私人武裝，根本不聽北京的節制。

袁世凱的北洋勢力是一個令載灃極度頭疼的問題。載灃在罷黜袁世凱後，於1909年2月，將袁世凱的親信、郵傳部尚書陳璧革職，永不敘用。同時，將袁世凱義結金蘭的把兄弟徐世昌內調郵傳部尚書，由三朝的蒙古重臣錫良繼任東三省總督。錫良到任，立即抓住黑龍江布政使倪嗣沖貪汙案，清剿袁世凱在東三省的勢力。3月23日，袁世凱親信、民政部侍郎趙秉鈞休致，

泣血的國會（一）

北京的警權轉到清皇室親貴手中。面對載灃掃蕩北洋勢力的行動，袁世凱嘲笑載灃「亦乳臭耳，尚能何為」？

北洋集團的軍政問題是載灃軍事集權最大的障礙，肅親王善耆同度支部尚書載澤曾經勸誡載灃殺掉袁世凱，「內外軍政方面，皆是袁的黨羽。從前袁所畏懼的是慈禧太后，太后一死，在袁心目中，已無人可以箝制他了。異日勢力養成，消除更為不易，且恐禍在不測。」歐美列強對載灃罷黜袁世凱相當失望，當載濤、載洵赴歐美考察軍事時，歐美各國的軍政界大員「群口相謂，謂中國至今日奈何尚不用袁世凱」。

載灃一度向張之洞徵求處理袁世凱的意見，當時張之洞剛由湖廣總督調任軍機處，張之洞對殺死袁世凱有唇亡齒寒之悲，他警告載灃：「殺袁世凱不難，不過北洋軍如果造起反來怎麼辦？」張之洞公開以「主少國疑，不可輕戮大臣」為由反對誅殺袁世凱。而袁世凱一手培植的北洋新軍高級將領們更是以「士兵有變，致辜天恩」威脅載灃，一旦清執政集團誅殺袁世凱，北洋軍隊將造反。

1909年10月4日上午，載灃到張之洞府邸探病，張之洞希望攝政王正視危機，採取協商而不是對抗的政策處理政治爭端，載灃冷冷地回了一句：「不怕，有兵在。」載灃離開張之洞府邸後，禮學館總裁陳寶琛問張之洞：「監國之意如何？」張之洞長髯抖動，吃力地擠出一句話：「國運盡矣，概冀一悟而未能也。」這位坐鎮武漢，遙持朝政的大佬，在載灃走後很快氣絕。遠在項城洹上村的袁世凱聽聞張之洞去世，悵然淚下。

張之洞死後，北洋集團同清執政集團的對抗逐漸升級成為地方督撫同中央的對抗。1910年春，軍咨府通知各省督撫，擬派參謀官到各省督理軍事。同時，海軍部一改過去由督撫調度指揮兵艦的舊例，規定各兵艦未得海軍部命令，不准擅離駐地。北京剝奪地方督撫們的軍事指揮權之意昭然若揭，地方督撫們豈能坐失槍桿子？

以袁世凱盟友、兩江總督張人駿為首的地方督撫聯名致電北京，以兵艦為突破口迫使北京收回成命：「督撫不能命令管下的兵艦，何以綏靖地方？」

最初的國會
晚清精英救國之謀 1910～1911（修訂版）

地方督撫們拒絕向清皇室的少壯派們交出軍權，他們還嘲笑載灃三兄弟不懂軍事，「而欲求全國軍事之進步，豈不是南轅北轍，緣木求魚哉！故政府專籌統一軍事以防內亂，實乃春蠶自縛耳。」

北洋新軍的兵變威脅與各地督撫的嘲諷令攝政王相當憤怒，他給德國皇帝威廉二世寫信圖謀同德國結盟，能夠借助德國陸軍的經驗整肅中國新軍。中國海軍自甲午戰爭後，一直因為經費緊張，重建海軍的行動一直停留在御前會議的討論階段，改革軍隊的重點自然就是全國的陸軍。德國皇帝威廉二世對載灃的提議相當感興趣，自然歡迎密使梁敦彥早日到訪柏林。蔭昌對載灃派出梁敦彥相當意外，作為袁世凱心腹的梁敦彥去柏林結盟，讓德國人來改組北洋新軍，北洋新軍能改組成中央軍？

蔭昌鼓動載灃在陸軍改革方面同德國合作，一方面是蔭昌在多次訪問德國期間，同德國陸軍建立了密切的關係，一方面是透過改革可以將各派勢力掌控的新軍改組成聽命於北京陸軍部的中央軍。蔭昌明顯感覺到依靠攝政王不能夠完成陸軍改革計劃，他在梁敦彥前往歐洲之前，找到雷克司，希望柏林方面要求梁敦彥請載濤和他自己以陸軍部大臣身分，提出一項陸軍改革節略。如此一來，蔭昌就成了北京同柏林合作陸軍改革的核心人物。

梁敦彥在柏林期間，德國皇帝威廉二世對攝政王的陸軍改革計劃相當稱讚。不過，柏林如蔭昌所請向梁敦彥建議，北京最好由蔭昌擬定一個德國協助改革陸軍的詳細計劃讓德國皇帝決定，柏林將肯定推薦適當的德國教官。德國皇帝在首相柏特曼提交的這份報告上批註了一個「對」字。為了確保梁敦彥在柏林期間的保密性，德國皇帝威廉二世不要求梁敦彥到宮廷覲見，等梁敦彥同美國談妥了國際借款再回柏林覲見。

1900 年後，德國陸續在膠州灣獲得了大量利益後，日俄在滿洲地區開始聯手阻止德國北上，德國希望透過協助改革中國陸軍獲得清執政集團軍方的支持，在長江流域以及東北地區獲得更多的利益。1908 年，光緒皇帝下令大清進行憲政改革開始，一直處於日俄控制的東三省開始推行地方自治，全面推行官制、財政、軍事方面的改革，作為憲政改革的試點樣本。日俄一直

泣血的國會（一）

干涉東三省的改革，德國卻樂見梁敦彥能夠從華盛頓取得一筆巨大的東北開發貸款，到時候德國可以同美國財團結盟，以援助中國開發東北之名進入滿洲地區。

柏林對梁敦彥的建議令蔭昌興奮不已，他向攝政王提交了一份陸軍改革的祕密報告。俄國駐華公使很快就得到了蔭昌的祕密報告，蔭昌在報告中的「籌辦邊防」一項建議增加在西藏、伊犁、滿洲以及蒙古駐軍的人數，同時在蒙古和滿洲地區建築鐵路，其目的是軍隊能夠迅速開到俄國邊界以保衛國家邊境安全。蔭昌的祕密報告需要財政支持，俄國財政大臣柯克甫策夫給駐美、法、英大使，訓令他們盡一切的力量阻擾美國對華貸款計劃，來破壞蔭昌的陸軍改革計劃和東三省開發計劃。

軍費財政問題已經影響到滿蒙執政集團內部團結了。載灃派梁敦彥出使歐美之前，蔭昌為首的軍方勢力向度支部尚書載澤施壓。蔭昌提出，為了威懾革命黨，陸軍部需要擴編新軍十八鎮，度支部需要劃撥至少二十一萬軍隊的軍費。針對反政府武裝的刺殺、暴動越來越頻繁，蔭昌還提出要擴大軍事演習規模，由之前北洋新軍獨演，擴大到四省聯合軍演。度支部載澤立即跳出來反對陸軍部的提議，拒絕向軍方提供軍演費用，四省聯合軍演被迫中途停止。

「軍事上各項費用近來頗有不能應手之處，近畿各鎮有歷兩月之久，而度支部應撥之餉項猶未撥發者，雖經陸軍部迭次催撥，度支部均以無款應之，即預算案規定之款亦未能照數撥解。」蔭昌多次向載澤催撥軍費，到1910年端午節前還是沒有劃撥，陸軍部只有「向某官銀行借銀三萬，利息至三分之巨」。蔭昌拿著借款合約去度支部報銷，面對陸軍部的高息貸款，度支部對借款「利息絕不承認」。

拿不出錢的度支部與維穩壓力越來越大的軍方勢同水火，載灃擔心財政問題將影響到軍隊的穩定，沒錢的憲政改革也恐將難產，清執政集團的執政合法性將徹底喪失。載灃清楚，從剿滅太平軍開始，各地督撫「宰制一方、威福由己」，不僅商業稅自徵自用，連象徵國家主權的貨幣都歸督撫們「各自

最初的國會
晚清精英救國之謀 1910 ～ 1911（修訂版）

鑄造，劃疆而行」，甚至關係國際外交的外債都任由督撫們「各自募集，立約自便」。相反，中央遭遇督撫截留大宗財稅後，整個中央財政體系早已破產。

載澤曾經向載灃提出一套財政改革的兩策：一設各省監理財政官，盡奪藩司之權；一設鹽政處於京師，盡奪鹽政鹽運使之權。載灃簽署頒發了《清理財政章程》，中央派專任財政清理官到各省督同清理，各省按季度向中央報本省財政收支。同時，度支部向各省派出會辦鹽政大臣，將原有鹽務各省督撫的用人、理財權力，全部收歸中央。度支部的集權完全將各省財政置於中央的監督之下，地方督撫財源立竭。

「督撫對於地方之事，無一不與財政有關係，財政既為中央所干涉，即無事不受中央之干涉。督撫即抱此惡感，於是督撫與中央情意分離。而督撫與督撫，因同病之故，乃相憐相親焉，蓋一人之力不足與中央抗，思互相聯合，以為與中央爭持之基礎也。」各地督撫威脅清執政集團精英們，「督撫之權皆系中央之權」，「若至督撫無權，恐中央亦將無所措手」，地方將「機關窒滯」，庶政將「痿痺不仁、散渙無絕」，「時方多故，獨奈何去其手足而自危頭目乎？」

地方督撫們聯合抵制，載灃惱羞成怒，卻不得不宣布地方財政改革計劃從緩。國際貸款成了載灃唯一的選擇。日、俄不希望清廷透過改革強大，他們向盟國英法遊說拒絕給中國貸款。1908 年，慈禧太后去世後，袁世凱派出密使欲與德、美結盟，爭取國際勢力支持，載灃迅速罷黜了袁世凱，美國總統羅斯福對載灃的行動相當失望。載灃為了獲得美國的財政貸款，透過同德國進行軍事合作，試圖借助德國與美國的盟友關係說服華盛頓支持北京。

梁敦彥在柏林時擔心美國因為袁世凱罷黜一事而不再信任北京，跟德國首相柏特曼商議，如果出於意料之外，華盛頓方面不立刻同意北京方面的貸款計劃，那麼梁敦彥「可以無須懷疑地向美國建議徵求柏林意見」。當柏特曼將梁敦彥的意思向德國皇帝威廉二世報告時，威廉二世在報告上批示一個「是」字，同時還讓柏特曼轉告梁敦彥，「到了那個時候，我們將樂意給美國政府一個答覆來支持中國利益」。

泣血的國會（一）

德國皇帝威廉二世在柏林宮廷批示梁敦彥的報告時，東西列強在海牙和平會議的一項密議在國內甚囂塵上，「議對待中國政策三條，其最後為統監財政，前兩條蓋不忍言。」江蘇諮議局議長張謇給北京的一份報告中質問，「瓜分中國之說，二年前曾一見於德報」，「日人之圖統監中國，亦見日報」，海牙密議絕非空穴來風。

各地赴京的速開國會請願團遞交給攝政王府的請願書譴責朝廷長期搞祕密外交，動輒割地、借款，「民眾事後得知，無不怨恨已極」。請願團的民意代表警告攝政王，若不開國會，再等9年，再搞9年祕密外交，民眾的憤怒之火必然會燒入朝堂。請願團的矛頭直指海牙和平會議統監財政之議論，他們萬萬沒有想到梁敦彥正在柏林同德國祕密談判軍事結盟，華盛頓的財政貸款計劃已經納入三國祕密結盟計劃之中。

現在掌握了槍桿子的攝政王沒有錢袋子，不同美、德祕密結盟，沒有財政支持的陸軍改革只能是空中樓閣。各地請願團代表告誡清執政集團，政府已經毫無公信力可言，民眾不可能增加負擔來緩解不受監督的政府財政之困，人民必須擁有「公舉代表與聞政治之權」，「國家乃能加以增重負擔、以紓國難之責」。張謇提醒攝政王載灃，「欲求一非槍、非炮、非艦、非雷而可使列強稍稍有所顧忌者，實無其策」，唯一的辦法就是速開國會及組織責任內閣，將政府置於國會的監督之下，憲政改革方能推行。

梁敦彥遠赴歐洲之時，各地諮議局速開國會赴京請願團已經第三次進京了，各地的立憲激進分子不斷地組織大規模的請願集會，各地督撫衙門都成了速開國會請願的主戰場，督撫們代奏速開國會的報告猶如雪片般飛抵紫禁城。現在民眾對攝政王載灃領導的清執政集團已經徹底失望，「內治之凌雜腐敗，外患之迫近鴟張，實有儳焉不能終日之勢」，憲政改革一直徘徊在御前會議的討論階段，民眾對執政集團的改革誠意失去幻想。

載灃一直在國際上樹立一個開明、改革的形象，可是執政集團的領導團隊門戶叢生，皇族黨閥森森：載洵總持海軍，與軍機大臣毓朗合為一黨；載濤統軍咨府，侵奪陸軍部權，與禁衛軍訓練大臣良弼為一黨；肅親王善耆好

最初的國會
晚清精英救國之謀 1910～1911（修訂版）

結納勾通報館，據民政部，領天下警政一黨；溥倫為道光皇帝長曾孫，同治初本有青宮之望，陰結議員為一黨；隆裕太后以母后之尊，寵任太監張德為一黨；度支部尚書載澤與隆裕為姻親，握財政全權為一黨；攝政王福晉瓜爾佳氏雅有才能，頗通賄賂，聯絡母族為一黨。

為了在清廷最高權力中樞謀得絕對的話語權，攝政王新政府的執政精英們明爭暗鬥，新加坡的報章都公開嘲笑清廷權貴內亂一片狼藉：「奕劻與載灃時相齟齬，則叔侄鬨於堂矣；載澤劻洵、濤二豎，則兄弟鬥於牆矣；……載濤、毓朗與鐵良爭，又與良弼爭，鐵良與良弼爭，又與端方爭。而善者也，溥廷也，溥倫也，世續也，那桐也，均同赴於暗鬥之漩渦中，相排相擠，相傾相軋，相決相蕩，日日胡鬧，事事胡鬧。」

載灃從慈禧太后手中接過監國權柄時，那些曾經不敢張揚的皇族親貴開始蠢蠢欲動。載灃既沒有慈禧的威望，也不懂得運用慈禧那一套恩威並施的用人手法，皇族內部快速四分五裂，「七黨皆專予奪之權，茸闒無恥之徒，趨之若鶩」，不少人還專門「收蓄猖狂少年，造謀生事」，導致整個執政集團「政出多門，相互傾軋」，康乾盛世的天朝顏面被末世輕狂的皇族少壯派丟盡了，載灃努力樹立的改革形象盡毀。

當長沙教員徐特立的「斷指送行，請開國會」的血書傳到北京，深深地刺激了年輕的攝政王載灃。國民救亡之心可昭日月，清執政集團如果繼續推遲召開國會，民眾會將內憂外患的怨忿記到愛新覺羅皇室的頭上，如此一來，皇室會成為國民的公敵。載灃的兩位弟弟均出使歐美考察學習過，他們希望愛新覺羅家族向歐洲皇室一樣和平轉型。載灃多次特召各樞臣密議要政，專門「研究國會縮短期限問題」。

軍咨府大臣載濤身為清廷總參謀部首腦，在接見國會請願代表時表示：「予因人民要求國會，嘗細心考察各國國會利害，實無絲毫流弊。」載濤在給載灃的一份報告中陳請速開國會，甚至宣稱：「如以臣言為是，則請迅速舉行；如以臣言為非，即負欺君之罪，請立予罷斥。」載灃邀請載濤到攝政王府「會商所以實行之法」。在載灃主持的御前會議上，載濤又當眾聲言：「國會早開

泣血的國會（一）

一日，則中國早治一日，士民得參政權，擔任國債，上下一心，共謀進步，中國之危局可於是挽回。」

載洵更是一個速開國會的激進分子，在出洋考察海軍回國途中，就曾「電促明年即開」國會。1911 年召開國會是各地請願團泣血訴求，身為海軍統帥的載洵在歸國途中提出如此主張令攝政王詫異。回到北京後，載灃立即召見了載洵，載洵極力主張從速組織閣會，措詞極為痛切，「以吾國現情與各國比較，不但陸海軍力相去霄壤，關於行政立法等事，亦紛亂異常。美國大統領於謁晤時，力言吾國危狀暨各國對待吾國方針，幾有不可終日之勢，再遲一二年後恐吾國將無以自存」。

1908 年，光緒皇帝簽署預備立憲命令後，國民「奔走相慶，破涕為笑」。現在無論是各省督撫聯名陳請，還是皇室精英拿爵位相賭，民眾們發現開國會猶如「海市蜃樓，倏起倏滅，彷彿似之」。儘管軍咨府大臣載濤「往返奔走」，「思聯合各親貴王公大臣聯銜請願」，遺憾的是皇室親貴大臣中贊成者「甚鮮」，載濤不得不「單銜奏請，以為國民後勁」，甚至不惜向攝政王載灃提出辭職，去「爭縮短國會年限」。

資政院預備國會上，議員們對清執政集團拖延開國會相當的不滿，「中國當此危機存亡之秋，除開國會無救亡之法」。議員們對「政府袞袞諸公尚在醉生夢死中」很失望。資政院議長溥倫為速開國會奔走各處，遊說清執政集團的權貴們，警告執政集團「非於明年召集，必失人心」，一直謀求責任內閣首相之位的首席軍機大臣奕劻對溥倫之說大不以為然，與之辯駁，「聲色俱厲，至於拍桌震翻茶碗」。

1910 年 10 月 21 日，德國皇帝威廉二世在德國派軍官協助中國陸軍改革報告上籤字的當天，湖廣總督瑞澄在報章上公開發出了「茲事關係全國存亡」之嘆，致函各地督撫及京僚各官，「慨然擔任領銜」，陳請攝政王同意速開國會。全國二十二個行省中，有十九個行省的督撫迅速響應瑞澄的聯名陳請，輿論褒贊瑞澄「誠一時錚錚者」。面對勢不可擋的官民之請，資政院決定在 1910 年 10 月 22 日審議陳請速開國會議案。

最初的國會
晚清精英救國之謀 1910～1911（修訂版）

泣血的國會（二）

「國會速開一事為我國存亡問題。何以言之？外患日迫，非國會擔負財政、擴張國防，不足以抵制；內政腐敗，非國會與責任內閣對待，不足以促其責任，而發展助長交通諸政。」1910年10月22日下午，資政院預備國會現場，身為速開國會請願團的一份子，羅傑議員第一個站起來慷慨陳詞：「現在國民之斷指割臂挖股者相繼，皆表示國民以死請願之決心。」

資政院預備國會審議速開國會陳請案五天前，各省諮議局的請願書已經送抵資政院。國際局勢對大清帝國越來越不利：「日俄締結新約，英法夙有成言，諸強釋嫌，協以謀我。日本遂併吞朝鮮，扼我吭而拊我背；俄汲汲增兵，窺我蒙古；英復以勁旅搗藏邊；法鐵路直達滇桂；德美旁觀，亦思染指。瓜分之禍，昔猶空言，今將實見。」僑寓日本橫濱專程回國的請願代表湯覺頓以日本憲政改革經驗提醒清執政集團，曾經遭遇歐美外侵的日本因開國會，「財政始能發達，外交始能平等」。

國際列強的覬覦令清執政集團寢食難安的同時，內亂同樣讓執政集團苦不堪言，除了革命黨的謀殺、暴動外，「各省饑民久思不贍養，鋌而走險，土匪乘之，騷亂日告，長沙、萊陽幾釀大變，雖幸或裁定，而善後之策一籌莫展，亂源不拔，為禍方滋」。攝政王載灃一度在張之洞臨終前對槍桿子信誓旦旦，可是內亂不斷，長沙、萊陽的萬人暴動都是吏治腐敗與財政窘困造成的，現在全國上下「無不嗷鴻遍野，付莽滿山」，簡直到了「舉國偬然，不可終日」的地步。

載灃從慈禧太后手上接過的江山早已是「政事日墮，吏治日疏，權利日失，地方日蔽」的爛攤子，由於滿洲八旗入關承接了明王朝的專制政體，為

最初的國會
晚清精英救國之謀 1910～1911（修訂版）

了捍衛君主至尊地位，清執政集團建立了一套森嚴的等級制度，政府與國民之間，各級官吏橫在其間，國民的欲求毫無表達通道，國民對政府的批評意見自然也就無從知曉，身居九重的皇帝最終成了官吏們權杖上鑲嵌的珠玉，擺設而已。現在清朝的官員貪汙行賄，損公肥私，「國家事事敗壞於官吏」。

國民饑不果腹跟官吏中飽私囊有著莫大的關係，載澤主導度支部的財政改革第一步就是清理地方財政，當中央派往各地的監理官到任後發現，地方財政一片混亂，苛捐雜稅多如牛毛，大宗的釐金、鹽稅儼然就是各地督撫們的命根子。速開國會請願團對清廷現有的監察系統很失望，根本不相信他們能杜絕官吏中飽私囊，「清理者云，不過為整理財政之創始，若日後實行整理，則節目浩繁，萬非今日智識有限之監理官所能盡職」。

全國「哀鴻遍野」背後是地方財政早已破產。湖廣總督治下的湖北一直是晚清工商業改革的旗艦之地，可是「鄂省度支困竭，供不逮求」，簡直到了「羅雀掘鼠」的地步，「每歲計短銀二百餘萬兩」；晚清名臣李鴻章的故里安徽更是「歲虧甚巨」，每年的財政赤字高達二百一十萬兩以上；作為清廷憲政改革試點的東三省財政更是「羅掘幾空」，憲政改革的開支毫無著落，只能派出密使到華盛頓借款。當一份份糟糕的財報送抵攝政王的案頭，載灃也只能仰天長嘆，偌大的帝國已經拿不出一兩救濟饑民的銀子。

面對腐敗的執政集團，國民對憲政的渴望早已秋水望穿。

當年，年邁的中國老皇帝乾隆收下了「蕞爾小國」英國人孝敬的禮物後，將英國使團禮送出境。英王使臣馬戛爾尼勛爵回國後感嘆：「大清帝國是在用一副龐大的殭屍軀體在嚇唬世界。」鴉片戰爭一聲炮響，摧毀了天朝的最後一絲尊嚴。到了同治皇帝年間，被清廷通緝的「紅毛狀元」王韜就給清執政集團開出憲政藥方：「治亂之源，強富之末，不盡在船堅炮利，而在議院上下同心，教養得法。」

清執政集團的精英們在鴉片戰爭後一直處於焦慮狀態。身為皇室的領袖，恭親王奕訢一直小心維繫「叔嫂共和」局面，期冀以時間換空間，試圖透過經濟改革來改變帝國貧弱的糟糕局面，奕訢的政治盟友文祥在臨死前向

泣血的國會（二）

皇帝遞交了最後一份密摺，大膽地提出了設置議會兩院制的憲政改革設想。同治年間，清執政集團的開明派精英們甚至兩次派出小規模的考察使團赴歐美考察憲政，一時間被歐洲王室譽為「中國天使」。

「中國天使」們從歐洲帶回了議院憲政，在提交給清執政集團的考察報告認為，歐洲那些鄉紳平民的下議院議員們擁有立法權、財政和監督權，那些貴族精英們權力相對受到約束，他們只擁有限制級的立法權跟司法權。令考察團驚訝的是，下令向大清帝國開炮的英國君主的權力也會受到約束，無論是外交還是內政，君主都要遵循法度，議會擁有贊成跟否決君主、內閣所有提案的權力，君主必須遵循上議院跟下議院討論透過重大決策、制度。

清執政集團一度對歐洲的憲政興趣盎然，歐洲疆域不大，國家眾多，即便是比利時、丹麥這樣的小國，都有尖端的武器，強悍的軍事，先進的技術。歐洲各國強悍的背後，現代工業跟金融推動了政治體制的改革，君主不再是萬能的主宰，國家的命運掌握在民主的議會。而中國千年封建皇權至上，皇帝成為唯一的決策者，日本的明治勳臣大久保利通說得沒錯，明君良輔只是一時之治，歐洲的經驗表明，憲政政體是富國強兵的基石。

商業精英是鴉片戰爭之後新崛起的一個階層，他們同國際商業勢力的交往過程中經常以股權合資的方式依附在洋商名下規避朝廷的苛捐雜稅，他們骨子裡期望中國實行憲政，確保他們的人身及財產安全。以買辦商人鄭觀應為首的商業精英階層提出：「中國而終自安卑弱，不欲富國強兵為天下之望國也，則亦已耳，苟欲安內攘外，君國子民持公法以永保太平之局，其必自設立議院始矣」。

「國中偶有動作，必由其國主付上議院議之，所謂謀及卿士也；付下議院議之，所謂謀及庶人也。議之可行則行，否則止，事事必合乎民情而後決然行之。」太平軍起義證明國民對清執政集團已經絕望，執政集團已經不能維護皇權萬世一統，歐洲風行的兩院議會憲政制度是歐洲王室成功轉型的保障，是清執政集團轉型的範本，文祥在1876年臨終前就向光緒皇帝建議，西方國家的憲政政治在中國可以嘗試。

最初的國會
晚清精英救國之謀 1910～1911（修訂版）

文祥死後，慈禧太后在中法戰爭期間罷黜恭親王奕訢，中日甲午戰爭後更將李鴻章邊緣化。兩位試圖透過經濟改革來改變國家命運的溫和派被逐出權力中樞後，精英階層對國家的前途更加焦慮，曾經藐視四夷的天朝如今「為俎上肉久矣，商務之權力握於英，鐵路之權力握於俄，邊防之權利握於法、日及諸國」，連遊學西方的「四大寇」之首的孫文都「上書傅相，一白其胸中之素蘊」。

從鴉片戰爭開始，中國除了向列強們支付大量的戰爭賠款，大片的土地為列強侵占，一時間租界如林，國際軍隊南北交錯，海關財稅落入列強之手。清執政集團已經沒有能力管理好這個千年的帝國，吏治壞到了極點，兩廣總督岑春煊一上任就拿掉數百名地方官而落得「官屠」的綽號。執政集團的合法性在一次次的起義、暴動中喪失殆盡，以康有為、梁啟超為首的士大夫們依然希望清執政集團能夠傚法歐洲老牌王室的憲政轉型。

「竊聞東西各國之強，皆以立憲法開國會之故。國會者，君與國民共議之政法也，蓋自三權鼎力之說出，以國會立法，以法官司法，以政府行政，而人主總之，釐定憲法，同受治焉。理性憲法，開國會，以庶政與國民共之，行主權鼎力之制，那麼，中國之治強，可計日待也。」康有為一度成為光緒皇帝的寵臣，試圖透過變法來改變中國的命運，甚至打算聘請日本明治勳臣伊藤博文為政府顧問，可惜慈禧太后一夜之間摧毀了士大夫們的改革之夢，康有為們的國會之說曇花一現。

1900 年，慈禧太后一度謀劃廢黜不聽話的光緒皇帝，各國駐華公使們很不高興，警告慈禧太后不要輕言廢立皇帝，甚至派出醫生到紫禁城給光緒皇帝看病。在清執政集團保守派的鼓噪下，慈禧太后一怒之下向萬國宣戰，當八國聯軍的槍炮響徹北京的那一夜，慈禧太后逼著光緒皇帝連夜西逃。在西安擔驚受怕的日子裡，慈禧太后下令新政，以張謇為首的士大夫們再次點燃了憲政之火，那些苦等憲政的商業精英們再次激情澎湃。

憲政改革之火的燎原同日俄戰爭有著密切的關係。甲午海戰失敗後，李鴻章主張聯俄抗日，沙皇登基之時，慈禧太后還派遣李鴻章赴俄朝賀，令清

泣血的國會（二）

執政集團肝膽俱裂的是，一直有「歐洲憲兵」之稱的俄國敗於蕞爾小國的日本，朝堂江湖才意識到，日本戰勝俄國「非小國能勝於大國，實立憲能戰勝於專制」，「日本以立憲而勝，俄國以專制而敗」。一時間，「上自勛戚大臣，下逮校舍學子，靡不日立憲立憲，一唱百和，異口同聲」，「立憲之聲，洋洋遍全國矣」。

「現在國家危險已達極點。」舉人出身的民選議員江辛在資政院預備國會上痛心疾首，「救亡問題除速開國會更無別法，如再遲延，則國家前途，本議員就不忍再說了」。憲政改革中開國會、頒憲法、設內閣三項最為大者，莫過於開國會，立憲派認定「國會乃立憲之精神所在」，可是清執政集團中頑固的皇室親貴們擔心「國會一開，民氣囂張」，國民們立即意識到朝廷沒有憲政改革的誠意，立憲派的激進分子號召國民「與政府宣戰」。

國民們真的失望了。河南印花稅案表面上看是諮議局同巡撫的權力之爭，議員易宗夔一語中的，資政院的議員們不是人民直選，「不能代表人民承諾新租稅」。可是憲政改革的關鍵在國會監督政府，監督政府重中之重就是財政監督。日本留學歸來的貴州諮議局副議長、資政院議員牟琳對國民拒絕向政府繳納新租稅非常擔憂，「國家存亡就在財政」，現在度支部每年的預算款項赤字五千萬，政府只要一提到加稅，「人民多起反對」。

「加稅何以如此之難？」牟琳對清執政集團拖延召開國會更是憤慨，沒有財政支持的憲政改革都是空中樓閣。「政府所慮，不過說中國人民程度不足」。江辛議員質問清執政集團的權貴們，民智問題事關憲政民主的普及，從1901年的新政開始，教育已經先行，全國推行了義務教育，「各省諮議局開議一年，亦未聞有什麼風潮，可為民氣並不囂張」。相反，國民斷指割臂請求速開國會，證明國民對國會監督政府充滿期待。

清執政集團拖延召開國會的真正目的是擔心失去權力。按照憲政遊戲規則，內閣對國會負責，開國會就一定要組建責任內閣，以奕劻為首的清皇室親貴一直圖謀執掌責任內閣，可是按照「外國情形，內閣與國會衝突之時，第一次國會可以解散，第二次內閣必須解職」。皇室親貴們突然發現，責任內

最初的國會
晚清精英救國之謀 1910～1911（修訂版）

閣跟只對皇帝負責的軍機處完全是兩回事，即便皇室親貴壟斷了責任內閣，只要跟國會發生兩次衝突，他們將失去辛苦爭奪來的內閣席位。

權位是清執政集團皇室親貴們心中的痛。漢族武裝集團在剿滅太平軍的過程中崛起，地方督撫半數均出至於湘、淮兩大漢族武裝集團，改寫了滿蒙親貴壟斷天下權力的格局，清皇族精英們一直在想方設法削弱漢人勢力，令漢人督撫們相當不滿。1900 年，八國聯軍進兵北京，光緒皇帝和慈禧太后一路西逃，地方督撫們通電「東南互保」，對搖搖欲墜的逃跑朝廷袖手旁觀。同時，結盟的地方督撫們抓住機會不斷向朝廷施壓，陳請立憲，試圖透過憲政改革來約束清皇族的權力，以獲得更大的地方自治之權。

光緒皇帝在 1908 年宣布預備立憲後，以袁世凱為首的漢族勢力加速爭奪憲政改革主導權，憲政改革試點的東三省督撫被北洋集團壟斷，兩廣、湖廣、兩江、直隸四大總督均為漢人。皇族親貴們拖延召開國會背後，國會對應的責任內閣一直是權貴們奪權的焦點，為此皇族七黨們相互拆台，度支部的載澤一黨交通隆裕太后一黨，遏制掌握兵權的載灃三兄弟；載濤、載洵兩兄弟試圖透過國會來謀求軍費，保住皇族槍桿子；議員猶如一把鋒利的刀，身為議長的溥倫可將國會之刀高懸在曾經奪去他皇權的皇族們頭上。

憲政改革成了一場新的權力瓜分遊戲，與國民毫不相干，國民們發現「立憲之事，不可倚賴政府」。一直鼓動民眾請願的士紳們相當焦慮，各地諮議局的議員們曾經是體制外的基層精英，在憲政改革的浪潮中逐漸進入基層權力中心，他們能夠彈劾官吏，糾察財政，決策地方自治的基礎源於民眾，一旦民眾對骯髒的權力之爭失去耐心，憲政改革將錯失良機，士紳們也將失去在民眾心中的尊崇地位。

「國會者，與全體國民有直接之關係者也，何謂國會？即國民參政權薈萃之中心點也」，「今之所談政治者率多倚賴政府之心，日注意於國民所以被治之塗，而不從事國民所以自治之道」，立憲激進分子提出，「今國民欲解決政治上之問題，則當從國會著手，庶不致蹈枝枝節節而為之弊矣」。各地進入基層權力階層的士紳精英們鼓動民眾不惜割肉血書向政府施壓，只有構建一

泣血的國會（二）

個國民意願的國會，擴大國民在國會中的權力，國會才不會成為清執政集團統治的憲政工具，國會做出的決議才更符合國民的意思，才能真正維護國民的利益。

「今日，本議員對於眾議員、軍機大臣、各部行政大臣、政府特派員先行叩一個頭。」1910年10月22日的資政院預備國會現場，于邦華議員的叩頭震驚了全場。這是一個值得紀念的日子，國民的不斷請願終於得到了資政院的支持，這一天，軍機大臣、各部尚書均出席資政院預備國會，旁聽議員們審議速開國會請願陳請案。于邦華議員呼籲當場的諸君：「當今時局正在危急存亡，今日同堂研究，可先把一切自私自利心腸一齊抹去。」

于邦華的話音未落，整個預備國會現場「掌聲如雷」。「中國時局日變，前半年一種模樣，後半年又是一種模樣，請問諸君，除卻開國會以外，還有何項方法可以救亡？」于邦華眼含熱淚，「國會譬如人心，人心若死，手足安能靈便？」于邦華譴責將各省諮議局與督撫衝突事件上升到民氣囂張的高度，更不能「歸咎於各省諮議局」，「實緣議決之事，各省督撫不去執行，所辦之事又不能洽於民心，心之不平，其氣亦不可遏」。

一等秀才出身的于邦華是直隸省諮議局的明星議員，在議場內外痛陳時政積弊，被互選為資政院議員，在資政院依然言辭犀利。各省諮議局同督撫的衝突成了權貴們譴責民氣囂張的藉口，于邦華一語道破民氣囂張之說的玄機：「我國行政機關有種種牽掣，況近日民間搜刮殆盡，財政無著，又有中央集權之說，使督撫不能辦事，是以對於決議之事，往往不能執行，甘受人民唾罵。」

署理兩廣總督袁樹勛與雲貴總督李經義就聯合批評皇族親貴們利用預備立憲削弱地方督撫的權力以收歸中央，關鍵是皇族親貴們「不辨明政務之統系，而欲以中央之權力，支配各地方之官吏」，兩大總督感嘆：「在督撫固竊議其侵權，在中央亦實力有未逮。」地方督撫們消極對抗皇族親貴們的集權，以致輿論都開始同情地方督撫：「國是之紛紜、政令之錯雜，一切措施動皆責成於督撫，而督撫之權日見削奪，動則掣肘，不足以舉職而圖功。」

最初的國會
晚清精英救國之謀 1910～1911（修訂版）

　　整個國家官吏們都忙於爭權，毫不顧忌「哀鴻遍野」。「督撫自有督撫的難處，然則過在中央各部大臣？」于邦華理性地指出，現在國家行政效率低下，主要原因是中央沒有統一機關，「各部各自為謀，此部有錢或用不得宜，彼部錢無則事不能辦，彼此各不相顧，以致事出兩歧，重重困難因之而生，凡此皆系國會未開之故」。議員們都堅信，只有透過國會來監督政府，讓整個國家的預算、決算納入決策體系，整個國家行政體系運作效力才會提高。

　　當陸軍部大臣蔭昌拿著銀行的借款合約去度支部報帳時，度支部大臣載澤拒絕報銷利息時，他當時是多麼期望國會能夠議決度支部支付陸軍部軍費。當派駐各地的財政監理官遭遇督撫們冷眼時，載澤多麼希望國會能議決印花稅徵收案，中央財政有錢了就可少受督撫們的擠兌。可是「人民以為國家的用款我們都不知悉」，擔心腐敗的官吏們「將人民脂膏飽其私囊」，「所以人民有不肯納租稅，遂起而反對」。議員們警告皇族親貴們，只有速開國會，「人民才能負擔租稅，國家就可以生存」。

　　「凡事無論如何，必有反對者，獨今日發言表意，無一反對之人，此可見一般之心理。蓋全國上下無不願速開國會，且不但中國如此，即海外諸友邦亦甚望我國為完全立憲國。」議員陶鎔心情「歡喜無量」，因為資政院由王公世爵、各部院衙門官、民選三類議員組成，每次審議提案時議員們爭辯激烈，這一次在速開國會問題上議員們意見一致。輪到陶鎔發言時，他提議：「現在既無反對，已表示全體一致之可決，請議長急性宣布表決，毋庸討論。」

　　議場會議主持副議長沈家本宣布用起立法對速開國會案進行表決，話音一落，「全體議員應聲矗立，鼓掌如雷」，整個會場齊呼「大清帝國萬歲！大清帝國皇帝陛下萬歲！大清帝國立憲政體萬歲！」，掌聲、呼喊聲不斷，「全場震動」。面對全體贊成速開國會，議員們「想政府一定歡迎，皇上及攝政王一定許可」，提出讓度支部拿出預算案，讓度支部大臣載澤到資政院預備國會現場說明預算案之大旨，因為「預算可以察看一國大政之方針」。

泣血的國會（三）

「東方古國從此亡矣。麥秀黍離之感，長蛇封豕之憂，不禁交集於心。」日本「聯邦合併」朝鮮後，「勢必席捲而西，踞吉奉以窺順直」，攝政王載灃緊急召東三省總督錫良進京陛見，錫良進京後同侍讀學士惲毓鼎秉燭夜談，談到朝鮮滅國與中國官場「文飾承平」之狀，兩人不禁「憂悶悲憤，不可言狀」，「相向嘆息，幾至淚下」。

朝鮮曾經是中國的藩屬國，日本滅朝鮮，「東三省已無可設防，京師亦難安枕」。「當此唇亡齒寒之時，已無曲突徙薪之暇」，載灃召集軍機大臣那桐、毓朗「密議對待之策」，軍機大臣與各部參預政務王大臣連日召開聯席會議商洽應對之策。載灃屢次告誡樞臣，「以後辦理外交益須謹慎，內政尤宜極力整理」，尤其是「民心不可使之渙散」。事實上，清執政集團高度緊張的真正原因是，朝鮮的滅國根源是預備立憲的失敗。

李鴻章在春帆樓簽下屈辱的《馬關條約》時，朝鮮國王李熙「誓廟告天，宣言預備立憲」。朝鮮在預備立憲期間設責任內閣，「頒大誥十二條」，同光緒皇帝於1908年頒布的《欽定憲法大綱》相類，可是朝鮮的憲政改革「徒以無國會之故，監督機關不立，凡百新政，皆有名無實，利不及弊，坐是魚爛，以底於亡」。1910年10月22日，資政院審議速開國會陳情案當天，請願團提醒清執政集團，朝鮮「殷鑒不遠」。

朝鮮滅國猶如一根毒針：「自朝鮮滅亡後，我國人民罔不悚然警惕，而益冀國會之速開。今聞政府諸公亦有縮短國會期限之說，其亦鑒於朝鮮而蹙然動其救亡之意乎？果若是，則召集國會之期，其將不遠矣。」資政院於1910年10月22日全體決議透過速開國會陳情案後，何時才算速開國會成了最大

最初的國會
晚清精英救國之謀 1910～1911（修訂版）

的懸念，立憲激進分子以朝鮮的滅國之禍警告執政集團，「朝廷遲一日立憲，中國早一日喪亡」。

10月25日，東三省總督錫良、湖廣總督瑞澂、兩廣總督袁樹勛、雲貴總督李經羲、伊犁將軍廣福、察哈爾都統溥良、吉林巡撫陳昭常、黑龍江巡撫周樹模、江蘇巡撫程德全、安徽巡撫朱家寶、山東巡撫孫寶琦、山西巡撫丁寶銓、河南巡撫寶棻、新疆巡撫聯魁、浙江巡撫增韞、江西巡撫馮汝騤、湖南巡撫楊文鼎、廣西巡撫張鳴岐、貴州巡撫龐鴻書聯銜電請軍機處代奏，主張責任內閣與國會同時並進。

督撫將軍們在聯名電報中強調，憲政改革需要內閣與國會同步設立，「捨此則主腦不立，憲政別無著手之方；缺一則輔車無依，閣會均有踬轍之害」，因而懇請「立即組織內閣」和「明年開設國會」。錫良苦口婆心勸告載灃：「欲實行立憲，無貴賤上下，胥當受制於法律，先革其自私自利之心，若敗壞紀綱，蔑棄公理，政治日弛，人心日漓，雖九年立憲，終為波斯、土耳其、越南、朝鮮之續，庸有幸乎！此憲法不可不實行也。」

湖廣總督瑞澂進京陛見期間，攝政王載灃問策瑞澂。瑞澂從日俄聯盟到日本吞併朝鮮威脅滿洲龍興之地，談到「國內而政府，外而督撫，猶互相推諉敷衍」，提醒載灃「用人行政，急從根本上解決，以救時艱」。瑞澂給載灃獻策：「憲政固宜急辦，然當先擇其切要者行之，不可但抄寫外國憲法成文，徒滋擾亂，不求實際。且中國現在所以不亡者，只有民心不失可恃，欲固結民心，當速開國會。」

十九位督撫、將軍聯名通電一出，國民歡騰。很快，立憲精英們發現晚清的權貴大臣們內部分裂嚴重，天下總督之首的直隸、富甲天下的兩江兩大總督為南北洋兩大領袖，他們擁有晚清工商業改革的主導權，在政治、經濟改革中擁有舉足輕重的地位。陝甘總督長庚同樣沒有出現在聯名通電上，這位滿洲正黃旗權貴平定過西藏暴亂，出任過伊犁將軍，官至晚清兵部尚書，現在節制西北各路兵馬，扼守帝國西北大門，在軍事上擁有相當的話語權。

「自改變新法以來，民氣囂然不靖。立憲之說一行，其勢更劇。近則又有

泣血的國會（三）

要求國會之說，起於上海，各省風靡。」憲政改革風潮日烈，兩江總督張人俊深閉固拒，在給家人的書信中將憲政改革說成了亂世之源，無不心痛地嘆息，「刺無可刺，非無可非。禁之不可，止之不能。禍恐不遠」。張人俊提醒攝政王載灃，既不能開國會，也不能設責任內閣，「操切急進，僕蹶堪虞」，「飭吏治，興實業」乃當務之急。

面對各省督撫聯名電奏速開國會，直隸總督陳夔龍與陝甘總督長庚的代表、陝西巡撫恩壽，進京祕密謁見慶親王奕劻。奕劻迅速召集心腹朋黨在府邸開小圈子會議，在討論國會問題時，奕劻說：「看你大家的意思。」國會問題勢必討論新內閣，當在場者有提起總理大臣之時，奕劻突然臉色大變：「我已老了，什麼新內閣？什麼內閣總理大臣？我不明白如何做得。」陳夔龍、恩壽終於明白奕劻「希冀內閣總理大臣之職」，不急於召開國會。

晚清政權已經是「吏殘於上，民怨於下，譬猶厝火積薪，不可終日危亡之勢」，身為天下總督之首的直隸總督陳夔龍，為了執行奕劻的意思，高調為自己的保守自得：「所可以自慰者，厥有三端，一不聯絡新學家，二不敷衍留學生，三不延納假名士」，「不贊成並時之號為時髦督撫一流，爭籍所謂新政以出風頭者也。」面對憲政改革大潮，陳夔龍不鹹不淡地說，「立法未嘗不善，奈一般急進派嫌其過遲，訾議政府有意延宕阻撓憲政」，他故作尊長般地擔心立憲熱潮「終日紛擾，舉國若狂」。

長庚向攝政王發電報阻開國會內閣，說了一大堆「祖宗成法，萬不可廢」的陳詞濫調。其下屬恩壽是個典型的保守派，在江蘇巡撫任上鎮壓愛國運動，事後海捕《蘇報》撰稿人，製造國際轟動的《蘇報》案。恩壽自然站到上司長庚一邊，執行奕劻的政治之謀，對召開國會很是消極。從北京回到西安巡撫衙門後，恩壽單獨向載灃提議，「責任內閣尤急於開國會之先」，「若閣會並舉，窺虞緩急無方，先後失序」。

10月26日，吉林巡撫陳昭常讀到直隸總督陳夔龍「欲先立內閣，緩開國會」的電奏後立即通電各省督撫，對陳夔龍的言論批駁得體無完膚。陳昭常希望雲貴總督李經羲主筆，各省督撫再次聯名電奏攝政王，堅持「國會一日

最初的國會
晚清精英救國之謀 1910～1911（修訂版）

不開，內閣仍一日不固」，對資政院預備國會已經議決的速開國會陳請案「不必緩期」，速開國會。李經羲將陳昭常的電報內容「略加潤色，急電樞府，請其抉擇主持」。

李經羲電告東三省總督錫良，讓錫良領銜「主稿聯奏」。李經羲為首的地方督撫們希望擴大聯名電奏陣營，他們邀約第一次沒有聯名的閩浙總督松壽、四川總督趙爾巽。當天，侍讀學士惲毓鼎向攝政王載灃具驪，力挺聯名督撫，建議開國會、設內閣並舉，「內閣制成，則合全國政事於一閣而共為謀」，「事有統屬，責有攸歸」。

當天，資政院預備國會的議員們聽聞陳夔龍他們的言論後相當憤慨。汪榮寶議員第一個發言，他譴責頑固派的食古不化，現在全國上下「既然知道立憲政體可以救亡，何必一定要待到三五年之後」？「民心難得而易失，事機一去而不還，現在已經到了十分危險的時候，若從此趕緊設立，還可以鞏固國家的大局，不然就有難言之隱」。汪榮寶提議資政院議長溥倫，「務求皇上毅然獨斷，把上下議院提前設立」。

現在各省諮議局、各省人民代表、各華僑代表對速開國會的熱誠都感動了洋人，在資政院預備國會現場旁聽的「外國人因議決請求速開國會當時之，或拍掌或摘帽歡忻」，李槼議員希望能在皇上及攝政王前可以進言的溥倫議長將民眾對憲政之熱誠上達天聽。于邦華議員提出現在全國一動一靜皆在皇上，一旦皇帝答應速開國會，民眾對朝廷「更加親密」，「民心為之一振」，從此朝廷同民眾的「隔閡之病」可消除。議員們希望「朝廷以民心為心」，速開國會方為「國家萬年無疆之基」。

資政院的議員們激情四溢地熱議速開國會之時，御史胡思敬在一「巨公授意」下，正在撰寫一份長篇報告，提出三策：上策為取消九年預備立憲清單，停辦新政，明諭申飭不得請開國會；中策為停辦新政，徇資政院之請明年九月召集國會，兩年後國會無弊再設內閣，如無補於國計民生則遣散閉會；下策為改正籌備立憲清單，縮短立憲期限約二三年，以塞資政院之口。10月27日，向攝政王遞交反對開國會的報告，斥責「立憲為倒行逆施之道」。

泣血的國會（三）

10月28日，資政院正、副議長溥倫、沈家本將資政院預備國會決議速開國會陳請案向攝政王載灃具奏，提出「提前設立上下議院」的主張，強調「憲政必有國會與責任內閣，責任內閣是憲政的根本，國會又是根本的根本」。載灃問溥倫：「情勢如此，期限不能不縮，然則一年可乎？」溥倫搖搖頭說：「不可。」載灃又問：「二年可乎？」溥倫還是搖搖頭：「不可，大抵至少之非縮短三年，不足以饜天下之望。」載灃聽了溥倫縮短三年之說後「默然」。

載灃問策溥倫之前，皇族內部的權力之爭已經白熱化。毓朗、溥倫為首的皇室親貴主張「裁撤舊軍機，速設責任內閣」，奕劻面對以載灃三兄弟為首迅速崛起的皇族少壯派深表擔憂，在角逐新的內閣總理大臣職位時，自己未必是皇族少壯派的對手。當時軍機處中奕劻、那桐、徐世昌均為袁世凱的政治盟友，毓朗是攝政王楔入軍機處的一枚釘子，奕劻為了保住軍機處和政務處的權力，提出在保持兩大機構的前提下設立責任內閣。毓朗堅決反對奕劻的權力構架設計：「國是要題不可私斷，既有責任內閣，即不能再有多數同一性質之衙門。」

10月30日，軍機大臣與政務處大臣召開聯席會議，首席軍機大臣奕劻主持會議。會議一開始就將資政院請開國會原奏及直隸總督陳夔龍等電奏稿發給參會的親貴大臣們參閱，攝政王載灃期冀聯席會議拿出一個設內閣、開國會的決議，沒想到親貴大臣們「彼此研究良久，大抵語多騎牆，無一決斷之詞」。軍機大臣毓朗提議：「若不稍微縮短年限，難饜眾望；若徑予允許，又恐民氣愈張。」奕劻突然冒出一句話：「人民程度太淺，速開恐致召亂。」

毓朗同奕劻在軍機處的關係相當緊張，「每次奏對彼此意見相反之處甚多」。有載灃三兄弟撐腰的毓朗甚至欲干預政務處事務，奕劻時常惱怒。為了保住軍機處對抗皇族少壯派，奕劻自然要阻撓速開國會。毓朗態度決絕：「國會不開，一切新政決辦不下去。」兩人「爭論甚為激烈」，軍機大臣徐世昌「從中調停，始不歡而罷」。最後，毓朗提出：「擬為調停之計，改為宣統三年設立內閣，宣統五年召集國會。」

10月31日，軍機大臣毓朗、那桐、徐世昌三人到資政院預備國會現場演

最初的國會
晚清精英救國之謀 1910～1911（修訂版）

說憲政改革的大政方針。毓朗第一個演講，他讚揚資政院為「上下兩議院之基礎，為中國數千年未有之盛舉」，希望資政院的會議要「揆諸時勢」，在議決提案時面對「不得不量為變通者」，可「隨時具奏」。毓朗鼓勵議員們：「方今時艱日棘，正危急存亡之秋，無論如何為難，總當淬礪精神，迅速前進，俾憲政早日觀成。」毓朗深知憲政改革成功，「尚冀朝野一心，共圖補救，上贊盛世維新之化，下慰薄海望治之心」。

易宗夔議員打斷了毓朗的演講，希望軍機大臣「當場宣示對國會之意見」。毓朗顯得很尷尬，「國會的事情，朝廷亦深知最為重要，但是萬幾決於公論，方能籌策完全」，各省督撫及各省人民速開國會之電奏、陳請，「先後均經上達天聽」，但是國會召開時間「須詢謀僉同」，「方能定奪」。毓朗告知全體議員，攝政王已經下令，將資政院速開國會的報告「發交政務處公同閱看」，「不日開御前會議，妥商辦法」。

于邦華議員情緒激動，不到一年時間，日俄同盟共侵滿洲龍興之地，日本吞併朝鮮有圖謀京畿津要之野心，「現在各國對於中國，大有一日千里之勢」，皆因「國會沒有解決」。于邦華批駁那些「無識者」的「民氣囂張」之論，希望軍機大臣看在「國家全體之生命」、「祖宗創業之艱難」、「皇上望治之殷勤」、「全國人民盼望國會之迫切」，竭力主持早日成全「速開國會」。于邦華深知資政院議員「不能辦一切事」，面對國民「盼望之切」，議員「唯有對軍機大臣叩頭而已」。說完，于邦華「咚咚」地朝毓朗磕頭。

于邦華的舉動立即引發議場騷動。羅傑議員在速開國會請願團進京期間，曾經謁見毓朗，當時毓朗還是軍咨處總理，儘管極力許可早開國會，可當時他在決策層毫無影響力。毓朗進入軍機處後「公忠體國，海內欽仰」，羅傑希望毓朗「堅請即開」國會，「俾國家轉危為安」。汪龍光議員覺得現在籌備國會清單中，軍機大臣需要草憲法、選舉法、議院法，由於清廷憲政改革政治體制是君主立憲，所以三部法律數月內可訂定，國會無多延緩一年之理由。

「觀二十二省人民代表請願書，各省諮議局的請願書，海外華僑的請願

泣血的國會（三）

書，都說得沉痛悲切，無不願意早開國會。」許鼎霖議員激情四溢，「外國立憲都是由人民要求的，不知費多少筆墨多少唇舌甚至流血然後始能立憲」，晚清的憲政改革是由慈禧太后、光緒皇帝特召頒行，現在「唯有革命黨、哥老會、土匪不願意開國會」。許鼎霖譴責那些反對者不過是「頑固黨」，「無甚主張，被一種贓官汙吏蠱惑，恐怕速開國會即難自私自利」。

許鼎霖將阻撓速開國會的頑固黨同革命黨、土匪等同。革命黨鼓噪民眾向腐敗無能的政府宣戰，一旦國會一開，政府置於國民監督之下，政府效率提高，腐敗在陽光之下遁跡，革命黨提出的革命主張再無市場。同樣，那些贓官汙吏在陽光的憲政政府之中，再無貪贓枉法的機會，他們與革命黨、土匪一樣擔心失去自己生存的土壤。許鼎霖長嘆一聲，現在四萬萬國民都希望速開國會：「可惜此等頑固督撫未能親到會場聽大家討論，苟能聽至大家討論，何至犯天下之大不韙！」

作為民選議員的許鼎霖擁有舉人文憑，同立憲領袖張謇合辦過公司，是張謇在憲政改革中的盟友。許鼎霖還擔任過清朝駐祕魯領事，深諳國際外交之道，資政院議決速開國會陳請案的當天，許鼎霖到六國飯店摸底各國駐華公使、國際輿論對清廷速開國會的反映。許鼎霖發現「外國人當晚即發電報六十七件」，皆說「以後同中國的交情應當愈密」，「到中國通商亦可以放心」，「因為有國會則有監督財政的機關，中國前途實有莫大之希望」。

議員們反覆告誡軍機大臣們，現在「中國之最可寶貴、最可憑恃者，唯此民氣」，如果國民速開國會的請願不准，「人民愛國之氣，稍一冷淡，則中國真亡矣」。議員們「請軍機大臣要利用現在之民氣，趕速扶植之，以救我中國於不亡」。毓朗很遺憾地說：「今日，本大臣以法人的資格到院，所以，所說的話不能越法人資格的範圍。」對於開國會的時間表，毓朗強調：「凡事都要決諸公論，始能面面周到，現在朝廷既未決定，本大臣所以不能宣布。」

毓朗一行離開資政院回到軍機處，向首席軍機大臣奕劻匯報資政院演說情況。毓朗報告說：「民氣如此強盛，國會萬不可不速開。」奕劻的政治盟友那桐、徐世昌只能隨聲附和，奕劻連稱：「不錯，不錯。俟御前會議再說

最初的國會
晚清精英救國之謀 1910～1911（修訂版）

罷。」11月1日，負責預備立憲事宜的政務處王大臣再次召開聯席會議，商討國會期限事。憲政編查館提出選舉法的編制「決非倉促所能蕆事」，1911年「恐趕辦不及」。最終聯席會議「因樞府有贊成宣統五年者」，「各部大臣亦多主此說，於是便議決宣統五年成立國會」。聯席會議同時提出了先設立內閣的主張。

東三省總督錫良當天掌握了政務處王大臣的聯席會議情報，會列各督撫銜連夜加急再次電請軍機處代奏，批駁了「先立內閣，遲至宣統五年乃行召集國會」的主張，仍然堅持「內閣、國會同時並舉」。錫良的聯名電奏規模進一步擴大，閩浙總督松壽、四川總督趙爾巽爭取到了速開國會陣營，在聯名電奏上署名。陳夔龍則高調反擊錫良的聯名電奏：「國會與內閣雙方並進，雖有輔車相依之勢，然事有先後，必宜循序漸進，非可一蹴而成。」陳夔龍明確主張宣統三年設立責任內閣，宣統五年召開國會。

各省督撫同政務處王大臣聯席會議的衝突令攝政王載灃手足無措，輿論譁然：「近日請速開國會之聲浪如潮湧、如雷震，凡諸反對亦陽表同情，只暗中阻撓，如鼠居穴，進寸一驚，立即退尺。故連日政府祕密聚議，凡中立與反對者，悉日從眾。中有一二親貴真表同情，則主立允民請，准於來年九月召集；而一班圓滑者，則曰辦不及，酌定為宣統五年召集。監國本主急進一派，而老成人均云，來年召集，恐辦不及，因此頗覺為難，亦無主意云。」

泣血的國會（四）

1910年11月3日，載灃召見軍機大臣、政務處王大臣等開御前會議。

御前會議之前，隆裕太后已經開始懷疑攝政王載灃的執政能力，她厲聲質問載灃：「究竟有人能將國會速開之得失及利弊關係斷決否？若仍似是而非，懷挾私見，須當早自定見，切勿為浮言所撓。」隆裕太后以皇權捍衛者的身分訓斥攝政王，儘管載灃是宣統皇帝的親爹，可是他的身分是執政監國，只是政府的最高管理者。載灃隨即將隆裕太后的懿旨傳達軍機大臣，「並飭速電各省督撫及各部大臣，將縮短國會期限問題詳細解釋」。

經過了軍機處、政務處王大臣、各部大臣、駐外使節、各地督撫將軍激烈的交鋒後，載灃決定透過御前會議來公決國會召開期。御前會議一開始，毓朗第一個發言說：「時事危迫，國會誠不可不速開，然不明定國是，則政府與國民遇事爭執，必不免紛擾。故必先設新內閣，及確定海陸軍進行政策，再開國會，庶君權不至為民權所抑。」

一直飽受財政改革困擾的度支部大臣載澤進而說：「現在國稅地方稅未分，遽開國會，恐人民爭執。且朝廷注重國防，人民注重實業，目下採訪輿論，已多主張裁減海陸軍費，甚有主張停辦海軍者。故必先立新內閣，明定國是，然後再開國會，方免一切紛擾。為今之計，應明定宣統五年召集國會，既不阻絕人民之請願，而乘此二年工夫，可以確定各項要政辦法，並須立降明諭，成立新內閣。」

在御前會議召開前，各省督撫、將軍們的聯名電奏令鎮國公、度支部大臣載澤相當高興，他在同美國駐華公使談話時稱讚速開國會，那將是「作為足以整理帝國財政的一個步驟」。載澤在美國人面前譴責民族主義者，因為北

最初的國會
晚清精英救國之謀 1910～1911（修訂版）

京為了憲政改革不得不大量舉借外債，這勢必會「遭到一切民族主義者的咒罵，在議會問題上已經責問政府的正是這個集團」。在 1910 年 10 月 28 日，載澤同華盛頓的財政借款談判成功，同美國銀行簽訂了借款草約。

載澤在同美國銀行簽約之前，對資政院那一幫民族主義者進行了一番安慰，在資政院就財政問題進行了慷慨陳詞的演講。現在國防、教育、司法、實業、民政、交通諸事，「無一件不關緊要，無一件不需巨款」，可是「財政困難以達極點」，現在度支部「不能專用積極主義置財力於不顧，又不能反用消極主義礙憲政之進行」，現在度支部只能「就節流的辦法，會商各省督撫，會同籌度」，至於「朝廷大政」，「唯有盼望將來國會一開」，「實本大臣之幸也」。載澤的一番話令資政院的議員們熱血沸騰，均讚鎮國公大義。

華盛頓方面同樣對北京的改革持樂觀態度，為了確保美國在對華借款方面占據主導地位，載澤答應讓攝政王載灃頒發一道諭旨，由外務部向華盛頓背書。美國駐華公使嘉樂恆在發給華盛頓的電報中稱，載澤向美國人承諾，「可以隨意有多少同夥，但是他將只同美國人簽訂最後的合約，並指望他們擁有大多數的債券以便控制發行」。毓朗一行在資政院演說時，華盛頓通知駐柏林、倫敦、巴黎、聖彼得堡以及東京的大使，中美借款合約已經簽字。

美國銀行家同北京簽訂借款合約，他們認為愛新覺羅皇室的理想是建立「一個強有力的、統一的和開明的中國」。美國在照會英國、日本時特意強調，中美借款合約已經為中國「有關當局」所批准，華盛頓方面在照會中隱匿了借款用於發展滿洲實業的部分。攝政王載灃對中美簽署借款合約非常滿意，梁敦彥的祕密出訪獲得了空前的成功，無論是同德國的軍事合作，還是同美國的財政合作，看來許鼎霖議員所言非虛，列強們對同北京的合作更有信心。

毓朗、載澤兩人的主張，載灃深以為然，御前會議最終議決國會定限縮短三年，並於 1911 年設立責任內閣。11 月 4 日，清廷頒布上諭：「著縮改於宣統五年，實行開設議院。先將官制釐定，提前頒布試辦，預即組織內閣。」載灃為了彰顯公決之意，在上諭中特別強調：「此次縮定期限，係採取各督撫

泣血的國會（四）

等奏章，又由王公大臣等悉心謀議，請旨定奪，洵屬斟酌妥協，折衷至當。緩之固無可緩，急亦無可再急，應即作為確定年限。一經宣布，萬不能再議更張。」

清廷的上諭明確規定，各省速開國會請願團不准再請願，否則按法懲辦。軍機處還下令民政部和各省督撫曉諭請願代表即日散歸。清廷頒發上諭後，外務部馬上函告駐京各國公使。各國公使紛紛函覆祝賀，各使館並升旗三日表示慶賀和友好，英國、美國、德國和義大利等國政府還向外務部發來了賀電。國內只有江蘇諮議局、江蘇教育總會等少數團體致電資政院，對於「國會請願有效」表示感謝「天恩高厚」。

沒人搞慶祝喝彩，軍機處惱羞成怒，下令民政部通飭京城內外城巡警總廳，傳知所有商號、住戶等通通懸掛國徽，慶祝五天。同時命京師總商會分電各省各埠商會開會慶祝，並謝政府主持之力。很快，京城內外各店鋪民戶頓時張燈結綵，龍旗飄揚，商學各界組織提燈會，學部組織學生從「酉初刻至戌正」，「一人持一紅紙燈籠，張旗鳴鼓」，在大清門外高喊立憲萬歲的口號，唱《立憲歌》。

「宣統二年明詔頒，宣統五年開議會，猗歟休哉，開設議會。君臣同心，上下一體，國勢益光昌，皇祚益久長，堯舜禹湯古帝王，今日立憲同爭光。立憲萬歲！帝國萬歲！二十二省三雄藩，薄海同欽開議會，猗歟休哉，開設議會。百度維新，三權鼎立，政治日輝光，邦家日富強，歐美日本相頡頏，中國立憲皇祚長。」學部組織的大遊行隊伍高唱《立憲歌》時，瓢潑大雨傾天而降，慶祝盛典在慌亂中收場。

知識分子是令清執政集團最頭疼的一個群體，尤其是很多報館的編輯記者，他們固執高傲，拒絕執行巡警廳印刷紅報、報導慶賀的消息，他們公開在報紙上模仿響徹京城的《立憲歌》歌詞，嘲諷朝廷的決策：「立憲萬歲！帝國萬歲！宣統二年明詔頒，宣統五年開議會。迂矣緩哉，開設議會。國民離心，志士解體，民困何由蘇，外患無時無。天下之事尚可圖，遲我三年胡為乎？」

最初的國會
晚清精英救國之謀 1910～1911（修訂版）

　　同樣，在京的請願代表「聞此亂命，亦極憤怒」，在《通告各省同志書》中揭露：「夫我皇上沖齡踐祚，監國攝政王負斧扆而朝，內處深宮，日月固有遺照之明。今茲主謀，度必有一二昏耄老臣勢居要津，陽為老成持重之言，而陰以遂其敷衍苟且竊踞朝柄之私心。而新進得幸之臣，又甚慮國會一開，人才勃興，或至搖撼其祿位。坐是遏抑撓阻，力主五年之說，相與揚波而助焰。是舉各督撫與人民之所要求明年速開者，率皆一不審諦，徒取決於少數之廷臣。而廷臣仰承風旨唯諾者十九，草具說帖，不敢有異論，相率畫諾，遂為定議。」

　　報章甚至揭露，清廷的上諭是「徐相（徐世昌）在那相（那桐）宅與那相共同商議，令軍機章京、政治官報局總理華世奎執筆擬定而後成稿者」。龍興之地的東三省民眾憤怒了，國家生死存亡之大計，豈能密室操縱？1910年12月2日，奉天省城學生數十人前往省諮議局面見議長和副議長，當場割指刺股寫血書，要求進行第四次請願活動。

　　奉天學生血書請願的當天，聖彼得堡召開了一次非常內閣會議，外交部、財政部、陸軍部、海軍部、商務部多個部門的大臣參加，討論俄國駐華公使沙查諾夫向聖彼得堡提交的關於美國向北京提供開發滿洲的報告。沙查諾夫建議聖彼得堡聯手巴黎、東京、倫敦阻撓美國的借款計劃，因為美國同德國人將利用同中國的財政、軍事合作在滿洲等區域獲取更大的利益。沙查諾夫詢問聖彼得堡是否可以在軍事和財政上支持自己，甚至必要時在俄國遠東軍可以滿洲地區進行軍事示威。

　　俄國人抓住了中國的死穴，德國人希望同英國人在中國門戶開放政策方面進行合作，因為英國人經營中國數年，具有相當的地緣政治優勢。但是英國是日本的盟友，也是巴黎和聖彼得堡的親密朋友，法俄同樣是盟友，華盛頓要給北京的憲政改革撐腰，一定會聯盟柏林和倫敦，聖彼得堡只要能將借款聯盟之外的東京排除，或者在借款中地位並不重要的巴黎分裂出借款同盟，北京在財政方面將陷入破產的窘境，攝政王載灃維持的威信和集權都將灰飛煙滅。

泣血的國會（四）

俄國陸軍部大臣在非常會議上說，他的情報經統帥遠東陸軍司令部的達尼羅夫將軍調查，俄國在滿洲的地位非常危險，東京正在採取公開措施在南滿建立一個策略地位來占有它，而北京已經開始按照陸軍部大臣蔭昌的建議，由東三省總督錫良主導改組在滿洲的軍事力量，指望在俄國能夠迅速調集中東鐵路沿線的部隊來保護鐵路之前切斷它。現在的事實是，俄國遠東軍只能在興安嶺以西集結，為了抵達滿洲戰場只能越過困難極大的興安嶺。俄國商務大臣擔心一旦調兵，滿洲地區將有一場大戰。

聖彼得堡的非常會議最後一致同意，為了確保俄國在滿洲的利益，將來的事態發展也許需要併吞北滿，甚至進一步吞併滿洲，如果必要，應准許使用武力。俄國外交大臣同日本駐聖彼得堡大使進行了會晤，俄國在保障日本在朝鮮的利益的前提下，日本承諾俄國有權採取任何必要措施以實現其在中國的利益。柏林因為載澤只同美國人簽約，又在倫敦和巴黎的鼓噪下，執意要同中國簽訂四國協議，攝政王載灃苦心經營的美德中三國同盟在聖彼得堡的攪局下瀕臨破產，日俄的軍事危險反而進一步加劇。

緊張的滿洲局勢令東三省民眾對北京相當失望。

1910年12月6日，奉天全省八個團體四十六個州縣的工、商、學各界群眾萬餘人遊行，血書旗字，齊赴東三省總督府。東三省總督錫良立即向北京匯報，言辭急切，東三省形勢「迫不容待」，速開國會為救亡之良藥，「早服一日即早救一日之亡」。攝政王載灃接到錫良報告震怒，斥責錫良：「縮改開議院年限，前經廷議詳酌，已降旨明白宣示，不應再奏，東三省地方重要，該督有治事安民之責，值此時限，尤應力任其難，毋許藉詞諉卸，致負委任。」

北京的反感和不耐煩進一步刺激了奉天各界民眾，跪在東三省總督府前的請願民眾不願離去，各界推選出赴京的全省人民代表董之威、劉煥文、舒繼祖等十五人，希望人民代表赴京請願，向皇族親貴們力陳東三省之危，速開國會以救危亡。12月10日，奉天各界公餞赴京請願代表。12月11日，在吉林、黑龍江兩省代表還未趕到奉天的情況下，奉天的15人請願代表迫不及

最初的國會
晚清精英救國之謀 1910～1911（修訂版）

待啟程赴京。

12月15日，奉天請願代表一行在天津下車，與各省在天津的學生共開茶話會，希望同學組織全國學生請願同志會，作為東三省的後援。全國學界同志會很快在天津成立，學生們公推溫世霖出任會長。擁有秀才文憑的溫世霖曾在直隸總督府出任幕僚，在官場擁有相當多的人脈。12月20日，溫世霖和直隸諮議局議長閻鳳閣等帶領各校學生三千八百餘人，打著各色旗幟，高舉著「立憲救國」、「速開國會」等標語，呼喊著「誓死請願」等口號，強烈要求直隸總督陳夔龍代奏。

1910年12月21日，奉天、直隸的請願代表到資政院呈遞了請願書。22日，請願代表們謁見了奕劻、那桐，希望兩位軍機大臣能夠將請願書面呈攝政王載灃。沒想到清執政集團暴怒，清廷於24日頒布上諭，訓斥請願代表：「開設議院縮改於宣統五年，乃系廷臣協議請旨定奪，並申明一經宣示萬不能再議更張。誠以事繁期迫，一切均須提前籌備，已不免種種為難，各省督撫陳奏，亦多見及於此，乃無識之徒，不察此意，仍肆要求，往往聚集多人，挾制官長。」

清廷在上諭中點名批評了東三省的請願代表：「今又有以東三省代表名詞來京遞呈，一再瀆擾，實屬不成事體，著民政部、步軍統領衙門立即派員將此項人等迅速送回原籍，各安生業，不准在京逗留。各省如再有聚眾滋鬧情事，即非安分良民，查拿嚴辦，毋稍縱容，以安民而防隱患。」當天晚上，肅親王、民政部大臣善耆親自帶著軍警，將東三省請願代表董之威一干人強行架至車上，押回奉天，部分代表堅絕不走，被拘留警廳，旋亦被勸回。

溫世霖領導的天津全國學界國會請願同志會通電各省，速起以為後援，號召全國學生罷課。直隸總督陳夔龍早在21日晚就得到朝廷密令，民眾請願不准再聯名要求瀆奏，對於請願領導人要祕密偵查，「稍有可疑，即行密拿請懲」。陳夔龍貼出告示，宣稱倘再聚眾要求，就是意存擾亂，定當嚴拿懲辦。沒想到溫世霖發動罷課來支援赴京請願代表，陳夔龍聞訊大怒，誣陷學生「意存叵測」，「大干法紀」，立派軍警前往鎮壓。

泣血的國會（四）

1911年1月2日，清執政集團害怕罷課風潮蔓延全國，嚴令各省督撫「隨時彈壓」，「從嚴懲辦」。陳夔龍立即飭令解散學界國會同志會，禁止報館「危言聳聽」，嚴令商界不准附和，命令軍警持槍巡邏，隨時驅散聚集的群眾。陳夔龍調兵包圍學堂，勒令開課。保定學生聞悉，以罷課的實際行動表示對天津學生的支持和對陳夔龍的抗議。陳夔龍急調陸軍和警兵將各學堂包圍，「不准學生自由出入，往來函件必須拆視」，「晝夜巡防，不稍鬆懈」。

陳夔龍在奕劻的暗示下，決定拿溫世霖開刀，以警告立憲激進分子。1911年1月7日晚，陳夔龍下令將溫世霖逮捕。第二天，陳夔龍給北京密電，誣指溫世霖為「鄉里無賴」，「結眾斂錢」，「有害地方」，「擅捏會名，妄稱會長，遍電省各，廣肆要結，尤為意圖煽動，居心實不可測」。在未經司法審判的情況下，陳夔龍將溫世霖抹黑成為一個無賴，意圖從道德上將請願領導人拉下馬。

溫世霖被祕密逮捕的第二天，天津各界知名人士集會共商營救之策，教育家張伯苓等二十六人聯名質問陳夔龍逮捕溫世霖的理由。1911年1月9日，張伯苓一行赴直隸總督府，陳夔龍只接見了張伯苓一人，進一步抹黑溫世霖，大罵「溫世霖出身微賤，膽大妄為」，辯稱自己「此次執法，實為地方除害」。張伯苓當晚召集天津縣四十多名鄉議事員準備向諮議局陳請，為溫世霖辯護。

張伯苓一行開會之時，陳夔龍接到了北京的密令：「溫世霖著即發往新疆，交地方官嚴加管束，以遏亂萌，而弭隱患。」同時，攝政王載灃向各省發出命令，痛批請願學生「年幼無知，血氣未定，往往被其愚弄」，警告各地官員，一定要重視學生這種「無端荒棄正業，奔走呼號」的現象，「日久恐釀生他變，貽害民生」。載灃下令各省督撫對請願學生「再行剴切曉諭，隨時彈壓」，如果再發生奉天、天津的情況，「立即從嚴懲辦，並將辦學人員一併重處，以儆其餘」。

陳夔龍拿到北京方面的尚方寶劍，對天津各界的營救置若罔聞，當晚密令軍警將溫世霖押赴新疆。天津諮議局致電攝政王，全體議員願保溫世霖，

最初的國會
晚清精英救國之謀 1910～1911（修訂版）

然已無及。陳夔龍對溫世霖的抹黑適得其反，溫世霖立即成了立憲的英雄。押送溫世霖的消息泄露之後，天津各界募資相送，行至河南更有千餘民眾歡迎。因為溫世霖眼疾未癒，押解巡警對其極為關照，甚至在西安請假度春節，溫世霖再次受到英雄般的隆重歡迎招待。

溫世霖押赴新疆後，直隸各界士紳對陳夔龍的野蠻憤懣不已，陳夔龍「誠恐因之暴動」，嚴令軍警監視各學堂，同時發布告示繼續抹黑說：「溫世霖假名結會，遍電各省，脅令罷課，要結挾制」，「此等不安本分，借端滋擾之徒，自難稍事姑容」。陳夔龍恐嚇民眾：「倘有混徒造謠生事，擾害治安，定即嚴拿懲辦，絕不稍貸。」清執政集團「誠恐各省公憤，大起風潮」，特電各省「嚴加防範」。

溫世霖一案徹底激怒了民眾，清廷的維穩之策失效。成都各學堂通電全國：「東省危急，蜀學全體罷課，籌對付，請即開國會，望轉各界，誓死同行。」湖北學生代表彭康年、邱崇等發動學生實行罷課，定於 1911 年 1 月 15 日在黃鶴樓召開簽名大會，湖廣總督瑞澂會前將彭、邱兩人「驅逐出境」。隨後江西、吉林等地發動請願，北京方面都下令各地督撫對請願領導人進行祕密偵查，身高、體重、家世均被詳細掌握，一旦有變立即彈壓，嚴懲請願領導人以儆傚尤。

國民泣血只求速開國會，拯救危亡，溫世霖案一出，「一般輿論謂政府此舉，為揭出假立憲面具之一鐵證也。不然際預備立憲之時，何以政府作為竟與立憲原理相背馳若此，豈非一面以立憲餂國民，一面又以專制壓抑國民乎」？輿論對執政集團的憲政改革相當失望，「今日政府所作為，無一不與立憲相背馳，觀其嚴厲之手段，將有出於梅特涅之上者」。輿論警告清執政集團：「民不畏死，奈何以死嚇之，願政府諸公毋以此面具嚇人也。」

辮子裡的刀（上）

「世界各國沒有帶辮髮者，獨中國留此野蠻制度，甚不雅觀。」1910年11月25日，下午2點30分，資政院預備國會現場，議員易宗夔突然向議會提交了一份《剪除辮髮改良禮服》的剪辮易服議案，整個會場大嘩。

易宗夔的議案真正的提出者是湖南寧鄉縣人周震鱗。易宗夔將周震鱗的說貼提交給資政院陳請股審查，陳請股拒絕以議案的名義提交議會審查。倔強的易宗夔堅持要將周震鱗的剪辮易服說貼提交議會審查。易宗夔提議資政院預備國會議決剪辮易服案時，議員羅傑也向資政院祕書廳提交了內容一樣的《剪辮易服與世大同》的議案。

辮子問題已經成了一個國際笑話。大清帝國派出的外交使節們經常出席重大盛典，按照國際慣例外交官們進場都是騎馬，唯有中國的外交官因辮子禮服不便，只能提出坐馬車，他國均不在會場提供馬車。他國外交官騎馬進場時，中國外交官只能隨後步行，出場時亦然，猶如一跟班小廝。羅傑在提交的議案中寫道，「外交官在外邊很受氣」，「成何國體」？

「剪髮易服非唯無益於中國，反使權利外溢，是我們議員替外國人辦了事啦。」議員楊錫田對剪辮易服的提案很是詫異，清朝八旗入關後頒布了「剃髮令」，三百年來一直是不可觸碰的政治紅線，現在羅傑同易宗夔的提案是「變改祖宗的制度」，簡直就是「喪失自己的廉恥」。楊錫田的話音未落，整個議場哄亂一片，髮辮不剪，何以談憲政改革？議員們鄙視舉人出身的楊錫田，議員們對楊錫田的話除了嘲笑，簡直就「無可駁之價值」。

周震鱗的身分挑動了剪辮易服敏感的政治神經。

剪辮易服一直是革命黨推翻清執政集團的政治口號，他們宣揚辮子是清

最初的國會
晚清精英救國之謀 1910～1911（修訂版）

朝奴役中華的百年恥辱，鼓動民眾恢復大漢髮束衣冠與清廷決裂。周震鱗在兩湖書院與革命黨領袖黃興同窗五年，1903年11月4日在長沙與黃興、章士釗、宋教仁等十一人創立「華興會」。1905年，孫中山與黃興兩人同作周震鱗的介紹人加入同盟會，並委任為湖南支部負責人。1906年6月，孫中山密使赴武漢同周震鱗會晤，被清廷密探竊聽遭遇通緝，當年輾轉流亡日本，同宮崎寅藏和犬養毅為首的一幫日本政客結為朋友。

1907年，革命黨徐錫麟在安慶起義前，周震鱗回國在安徽暗中襄助，兩江總督端方密派水師捉拿周震鱗，周震鱗在友人幫助下逃回長沙。返回長沙的途中，周震鱗得知同盟會從日本派出百名留學生打入清廷的文教宣傳機構，製造革命輿論。周震鱗深知北京文恬武嬉，猶如汪洋大海，決定冒險北上。周震鱗抵京後，在京師大學堂謀得了教習一職，向學生們鼓吹革命理念。同時，周震鱗還成為《帝國日報》、《順天時報》的撰稿人，專門撰文鼓吹革命。

光緒皇帝和慈禧太后相繼去世，宣統皇帝溥儀登基，年輕的醇親王載灃總攝朝政，民眾多憲政改革呼聲日隆，革命黨擔心清廷的憲政改革一旦成功，革命失去了基礎。周震鱗經常到預備國會現場旁聽，有一次旁聽時高呼反對口號，投擲座椅，會場大亂，周震鱗當場被警察逮捕，經過革命黨的多方營救獲釋。剪辮易服的說貼正是在釋放後提交給資政院的。

周震鱗提交的剪辮易服說貼極盡嘲諷之能事，咒罵愛新覺羅家族一度認為最帥的「金錢鼠尾」辮子簡直是野蠻恥辱之極。清廷已經於1910年11月4日宣布宣統五年召開國會，讓革命黨武裝推翻清政權的暴力主張再無市場。現在清執政集團忙於釐定官制，組織內閣，楊錫田深度懷疑周震鱗的動機，在敏感時期提交剪辮易服說貼有分化瓦解清執政集團之意，真實目的是將憲政改革推入泥沼。

載灃總攝朝政後，清執政集團內部黨派林立，年輕的攝政王在國際上樹立的改革形象不斷地被謀取私利的皇親貴冑們抹黑，辮子是愛新覺羅家族征服中原的政治符號，更是利益集團壟斷國家資源的心理籌碼。周震鱗的說貼

辮子裡的刀（上）

意在刺激愛新覺羅家族最敏感的政治神經，慶親王、首席軍機大臣奕劻派軍機大臣、政治盟友那桐密會東三省總督錫良、湖廣總督瑞澂，這兩位正是載灃推動憲政改革的地方實力派支持者，奕劻試圖以三百年的祖宗制度勸諫攝政王載灃毋剪辮易服。

髮束衣冠事關祖宗家法，剃刀口的血染紅了愛新覺羅的江山。

1644 年，清朝第一位攝政王多爾袞率領大軍打進北京城。仰仗漢人文臣武將鼎定中原的多爾袞採取懷柔政策，將朝賀時分成滿漢兩班，滿洲官員剃髮留辮，身著滿裝；大明降臣博冠大秀，束髮冠帶而朝。有一個奇葩降臣孫之獬毫無士大夫廉恥心，主動剃髮穿滿裝，站到滿洲官員之列，滿洲官員以「非我族類，其心必異」驅之出列。這位大明朝的進士再回漢班，大明降臣們以其滿裝而不納。

孫之獬惱羞成怒，給順治皇帝上摺奏請改制：「陛下平定中國，萬事鼎新。而衣冠束髮之制，獨存漢舊。此乃陛下從中國，非中國從陛下也。」順治皇帝還是個七歲的毛孩子，攝政王多爾袞被孫之獬的話震驚。1645 年 6 月，多爾袞以皇帝之名頒布了《剃髮令》，「自今布告之後，京城內外，限旬日，直隸各省地方，自部文到日，亦限旬日，盡令剃髮，遵依者為我國之民，遲疑者同逆命之寇，必置重罪」。

髮束衣冠很快就上升到政治高度。清廷在廣州頒行的《易服剃髮令》中說：「金錢鼠尾，乃新朝之雅政；峨冠博帶，實亡國之陋規。」武裝部隊不斷地在各地巡邏，凡是沒有按照朝廷之令剃髮者，一律就地正法。深受多爾袞信任的漢臣陳名夏私下議論，「只須留頭髮、復衣冠，天下即太平矣」，多爾袞接到彈劾陳名夏的奏摺，立即下令將陳名夏絞死。在剃髮令的高壓之下，「閭左無一免者，金錢鼠尾，幾成遍地腥羶」。

剃髮成了衡量民眾效忠朝廷的政治尺度，清執政集團嚴令：「若規避惜髮，巧辭爭辯者，絕不輕貸。」各地官府令剃匠負擔於市，強行剃髮，「漢人薙髮，違者殺無赦」。滸墅關民丁泉因「周環僅剃少許，留頂甚大」，江蘇巡撫以「本犯即無奸宄之心，甘違同風之化，法無可貸」為由向皇帝報告，結

最初的國會
晚清精英救國之謀 1910～1911（修訂版）

果皇帝親自硃批處斬，縣官也以失察罪「從重議處，家長、地鄰即應擬罪」。

「身體髮膚，受之父母，不得毀傷」，千年的漢儒髮式和盛唐袍服是華夏民族文化傳統的象徵，對於漢族士大夫來說如同己命，髮束衣冠的改變實質上是對漢族文化習俗的割裂。民眾對孫之獬獻策剃髮的漢奸行為恨之入骨。1667 年，山東義民謝遷攻入淄川，殺了孫之獬全家，「首將之獬一家殺死。孫男四人、孫女孫婦三人，皆備極淫慘以斃。而之獬獨縛至十餘日，五毒備下，縫口支解」。

孫之獬將髮束衣冠上升到一個國家統治的政治高度，成為愛新覺羅家族製造心理恐懼的籌碼。民眾逮住了這位禍首豈能不消遣一番？殺了孫之獬一家後，民眾將孫之獬捆成了粽子，十多天時間用盡消遣之術。孫之獬曾是大明王朝的進士，一度官至侍講，口才了得，民眾不想聽孫之獬巧舌如簧的求饒，用針線縫上孫之獬的嘴，用鈍刀一片片地將其臠割而死。民眾泄憤孫之獬的同時，意在儆戒他人。

滿洲八旗入關之時昭告天下，明亡於流寇，髮束衣冠給漢族士庶臉上蒙了一層「遮羞布」。孫之獬的剃髮之策如同宣布士庶就是「亡國奴」，為了剃掉士庶心中之髮束，歷代執政者捍衛的儒家聖賢孔子都必須剃髮。沒錯，孔子的塑像都必須剃成「金錢鼠尾」。孔子的二十六代孫、陝西河西道孔聞謤實在忍不住，給攝政王多爾袞上了一道摺子，「禮之大者，莫要於冠服。自漢至明，制度雖有損益，獨臣家服制，三千年來未之或改。今一旦變更，恐於皇上崇儒重道之典，有未盡也。應否蓄髮，以復先世衣冠？」

孔聞謤的摺子明面上是恢復祖宗之髮束衣冠，事實上是希望多爾袞恢復漢家髮束衣冠以化解日益激烈的民族衝突。滿洲八旗征服中原，勢必要「中國從陛下也」，多爾袞給孔聞謤上了一堂孔聖人哲學，「中外一家，君猶父也，民猶子也，父子一體，豈可違異」？多爾袞嘲諷孔聞謤簡直玷汙祖宗，對其「姑念聖裔免死」。為了以儆傚尤，給天下士庶一個下馬威，多爾袞宣布，大明王朝的進士、孔聖人的後裔孔聞謤永遠不許做滿清王朝的官。

孔子一直是讀書人的精神領袖，更是執政者籠絡士子之心的聖宗，現在

辮子裡的刀（上）

孔聖人都要剃成「金錢鼠尾」的小辮子，天下讀書人絕望了。江陰秀才許用召集青年學子於孔廟集會，誓言「頭可斷，髮絕不可薙也！」江陰知縣方亨是明崇禎時的進士，河南還在明軍手上時偷偷出境投降清軍，一到江陰任上就發出了「三日薙髮令」，許用孔廟集會後方知縣更是全城張貼了「留髮不留頭」的強硬布告，憤怒的讀書人操起了大刀長矛。

青年學子公推小吏典史閻應元為主帥，閻應元任命一干小吏、縉紳為將。閻應元率領的軍隊號稱是抗清聯軍，實際上就是以農民組成的鄉兵和市井百姓組成的民兵的烏合之眾。閻應元的烏合之眾抵禦了十萬八旗鐵騎，血戰八十一天，殲滅清兵七萬五千餘。城破以後，清軍下令屠城，江陰士庶拚死巷戰，「竟無一人降者」。八旗鐵騎封刀之日，清軍在一佛塔頂端發現五十三名病廢殘疾倖存者。

圍攻江陰的清軍一度勸降城裡的讀書人，江陰城裡給清軍送去了一份措辭強硬的《答清兵勸降書》：「雖經易代，尚不改衣冠文物之舊。豈意薙髮一令，大拂人心，是以城鄉老少，誓死不從。」士庶均將削髮胡服視為悖逆祖宗的奇恥大辱。南明威虜將軍邵一梓兵敗被俘，行刑前邵一梓只提出不要剃髮的唯一要求，清執政集團的精英們為了從心理擊垮南明的抵抗，強行將邵一梓的頭髮剃掉，邵一梓淚如雨下，「使我無以見君親於地下！」

清執政集團透過剃髮來徹底隔斷士大夫們同大明王朝的精神紐帶，真正實現「中國從陛下也」，剃髮成了忠誠與背叛的政治尺度。士大夫們用生命捍衛髮束衣冠，捍衛的是千年的儒家文化，從秦朝的刑典開始，歷朝歷代的律法均將剃髮同紋面、殘肢並列，以羞辱奴僕與已定罪犯人。漢族的士庶們拚死捍衛的還有祖宗家法，一旦剃成「金錢鼠尾」，死後都無法與九泉之下的祖宗們相認。

漢族士庶「留髮不留頭」的瘋狂染紅了愛新覺羅家族的江山。江陰之後，南方多地為髮束衣冠血戰。剃髮留辮對於北方的女真族來說就是一風俗習慣，只是到了努爾哈赤一統女真部落後，統一的髮辮成了一種征服的標誌。1622 年，努爾哈赤進兵廣寧，那些投降和依附滿族的各族民眾時有反叛，為

最初的國會
晚清精英救國之謀 1910～1911（修訂版）

了軍政的管理和打擊反叛者的心理，努爾哈赤下達了「老年人可以不剃，年輕人必須剃」的強制剃髮令，剃髮留辮才慢慢地上升到國家政治的高度。

滿洲的鐵騎橫掃大江南北，卻難以跨江渡海，清執政集團從順治到康熙，一直同盤踞臺灣的鄭成功家族談判。鄭成功的兒子鄭經對大清談判使臣說，「先王在日，前後招撫者，亦只差削髮二字，若照朝鮮事例，則可」。鄭成功統治臺灣時期，北京同臺灣的和談多次因剃髮問題告吹。剃髮是清執政集團的底線，拒絕剃髮視為造反逆寇，鄭經統治臺灣期間同樣三番五次拒絕剃髮談判，「本藩焉肯墜先王之志」。

和平統一臺灣的談判陷入僵局之時，以吳三桂為首的大明降將開始武裝反叛，同臺灣形成東南、西南遙相呼應之勢。吳三桂用復髮束衣冠為政治口號，大軍所過州縣均下令剪掉辮子，不到半年時間就占據了清朝半壁江山。剃髮與剪辮子成了爭奪江山的籌碼，清執政集團集全國之力，剿滅了三藩之亂。隨後，統一了臺灣，鄭氏家族的男丁一如孔聖人後裔一樣，乖乖地剃成了「金錢鼠尾」。

到了乾隆皇帝時期，剃髮問題就成了常規的「政治罪」。1768 年春天，江南幾起控告石匠、乞丐、遊方僧割辮叫魂的案宗震動了清執政集團，乾隆皇帝透過祕密的管道，調動帝國所有的政治力量搜捕無鬚頭的叫魂案，將民間單純的個體行為上升到族群的政治衝突高度，大搜捕的過程成了一場皇權同民間草根文化的較量。辮子成了政治的晴雨表，幾起民間封建迷信，就令乾隆皇帝高度緊張，盛世強大的專制皇權在草根文化面前表現得是多麼的脆弱和恐慌。

剃刀一直流淌著鮮血。

1851 年，太平軍在廣西起義，發布的《奉天討胡檄布四方諭》將髮辮問題上升為革命口號：「夫中國有中國之形象，今滿洲悉令削髮，拖一長尾於後，是使中國人變為禽獸也。」太平軍嚴令軍隊、幹部「不許剃頭，留須蓄髮，復中原古制」。對於起義軍占領區，太平軍透過文宣輿論，鼓動民眾「應知乃祖若宗並非胡種，自當蓄鬚留髮，脫去妖形」。

辮子裡的刀（上）

髮束衣冠成了清軍同太平軍在戰爭中爭奪的焦點。太平軍打到哪裡「蓄髮令」就發到哪裡，並且是太平天國政府的第一道軍事命令。清軍對拒絕剃頭的民眾殺無赦，太平軍同樣嚴懲拒絕蓄髮者，宣布「有再剃者殺無赦」，「凡剪髮剃胡刮面，斬首不留」。一旦太平軍敗走，清朝地方官就掛出「限三日內剃髮」的公告，同樣擔心遭遇清軍殺無赦的民眾以為「長毛既遁，官兵且至」，便「爭先剃髮」。

民眾裹挾進無情的戰爭之中，他們無權決定自己的髮束衣冠，在清朝的三百年間髮束衣冠永遠都是各種政治勢力爭權奪利的籌碼。1879 年，在夏威夷讀書的孫中山就同國際友人抱怨，辮子是滿洲人強加給中國人的愚蠢風俗。1894 年，孫中山投書李鴻章失敗，決心革命，在檀香山成立興中會，孫中山在成立宣言中痛陳清廷庸奴誤國，荼毒蒼生，使「堂堂華夏，不齒於列邦，文物衣冠，被輕於異族」。辮子成了孫中山革命的口號。

1895 年，孫中山組織第一次廣州起義失敗，和搭檔陳少白逃亡日本，當地謠傳日本將允許清廷引渡革命分子，當地華僑多視孫中山的暴力革命大逆不道，孫中山和陳少白在日本剪除髮辮，喬裝遠遊美洲。孫中山剪辮易服與清廷決絕，不少流亡海外的革命黨紛紛剪掉辮子。《馬關條約》簽訂後，民眾對清執政集團已經失望至極，以康有為為首的一幫書生鼓動光緒皇帝學習日本明治維新，勵精圖治變法維新，辮子問題成了戊戌變法的死結。

戊戌變法失敗後，康有為在逃亡香港的輪船上對英國駐廣州領事班得瑞（F.S.A.Bourne）說：「高官中的旗人，他們的不滿伴隨著變法詔令連續公布而逐漸加深，到光緒意欲改變中國辮子風俗的詔令一出，旗人的不滿竟達到頂點。」班得瑞對康有為說的辮子問題成了旗人反對變法之說很不理解，康有為解釋說：「對滿洲人說來，割掉象徵旗人征服漢人的辮子，即等於否認旗人在中國的統治。」

辮子問題在清執政集團內部掀起了軒然大波，康有為一行逃亡海外後，光緒皇帝購買的西裝還沒有來得及穿上，慈禧太后就召開御前會議，當著王公大臣的面訓斥光緒皇帝：「小子為左右熒惑，使祖宗之法自汝壞之，如祖宗

最初的國會
晚清精英救國之謀 1910～1911（修訂版）

何？」滑稽的是，清執政集團曾經不顧漢族士庶九泉之下難與祖宗相認的痛苦，現在的慈禧太后倒開始擔心愛新覺羅家族的人剪辮易服後死了不能與列祖列宗相認，憤怒之餘，下令將光緒皇帝圈禁瀛台。

1900 年，八國聯軍打進北京城，攜光緒皇帝逃到西安的慈禧太后警醒，國家「庸俗之吏多，豪傑之士少。文法者庸人借為藏身之固，而胥吏恃為牟利之符」，「誤國家者在一私字，禍天下者在一利字」，慈禧太后才意識到從古至今「無一成不變之法治」，國家到了生死存亡關頭，利益集團「肥利身家之積習」必須改變。清執政集團掀起了一場自上而下的新政，海外的革命黨開始不斷地向國內遣返留學生，讓這些留學生進入政界、軍界，「藉權傾虜廷」。

一直圖謀透過剪掉辮子成就變法偉業的康有為在日本聽聞朝廷新政，仰天長嘆，淚流滿面。因長辮子在日本常年遭遇嘲笑的康有為決定剪掉辮子。剪辮子的那一天，康有為設香案，向北京方向誦奏文，行三跪九叩君臣大禮。請來的日本理髮師站在一旁，莫名其妙地看著康有為神叨叨的儀式，他已經問了好幾次是不是要理髮。等康有為禮畢，理髮師剛拿起剪子，忽然十幾串鞭炮齊鳴，理髮師大吃一驚，把手上的剪子都嚇掉了。

康有為剪辮子立即在留日學生中引起轟動，留學生們紛紛剪辮子穿西服。回國的留學生進入軍界、政界後也不斷地鼓動剪辮易服。1904 年，訓練全國新軍的練兵處籌劃仿效外國軍服未改變中國軍隊的服裝式樣，理由是「兵士之戰，現在多係伏腰於地，打槍相攻，兵士背上有種種背負物，已將及頂。際各國兵士當伏地鳴槍時，頭仰剛貼於背負物，我國兵士有辮結，則因為辮結所礙，頭不能仰，則萬不能戰」。

1905 年，憲政改革呼聲日隆，慈禧太后派大臣出國考察憲政，跟隨考察大臣端方、戴鴻慈的四十多名隨員中「剪辮者已居其半」，其中「有翰林，有道府，有教員，有武員，一切皆有職銜者」。考察團的剪辮行動迅速被輿論放大，警察、學生也開始紛紛剪辮易服。面對「軍界中人紛紛截落髮辮者不可勝數」的剪辮風潮，清執政集團驚慌失措，練兵處不得不下令禁止軍隊剪辮，「准擅自截割，違背定制」。同時，清廷向學部下達了同樣的禁令。

辮子裡的刀（上）

軍方的禁令並沒有讓剪辮風潮歸於沉寂。1906 年，出國考察憲政的鎮國公載澤回國，按例到紫禁城向慈禧太后進行匯報憲政考察工作，匯報的時候提出剪辮之事。載澤是康熙皇帝第十五子愉恪郡王允祹之五世孫，娶慈禧太后二弟承恩公桂祥之長女靜榮為妻，靜榮的妹妹靜芬是光緒帝皇后。慈禧太后聽完載澤匯報後，對剪辮建議「深滋不悅」。不久，考察大臣戴鴻慈向慈禧太后面呈削髮之利便，皇太后「笑而不言，未蒙允許」。

慈禧太后的「笑而不語」令督撫們驚慌失措，兩廣總督岑春煊將那些剪辮子的商人拽回總督大堂扒光褲子當眾鞭責。繼任的兩廣總督周馥下令剪掉辮子的軍人、學生「三個月留回，如違重咎」。革命黨人嘲笑這些積極推進憲政改革地方自治試點的督撫們，「以此種人而談地方自治，豈有效果耶？何不先教以自治其身，勿使為外國人所竊笑耶？」革命黨以辮子問題進一步攻擊憲政，「專制國所謂立憲，所謂地方自治，如是，如是」。

1908 年，光緒皇帝和慈禧太后相繼去世，年輕的醇親王載灃總攝朝政，載灃在罷黜袁世凱後自任海陸軍統帥，弟弟載濤任軍咨大臣，總參三軍，載洵籌辦海軍。1908 年底，時任禁衛軍統帥的載濤只用了五個月時間，完成了禁衛軍西式軍服制的改革，隨後又制定了禁衛軍警察隊服色章記。按照西式軍服制度的要求，軍人不能有辮子，軍人剪辮子成為趨勢。載濤的真正目的是透過禁衛軍改革試點，進而借編訂大元帥服制的機會，將剪辮易服行動推向全國各界。

1909 年 9 月，全國二十二個行省除新疆紛紛成立諮議局，國會預備機構資政院也在緊鑼密鼓地籌備之中。載濤突然給攝政王載灃提出建議既然現在皇帝按照《欽定憲法大綱》親任海陸軍大元帥，就應該率先易服為軍民表率：「今立憲各國君主除祭祀用禮服外，余則均以軍服為常衣，受朝賀則用軍禮服，見臣僚則用軍常服，一切典禮無不以軍服為衡，所以崇尚武之精神、表軍國之主義者，意深且遠。」

1909 年赴歐美考察海軍的載洵給攝政王載灃發電報：「非剪髮易服，不足振起全國之精神，懇請明降諭旨。」江西提學使湯壽潛也透過祕密管道向載

最初的國會
晚清精英救國之謀 1910～1911（修訂版）

灃建議,「易服削髮,一新天下耳目」。1910 年 6 月,載濤在美國檀香山考察期間未見髮辮,報章大肆渲染載濤剪辮一事。報章稱載濤考察各國軍政,洞觀世變,益知中國髮辮不適合於世界大勢已在海外剪辮。報章還披露說,載濤在歐洲期間,凡到各言說場時,均改易西裝。

　　載濤剪辮易服立即成為全球關注的焦點,後來證實載濤因髮辮「關係國粹」剪辮受阻,輿論對載濤剪辮受阻大為不滿。報章警告清執政集團:「不剪辮易服,不僅阻礙革新,而且影響滿漢調和,現在民心受革命黨刺激已有所浮動,髮辮與服飾尤為刺激民心之處,如果再不藉剪辮易服消除滿漢畛域,種種隱而未發的衝突將不可避免。」輿論對晚清的憲政改革相當失望,剪辮易服這樣最易改革者政府尚不願改,其他種種改革更加沒有希望。

辮子裡的刀（下）

慶親王奕劻猶如一條喪家狗。

1907年7月6日，安徽巡警學堂槍聲大作，巡撫恩銘望著自己的心腹徐錫麟檢閱畢業生滿臉笑容。在呈報畢業生花名冊時，徐錫麟突然朝恩銘連開數槍，巡撫衛隊迅速將血流如注的恩銘抬回巡撫衙門。「斬首行動」告捷的徐錫麟率領革命黨衝入安慶軍械所，清軍包圍了軍械所，激戰四個小時後，徐錫麟化妝潛逃。很快，徐錫麟被逮捕。7月7日，徐錫麟的心肝被挖出祭恩銘之靈後，被恩銘的衛隊烹熟下酒。

恩銘是奕劻最得意的女婿，這位滿洲鑲白旗的舉人1906年坐到了安徽巡撫的高位，在安徽重用嚴復為首的新人，興辦教育，創立了講武堂、警察學堂、測繪學堂等一系列的軍警院校，改革安徽新軍、警察部隊。恩銘在安徽推行的地方自治令奕劻引以為傲，恩銘的死令奕劻悲慟不已，安徽的地方自治全面停頓。奕劻曾經結盟袁世凱，積極推動憲政改革。載灃總攝朝政後，袁世凱遭遇罷黜，失去女婿和盟友的奕劻成了新政權的喪家狗。

袁世凱在進京參加慈禧太后主持的御前會議之前，誓言以官爵換憲政改革。恩銘主政安徽的一年裡迅速試驗地方自治。奕劻結盟的改革者一個個遠去，同時失去慈禧太后的清廷已經成了皇族少壯派的天下。載灃三兄弟掌握了槍桿子，載澤壟斷了貨幣財政之權，肅親王善耆掌控了警察民政之權，就連貝勒溥倫都霸占了國會預備機構資政院。留給奕劻的只有軍機處這一根救命稻草，他只能透過軍機處來獲得更廣泛的權利，進而壟斷未來的責任內閣。

奕劻需要新的政治盟友，剪辮易服是最佳的機會。日俄一直侵蝕滿洲權益，龍興之地的安危令清執政集團寢食難安，三朝元老錫良總督東三省後，

最初的國會
晚清精英救國之謀 1910～1911（修訂版）

在滿洲地區推動軍事、經濟和官制改革，成為憲政改革地方自治的模範。錫良現在同湖廣總督瑞澂成了憲政改革的急先鋒，多次聯名電奏速開國會，兩人成為名望天下的憲政疆臣，但兩人均反對剪辮易服。載灃密詔兩人進京覲見，問策憲政改革方略。奕劻決定派政治盟友、軍機大臣那桐會晤兩位疆臣。

1910 年 8 月 30 日，那桐在憲政編查館同錫良、瑞澂進行了會晤。錫良明確表示在剪辮易服方面支持奕劻。瑞澂則從利權問題表達了自己的意見：「剪髮勢必易西服，而西人服裝多以呢絨製造，中國現在自造呢絨有限，勢必大量進口，將造成很大漏巵。」瑞澂擔心全國範圍內剪辮易服對國民財力是一個沉重的負擔：「現在民力艱難，如果必須剪髮，易服只可限於官界，其餘商民則聽其自便。」

同期，隆裕太后接到一份滿洲御史的奏摺：「各國自有制度，不應強求從同，而且國家強弱也不在服飾外觀。」御史的話令隆裕太后覺得頗有道理，現在清廷推行憲政改革，「如果能修明文教、整飭武備，即使不剪髮，同樣也可自強。若僅注重表面，即使全國剪髮也絕難救亡。」滿洲御史提醒隆裕太后，剪辮易服隱含流弊甚多，恐一旦實行後便難以挽回，朝廷政治應注重遠大重要者，不應為莠言所惑，僅注意皮毛。

1910 年 8 月 31 日，那桐到政務處，會同外務部、度支部與錫良商辦要政。當時日本全面監管朝鮮，劍指吉林，大有入關直寇京畿之勢，同時俄羅斯遠東司令部意欲出兵滿洲地區，阻撓錫良在蒙古與滿洲地區的軍事部署。錫良在東三省的行政、軍事、貨幣改革需要得到政務處、度支部的支持，更需要奕劻掌握的外務部爭取外交空間。東三省的軍事改革成為奕劻分化錫良同載濤他們的重要籌碼，載濤圖謀中央軍事集權，錫良沒有軍事自主權難以應對緊張的滿洲局勢。

9 月 4 日，奕劻的生日。那桐一下班就直奔慶親王府祝壽，奕劻的一干黨羽早已到齊，眾人祕密小會，商洽抵制剪辮易服策略。當天，那桐還密會了文華殿大學士世續，這位滿洲正黃旗親貴是奕劻的政治盟友，光緒皇帝去世後獨言「國事艱危，宜立長君」，令載灃兄弟大為不快，載灃攝政將世續趕出

辮子裡的刀（下）

軍機處，以親信毓朗充任軍機大臣。奕劻每有政治布局，一定徵求世續的意見。那桐代表奕劻就剪辮易服問題進行了反覆商量，「談許久歸」。

9月5日，首席軍機大臣奕劻主持政務處王大臣會議。各地速開國會請願團三次進京，憲政風潮愈演愈烈，一直圖謀責任內閣總理之位的奕劻相當緊張。隆裕太后身為皇權的捍衛者，因速開國會問題久拖不決而懷疑載灃的執政能力，奕劻頻繁向隆裕太后示好，隆裕太后對奕劻賞賜不斷。有了隆裕太后的垂青，奕劻在取得錫良、瑞澂對剪辮易服的支持的情況下，決定分化載灃三兄弟的憲政改革陣營，為布局責任內閣爭取時間。

政務處會議上發生了激烈爭吵。軍方代表以軍事現代化需求，力主剪辮易服。學務部的代表對全國各地掀起的學生剪辮易服風潮憂心忡忡。商部代表從現代機器安全角度提出工人應該剪辮易服。那桐為首的奕劻黨羽唇槍舌劍，一直坐在上首位置的奕劻沒有發言。皇族少壯派為代表的軍方態度一直強硬，奕劻擔心在剪辮易服問題上糾纏下去很容易擦槍走火。奕劻最後站出來表態：「髮辮對於軍界確有種種不便，但對於學界尚無甚妨礙。」

政務處王大臣會議爭吵之時，安徽爆發了饑民起義，饑民領袖李大志率領民眾攻占縣城。沒錯，就是令奕劻傷心欲絕的安徽，自己的女婿在那片土地上被打成篩子。安徽的饑民起義是一個危險的信號，湖北武穴、湖南長沙、蘇北等地也相繼發生了饑民暴動，山東萊陽農民曲詩文更是一個狠角色，他殺掉妻女對眾盟誓，率領數萬農民暴動。當民眾以必死之心同執政者決絕時，執政者的高壓維穩已經失靈，清政權已經走到了盡頭。

奕劻對軍界妥協剪辮易服案背後，攝政王載灃加強軍事集權的動作越來越大，頻繁的群體性事件是載灃三兄弟抓槍桿子最好的藉口。1910年8月7日，載灃突然改組軍機處，將世續、吳郁生逐出軍機處，宗室毓朗貝勒、東三省總督徐世昌入值軍機。毓朗曾經管理過巡警部，協助過載濤改革禁衛軍，是一位軍方鷹派人物。徐世昌是袁世凱的盟友，在總督東三省期間大型軍政改革，同奕劻關係密切，在剪辮易服方面同奕劻存在分歧。

世續同吳郁生調離軍機處令奕劻很失望。在皇族少壯派眼中，世續謹小

最初的國會
晚清精英救國之謀 1910～1911（修訂版）

慎微，對世界大趨勢過於茫然，對憲政改革多有隔膜。吳郁生進入軍機處時間很短，一到軍機處就遇到剪辮易服問題，吳郁生堅定地站在奕劻一邊。載濤極力主張剪辮易服，載灃認為憲政改革已經改變了祖宗創設的政體，剪辮子未必會亡國。吳郁生跟攝政王頂嘴：「剪髮後，中國未必亡，但大清已經亡了。」攝政王一怒之下，讓吳郁生同世續一起離開軍機處。

毓朗身為皇族，同載灃、載濤、載洵三兄弟曾經是貴胄學堂的同學，慈禧太后、光緒皇帝大喪期間，毓朗、載濤、載洵三人被特命穿孝服百日。載灃攝政後，毓朗賞食雙俸，除了專司訓練禁衛軍外，還同載濤一起總司稽查守衛禁宮。隨後，載灃調任毓朗擔任步軍統領，專門負責紫禁城周邊護衛。按照清祖制，步軍統領一職非親信大臣不得派充。毓朗進入軍機處更成了載灃三兄弟在軍機處的代言人。

剪辮易服事關祖宗制度，慈禧太后在世時已經向國民承諾憲政改革，祖宗定下的政體都可以變更，何況區區髮辮呢？載濤、載洵兄弟倆主持軍事，當時軍人在社會上的地位不高，因作戰訓練需要，髮辮盤於頭頂，從外表看剪與不剪沒有區別，在軍隊推行剪辮子不會引起社會混亂。毓朗在進入軍機處之前，已經協助載濤在禁衛軍、步軍統領衙門進行了大幅度的剪辮易服改革，攝政王載灃默認了軍隊的剪辮易服改革。

北洋新軍一度因為載灃罷黜袁世凱而蠢蠢欲動，皇族少壯派對袁世凱的黨羽進行了定點清除，各部司大員紛紛被罷黜、帶病休假，連憲政自治試點的東三省總督徐世昌也調回北京。為了平衡清除袁世凱帶來的政壇震動，載灃將徐世昌調任郵傳部，讓他修鐵路去。重組軍機處時，同時罷黜奕劻的兩名同盟，載灃擔心奕劻反彈加深同隆裕太后的結盟，因為度支部大臣載澤是隆裕太后的妹夫，一旦奕劻、隆裕太后、載澤三方結盟，載灃三兄弟的軍事、財政、皇權三大權力將完全架空。調徐世昌進入軍機處可緩黨閥之危。

徐世昌是袁世凱的把兄弟，奕劻一定會將徐世昌視為一黨，軍機處還在奕劻的掌握之中，奕劻就不會急於同掌握財權的載澤和捍衛皇權的隆裕太后結盟。奕劻萬萬沒有想到，徐世昌進入軍機處才兩天，在載灃召見時力陳髮

辮子裡的刀（下）

辮之害，現在輿論嘲諷憲政只是「塗飾人民的耳目之具」，髮辮作為一個三百年的政治符號，剪辮可彌合滿漢民心，更可彰顯朝廷銳意改革之決心。徐世昌建議剪辮易服改革「先由各親貴實行以為倡率」。

載灃重組軍機處時，同時調任駐德公使蔭昌回國出任陸軍部大臣。1900年6月20日，德國駐華公使馮·凱特勒（Freiherrvon Ketteler）遭遇虎神營官兵槍殺，1901年身為光緒皇帝的弟弟醇親王載灃赴德向德國皇帝賠罪，赴德路上，蔭昌對載灃一路鞍前馬後，成為載灃的心腹。蔭昌後在德國學習陸軍，出任駐德公使之前在陸軍部擔任副部長級的右侍郎。蔭昌一到北京城就一身西式軍裝，搞得那些拖著長辮子穿著長袍馬褂的陸軍部司員慚愧之極。

蔭昌很快被攝政王載灃召見，身著西式軍裝的蔭昌向載灃提議，軍界人員無論在軍營還是衙門，一律穿著軍服剪去髮辮，「剪辮易服後不僅可一洗萎靡不振之氣，而且可令軍人知朝廷注重之意」。第二天，蔭昌按例到政務處王大臣會議述職，當著慶親王奕劻、軍機大臣那桐等王公大臣的面，蔭昌再次提出了軍人剪辮易服的主張，「剪髮一事與軍制有密切關係，務須懇請實行」。經過毓朗、載濤的不斷推動，蔭昌的主張獲得了多數王公大臣的贊成。

政務處王大臣會議對蔭昌主張的首肯令軍方勢力興奮不已。第二天，載濤主持召開軍咨處會議，討論整頓軍備事宜。作為海陸軍的參謀軍政總機關，軍咨處成為軍事改革的中樞，除了陸軍部大臣蔭昌到會外，軍機處派出軍機大臣毓朗、徐世昌參會。軍咨處會議決定陸軍部各級官員一律著軍服入署辦公。蔭昌在會上慷慨陳詞，辮髮長服為軍事所忌，希望早日實現剪髮、著軍裝上朝之目的。

蔭昌的著軍裝上朝之設想，意在將剪辮易服改革推向縱深。

跪拜禮儀在中國沿襲千年，屈膝叩首之間尊卑立現。戊戌變法前夕，梁啟超呼籲廢除跪拜禮儀：「自天子降尊始，不先變法拜跪之禮，上下仍習虛文，所以動為外國訕笑也。」戊戌六君子之一的譚嗣同抨擊「繁瑣拜跪之儀」是束縛、箝制國民思想，「以挫其氣節」的卑鄙統治之術。蔭昌、載濤他們鼓動載灃穿大元帥軍服，因為軍服沒法行跪拜之禮，挫其氣節的禮儀可廢除，

最初的國會
晚清精英救國之謀 1910～1911（修訂版）

借此消弭滿漢決絕之心，有利於加速憲政改革。

光緒皇帝臨終前向天下承諾憲政改革，國民對憲政改革充滿期待。輿論抨擊剪辮易服這樣的小事都屢遭阻礙，可以看出執政者根本無意革新。面對奕劻為首的反對派，輿論警告攝政王載灃，「此種人輔弼國家，必然失人心而殘國脈」，現在國家已經是內憂外患，如果執政者再不「急起直追」，國勢更加難以挽救。國內不斷爆發的國會請願證明，國民盼望國家有所轉機的心理是很強烈的，執政者「莫負國民之望，為國家開啟一線生機」。

「皇上躬行剪髮為天下先，使天下人耳目一新，立憲精神亦從此大振。」羅傑議員認為，「這個立憲政體不是變更祖制嗎？既然政體可以變更，何有區區髮辮呢？」羅傑議員顯然比載灃為首的皇室貴冑更為激進，既然皇帝已經於1910年11月4日詔令天下，宣統五年將召開國會，如果連一根辮子都剪不掉，執政者心中的辮子豈能剪掉？如果皇帝不向躬行國民做出表率，親王大臣們繼續髮辮滿服，何談憲政改革的決心？

無論是載濤，還是蔭昌，他們身為八旗親貴，身居中樞，他們的一言一行都受到祖宗家法的重重約束，他們必須在體制框架之內尋求改革的空間和基礎。軍界改革能夠降低親王貴冑的反對之聲，更能表率天下士庶，符合晚清體制改革的運作規律。載濤向載灃提交了一份剪辮易服報告，匯報輿論民心對剪辮易服的期待，力陳剪辮易服對憲政改革的利害關係。載濤甚至向載灃拍胸脯：「如以臣所奏為非，臣即有欺君之罪，情甘退居林下。」

同期，中國駐義大利公使吳宗濂向載灃發來密電，請求外交官照軍官出洋短衣之制改裝易服：「各國外交禮服采異制同，視為一律，獨我冠裳寬博，參差顯著，非所以尊國體，協邦交。」載灃將吳宗濂的密電批轉給憲政改革機構憲政編查館開會討論，同時抄送軍咨處、陸軍部、海軍部和外務部。剪辮易服已經事關帝國在國際上的形象問題，載灃很快傳諭載濤到攝政王府，祕密會商剪辮易服實行辦法。

攝政王府的祕密會議剛一召開，禁衛軍突然嘩變。

毓朗以禁衛軍為皇上宿衛，提議應該為剪辮易服之表率。禁衛軍的剪辮

辮子裡的刀（下）

易服可謂煞費苦心，毓朗挑選一位留日歸來的團長級的統帶先剪髮，因為這位統帶在日本留學期間早已剪掉辮子。統帶剪髮後，有五名士兵效仿。沒想到統帶管理的步隊一營其餘士兵集體反對，將五名剪掉辮子的士兵圍起來。統帶鳴槍申飭嘩變士兵，沒想到數百名士兵一哄而散。毓朗得到匯報後，向剪髮士兵每人賞銀十兩，逃散士兵不予追究，另行從八旗軍隊抽調補充禁衛軍。

禁衛軍的嘩變把毓朗嚇壞了，一旦嘩變風潮蔓延整個禁衛軍，皇上將危在旦夕。皇太極曾經向愛新覺羅的子孫們立下遺訓，「本國衣冠言語不可輕變」，後世子孫「勿變棄祖宗之制耳」。髮辮滿服成了從皇帝到士庶都必須遵守的國家制度。乾隆皇帝更是立下「累世相傳之家法」，子孫們必須「敬謹遵循」髮辮滿服制度，「永垂法守」。身為乾隆皇帝長子永璜一脈宗室，禁衛軍嘩變事件令毓朗變得異常謹慎。

載濤擔心剛一打開的局面因嘩變而擱置，同毓朗商議在禁衛軍及各軍繼續推行，毓朗突然改口以未奉攝政王明諭，不便魯莽行事為由拒絕了載濤。一度形成的以載濤為首的軍方改革派，突然因為禁衛軍嘩變而令改革派內部出現了分化。一直勢弱的奕劻一黨喜笑顏開，那桐就曾嘲笑載濤他們推動的剪辮易服改革：「國家強弱不在於是否剪辮，只奧能振刷精神，事事不落人後，他國自然會對中國望而生畏，徒講形式上文明，只是自欺飾非之計。」

曾經的柏林謝罪令高貴的載灃王爺倍感屈辱，載灃在1908年獨柄朝綱後努力樹立改革的形象，當載濤為首的軍方勢力提議以剪辮易服來推動憲政改革的策略後，載灃曾數次召開御前會議共商憲政改革大計，每次「監國言畢時淚涔涔下」。剪辮易服可順應民心、振起民氣，「合朝野上下為一體，奠長治久安之宏規」，但是救亡中國的改革策略讓載灃陷入作繭自縛的困境，剪辮易服不僅是違背了祖宗家法，更要命的是否定了愛新覺羅家族統治的合法性。

剪辮易服事關愛新覺羅家族執政的合法性，在執政集團內部不可避免會出現反對力量，這給憲政改革製造了新的障礙，載灃不斷召開御前會議徵詢各方意見，意在緩和執政集團內部矛盾，可是以載濤為首的軍方勢力加速推

最初的國會
晚清精英救國之謀 1910～1911（修訂版）

進剪辮易服，進一步加速了執政集團內部的分裂。禁衛軍嘩變表明載濤一黨不具備壓倒對手的智謀和實力，而身為攝政王的載灃不僅沒有掌控執政集團的權威和手段，在改革的策略上毫無政治智慧。

憲政改革的策略和目標令載灃苦不堪言，剪辮易服的改革策略不僅沒有給改革提供支持，反而引發了執政集團內部的矛盾。奕劻同隆裕太后結成了政治聯盟，隆裕太后借毓朗進入軍機處斥責載灃懷私，要求載灃將闖下禁衛軍嘩變大禍的毓朗逐出軍機處，載灃不得不做出妥協，每次御前會議四位軍機同上，「少坐即退，復召回慶邸、那相，始議朝政」，身為軍機大臣的毓朗「不得與聞」。

載灃權柄攝政王之始，國民對新一代領導人寄予厚望，尤其是以載灃、載濤、載洵、蔭昌為首的少壯派均有遊歷歐美的經歷，對憲政有著國際化視野。輿論對新的執政集團充滿了希望，載灃總攝朝政如「旭日初昇之時」。立憲激進分子一度將剪辮易服視為檢驗清執政集團改革試金石，當載濤推動的剪辮易服在軍方形成一股強大勢力，立憲激進分子堅信中國在載灃為首的新一代領導人的帶領下，憲政改革能夠成功實現。

「按世界各國習慣日趨於打通，若不實行剪髮，不能同趨於一軌，這是公理上所不容的。」易宗夔議員試圖從中國改革需要同世界接軌來為執政集團找出一條各方都接受的理由，可是髮辮是愛新覺羅家族三百年的政治符號，維護國家利益的同時刺激了執政集團的反對勢力，加劇了執政集團內部的分崩離析，剪辮易服的改革策略增加了滿清體制內政治運作的難度，將憲政改革逼向了剃刀的死胡同。

周震鱗在禁衛軍嘩變後向資政院提交剪辮易服說帖，同革命黨加速分化清執政集團的計劃有著密切關係。周震鱗身為革命黨長江一線的領導人，早就知悉革命黨從日本派遣了數百名留學生進京，潛伏在清廷的軍政各個關口。更為巧合的是，毓朗點名帶頭剪辮子的那位統帶早年留學日本，在日本期間已經剪掉了辮子，正是剪辮統帶的鳴槍彈壓才導致禁衛軍嘩變。從禁衛軍嘩變到周震鱗的說帖，實在是巧合得很。

辮子裡的刀（下）

1910 年 12 月 15 日，經過二十天的不斷爭論，資政院預備國會決定議決剪辮易服案。羅傑、易宗夔為首的立憲激進議員舌戰群雄，認為「朝廷整軍經武，非剪除辮髮，改制冠服，不足以燦新天下之耳目，改除驕奢之習慣」。議員們提議身為海陸軍大元帥的皇帝，「應以雷霆萬鈞之力發皇武勇，鞏固國防」，皇帝應該「躬行剪髮，為天下先」，「因為皇上正在沖齡」，請監國攝政王「躬行剪髮」，「宸衷獨斷」，頒發一道剪辮易服的諭旨，「一新天下之耳目」。

當天，資政院預備國會進行記名投票表決，以莊親王載功、奉國將軍盛昆、宗室王公壽全、吳賜齡、羅傑、陸宗輿、于邦華為首的一百〇二名議員贊成剪辮易服。以義烈公希璋、宗室王公慶恕、承恩公志鈞、陳寶琛、楊錫田為首的二十七人反對剪辮易服。資政院透過剪辮易服議案，希望在皇上「躬行剪髮為天下先」後，政界應該為天下人民表率進行剪辮易服，朝廷借此「整軍經武，力圖自強」。

資政院的決議令各界雀躍。廣東商人成立了「華服剪髮會」，決定於 1910 年 12 月 31 日實行全體會員剪辮。「京師學界剪髮之事刻已盛行」，到年底「京津各界之剪髮者不下數千人」。黑龍江「商、學、軍、警各界稍知時務者，均相率剪剃」。到了 1911 年 1 月 15 日，曾經出任過刑部侍郎、出使美祕墨古大臣的伍廷芳在上海張園舉行了規模空前的剪辮大會，未開始時「聚集已逾二萬餘人」。

國民轟轟烈烈的剪辮易服之風卻沒有刮進紫禁城，宣統小皇帝和攝政王載灃依然是髮辮滿服，載濤為首的軍界高層穿著西式軍裝向皇帝行跪拜禮儀。資政院的決議令隆裕太后相當尷尬，身為皇權捍衛者的隆裕太后一面斥責載灃執政能力，早定國會召開日期；一面支持奕劻維護祖宗家法，對抗攝政王的憲政改革策略。立憲黨人突然發現，改革策略同改革目標之間的矛盾已經不可調和，執政集團的改革已回天乏術了。清朝一統剃刀，亡於剃刀。

最初的國會
晚清精英救國之謀 1910～1911（修訂版）

昭雪六君子（一）

「伏維德宗景皇帝以天亶之姿，洞觀世變，憤積重難返，思拜日以兼營。然於乾健震奮之中，仍復慮出萬全，求無拂孝欽顯皇后慎重之心，以蘄造中國無疆之福。只以楊銳等登進之驟，著任之隆，取忌同朝，構成疑獄。」1911年1月2日，資政院預備國會現場，議員陳寶琛眼含熱淚，宣讀一份光緒皇帝遺詔，希望攝政王載灃能降旨昭雪戊戌六君子，特赦國事犯，為憲政改革昭信天下。

陳寶琛早年入翰林，直言敢諫，同張之洞、張佩綸、寶廷被譽稱為「樞廷四諫官」，深得慈禧太后賞識，充武英殿提調官，授翰林院侍講學士，纂修《穆宗本紀》。1909年陳寶琛進京出任禮學館總裁，同張之洞結成政治聯盟。1910年授內閣學士、禮部侍郎、經筵講官，經常給宣統皇帝、攝政王講論經史，成為少數能影響攝政王執政方略的近臣。

「兩宮慈孝交乎，終於同揆，而當時先帝以事與願違，憂勤成疾，至不獲親見憲政之成。宜乎薄海臣民，哀感涕泣，不能自已也。」陳寶琛對光緒皇帝的英年早逝悲傷不已，一直圖謀改革圖強的光緒皇帝生前詔令天下，自己卻看到不到憲政改革的成功。在憲政改革的關鍵時期，陳寶琛建議攝政王將光緒皇帝昭雪戊戌六君子的遺詔「宣布中外，昭示萬世臣民，並纂入實錄，以成信史」，以收天下士庶之心。

戊戌六君子的血成了愛新覺羅家族致命的檻。

1894年7月25日，朝鮮牙山灣口豐島西南海域，日本聯合艦隊突襲大清北洋艦隊，兩個在改革之路上賽跑的鄰居正式宣戰。曾經在長崎持槍嫖娼的北洋將士們，在日本聯合艦隊的炮火面前不堪一擊。北洋艦隊的覆滅令淮

最初的國會
晚清精英救國之謀 1910～1911（修訂版）

軍領袖李鴻章顏面掃地。1895 年 3 月 20 日，李鴻章走進了日本馬關的小漁館春帆樓，日本首相伊藤博文向李鴻章提出了毫無商量餘地的和談：割地、賠款、失藩國、通商免稅、釋放間諜。

馬關的談判令官僚集團和士大夫階層無比絕望。1895 年 3 月 23 日，李鴻章抵達馬關第四天，戶部掌印給事中洪良品就彈劾李鴻章父子在日擁有資本，請撤李鴻章的談判之職。25 日，湖廣總督張之洞向慈禧太后、光緒皇帝密電：「聞倭要挾太甚，請英俄相助。」此後，兩江總督劉坤一、閩浙總督邊寶泉、臺灣巡撫唐景崧、福州將軍慶裕為首的封疆大吏，以及翰林院、國子監的知識分子泣血陳情，「合約後患不堪」，「遼東臺灣萬不可棄」。

封疆大吏和士大夫們的陳情沒能阻止馬關的和談，李鴻章屈辱的和談條款傳到北京時，皇室內部機構詹事府的官員們義憤填膺，聯絡二十六名廷臣和二十七名在京會試的各省舉人，向光緒皇帝直接指揮的戰時督辦軍務處上書，譴責李鴻章同日簽約。很快，翰林院、都察院、六部九卿的官員們開始聯名上書，譴責李鴻章父子「逆臣賣國」，希望太后、皇上「乾綱速斷」，不惜「遷都」，也要「拒約」，同日本「血戰」到底。

從 1895 年 3 月 13 日到 5 月 15 日，慈禧太后、光緒皇帝一共收到了一百五十四份奏摺，聯合署名超過兩千四百六十四人次，總理衙門、翰林院、國子監、內閣、都察院皆聯名上書。各省的封疆大吏更是明電、密電如雪片飛抵北京。正在北京參加會試的舉人單獨上書三十一次，聯合署名達一千五百五十五人次。皇室宗親、親貴大臣同士大夫們在兩個月時間內聯合上書七次，幾個進京的士子就能聯署上百名官員，這是一個令慈禧太后毛骨悚然的聯盟。

李鴻章在馬關談判期間同北京密電往來，進京的士子們總是能第一時間得到消息，誰在透過樞廷機密操縱進京士子？李鴻章在馬關談判桌上，日軍陳兵東三省欲圖京畿，光緒皇帝希望和局早成。帝師翁同龢身為軍機大臣，與軍機處的同僚們發生了嚴重的衝突，恭親王奕訢和軍機大臣孫毓汶主張不可再戰，禮親王世鐸、慶親王奕劻均主張割台保滿洲龍興之地。軍機大臣中

昭雪六君子（一）

只有清流領袖李鴻藻支持翁同龢，翁同龢需要士大夫精英階層的輿論支持。

翁同龢舌戰軍機處同僚背後，翁同龢經常以帝師的身分之便，背著同僚，在上書房向光緒皇帝單獨進言。樞廷大臣衝突不斷，慈禧太后突然熱血地說：「兩地（臺灣、遼東半島）皆不可棄，即撤使再戰，亦不恤也。」慈禧太后的一句不惜撤回李鴻章血戰到底令翁同龢欣喜若狂，堅定了他透過操控進京舉人向樞廷主和派施壓的決心。翁同龢的弟子、翰林院侍讀學士、日講起居注官文廷式成為名動後世的「公車上書」的操控者。

「總署事極機密，余則得聞一二同志，獨先獨確。因每事必疏爭之，又昌言於眾，使共爭之。嘗集議具稿，時有為餘危者，余曰，願執其咎，不敢讓也。」文廷式毫不掩飾自己洩露樞廷機密之事，當他知道馬關和談條款後，「錄之遍示同人」。很快，「御史爭之」，「宗室、貝勒、公、將軍之內廷行走者爭之，上書房、南書房之翰林爭之」。最後，「各省公車會試者亦聯名具疏，請都察院代奏」。

文廷式外洩和談機密，立即激起反對的浪潮，這正是翁同龢需要的。可是都察院發現熱血的士子們在聯名上書中出現大量「違礙字樣」，希望士子們能夠修正，這樣就造成呈遞延誤。文廷式立即向光緒皇帝彈劾都察院：「各京官聯銜及各省舉人公呈，聞該堂官已允代奏，尚屬知所緩急。唯聞事隔七八日，尚未進達宸聰。事關大計，如此遲延，使我皇上不能洞悉民情，未知何意。應請旨嚴行切責，以儆憜頑。」

都察院的遲延令文廷式相當焦慮。光緒皇帝收到文廷式的彈劾奏摺，立即將軍機大臣招至御前，讓軍機大臣將文廷式的奏摺交給都察院堂官閱看。都察院的堂官們看到皇帝的諭旨，連夜將所有陳請代奏的摺子進行審核遞到奏事處，直到子夜才將遞完。文廷式焦慮的背後是光緒皇帝向李鴻章發了密電，「如竟無可商改，即遵前旨與之約定」，同意日本提出的和談條件。在簽約的最後關頭，翁同龢為首的樞廷高層要利用士子們的請願來逼迫光緒皇帝拒簽合約，搞得李鴻章在馬關「和議幾沮」。

總理衙門大臣、督辦軍務處會辦大臣、步軍統領榮祿發現翁同龢有謀取

最初的國會
晚清精英救國之謀 1910～1911（修訂版）

軍權的野心。身為慈禧太后的政治盟友，榮祿對翁同龢的人品嗤之以鼻，嘲諷翁同龢「奸狡性成，真有令人不可思議者」。在榮祿的眼中，翁同龢是個不折不扣的「偽君子」，經常背著軍機處的同僚，給光緒皇帝洗腦。當赴京的舉人們皆曰李鴻章馬關賣國之時，翁同龢利用士子們高漲的激情，向光緒皇帝建議，裁撤帝國所有八旗綠營，聘請德國退伍軍人漢納根練十萬新軍。

八旗鐵騎是愛新覺羅家族一統江山的命脈，翁同龢的主張對八旗軍方勢力猶如釜底抽薪。讓榮祿意想不到的是，翁同龢希望督辦政務處向光緒皇帝提出訓練新軍的建議，榮祿「大不以為然」，拒絕翁同龢的提議。翁同龢這是讓八旗軍方高層自掘墳墓，兩人在督辦政務處拍桌子，最終不歡而散。第二天一大早，光緒皇帝召開御前會議，同意了翁同龢的建議，聘漢納根練兵十萬，不准有人攔阻。光緒皇帝在御前會議當中特別嚴令榮祿，「不准掣肘」。

拒合約血戰日寇是軍權之謀的根基，翁同龢需要輿論造勢。在各省赴京舉人奔走官宦之門聯絡簽名之時，廣東舉人康有為令弟子梁啟超聯絡各省舉人，「分託朝士鼓動」。很快，「各直省莫不發憤，連日並遞」，一時間「章滿察院，衣冠塞途」。康有為以「士氣可用」，在松筠庵召集十八省舉人集會，「集眾千三百人」，康有為「草疏萬八千餘字」，「請拒和、遷都、練兵、變法」，「力言目前戰守之方，他日自強之道」。

清八旗入關之初，親見東林黨結社干預朝政，搞得大明王朝動盪不安。順治皇帝兩次下令禁止立萌結社，針對朝野集會結社，尤其是士子諸生，制定了嚴厲的律例，「諸生不許糾黨多人，立盟結社，把持官府，武斷鄉曲」，凡是讀書人集會結社，各地「學臣即行革黜參預，如學臣隱詢，事發一體治罪」。清執政集團的黨禁高壓政策只準士林以文會友，沒想到康有為在松筠庵「討論朝政，正言彈劾，一時殿壁風生」。

康有為提出的四大主張同樞廷重臣翁同龢的軍權之謀珠聯璧合，廟堂政治精英同在野士大夫的合流令清執政集團如芒在背。很快，光緒皇帝就收到了彈劾漢納根的密摺，漢納被貼上了「無賴小人」的標籤，彈劾者擔心「縱令練成」十萬新軍，「幸而獲勝，而他日之要求錫賚，恐有非財帛所能償，且

昭雪六君子（一）

非朝廷所能主者」。更為要命的是，身為洋人的漢納根可能「借練兵以侵權，購船械以牟利」。

彈劾者警告光緒皇帝，謹防漢納根借助練兵：「窺國家之虛實，偵兵力之強弱，察地勢之險夷，觀人情之向背，誘結軍心，多方要挾，該國必袒之以欺我。稍不如意，動輒思逞。留之，則恐受其禍；去之，又恐觸其怒。當是之時，必窮我以所不能應，而迫我以所不能忍，恐後患且十倍於倭。豈非引寇入門，自貽伊戚！」彈劾者擔心，「如德弁募不足額，更取材於英、美等國，而他日群噬之禍，更不可支。」

新軍事關八旗、疆臣們的軍權，八旗軍方高層和封疆大吏們還向光緒皇帝建議：「飭商諸漢納根，令在洋將中保舉數員，速派來京，用西法挑練，一切器械由京營發給，洵為根本之計。擬請即由王大臣於京旗閒散子弟中先挑數千人，由漢納根於洋將之在津、滬堪充教習者，就近先募十數員，並有天津武備學堂教習洋員，一併帶赴都中，先行試練；一面再令添募洋將來華，即由京旗陸續挑足三萬人之數，練成勁旅，內足備宿衛之師，外可供折衝之用。」

關鍵時刻，馬關和談已成，康有為組織的松筠庵集會坐中議者「聞局已大定，不復可救」，頓「覺氣象愁慘，相對欷歔，憤悒不得語」，不少集會者到傍晚「散歸」。康有為眼見「群議渙散」，搖頭直呼「惜哉惜哉」。第二天，松筠庵「之足音已跫然矣」，集會者「攘臂扼腕，望闕感憤」，「此事若先數日為之，則必能上達聖聽」。現在「議碎中寢」，集會者仰天長嘆，「懷鬱國恥如報私仇者，尚千數百輩，未始非國家數百年養士之報也！」

松筠庵密謀的公車上書胎死腹中，翁同龢力薦的漢納根成了無賴，德國洋將訓練新軍成了「引寇入門」，軍火採購、兵員招募之權全部收歸北京。一時間，清執政集團內部嚴重分裂，「人各一心，大權爭攬」，翁同龢主戰練兵，樞廷「竟無一知兵者」。慈禧太后訓斥翁同龢，「翁亦甚不安也」。漢納根對十萬新軍的流產只能對友人無奈地說，乃「疆臣力阻之故」。樞廷重臣翁同龢同康有為為首的士子們的合流草草收場。

最初的國會
晚清精英救國之謀 1910～1911（修訂版）

　　已經考中進士的康有為對草草收場的政治首秀很不甘心，在其門徒們的策劃下，決定進一步輿論造勢。1895 年夏天，《申報》突然刊登一則圖書廣告，一部名叫《公車上書記》的時政書每部實洋兩角。此後三十四天裡，《公車上書記》在《申報》刊登廣告七次。康有為也不斷為《公車上書記》造勢，鼓吹「東事戰敗，聯十八省舉人三千人上書，次日美使田貝索稿，為人傳抄，刻遍天下」。

　　京師官宦士大夫們泣血的文字躺在軍機處的箱櫃中默默無聞之時，《公車上書記》猶如一枚禮花彈騰空而起，松筠庵流產的聯合上書被描繪成了主和派阻撓之故，帝師翁同龢則塑造成了國家的中流砥柱，康有為被推向士子領袖之位。康有為自有謀劃，光緒皇帝推行新政，權力中樞結構調整成為必然，翁同龢將是新權力中樞的核心人物。《公車上書記》一出，康有為的洋洋萬言「鼓天下之氣」，連署理兩江總督的清流派疆臣張之洞都欽佩莫名。

　　以經元善為首的一幫上海商界精英曾欲「募義餉，興義兵」，血戰日寇。當他們讀到《公車上書記》中康有為的「煌煌之文」，簡直有一種「驚天地泣鬼神」之感，對康有為的才智傾慕不已。康有為決定南下結盟熱血的江南政商界精英。1895 年 8 月 17 日，率先南下的梁啟超在上海創辦《萬國公報》，報紙刊印當天「遍送士夫黨人」。康有為一下子成為「吳越士夫」心目中的明星，商界精英們都認為「博學強毅」的康有為「必非池中之物」。

　　《公車上書記》的輿論布局背後，康有為可不想松筠庵的流產政治秀淹沒在歷史的塵埃之中，他本想一鼓作氣，在北京成立一個新型的政治聯盟，沒想到曾經拍案而起的親貴大臣們回歸了結駟連騎，沉湎荒淫的生活。「欲推廣京師之會，擇合群之地而益厥規，則滬上總南北之匯，為士夫所走集，乃群中外之圖書器藝，群南北之通人志士，講習其間，而因推行於直省焉。」康有為決定南下同江南士大夫、商界精英結成一個更大的政治聯盟。

　　康有為在南下之時，已經收到英國、美國駐華公使贈送的圖書及印刷設備。原兩江總督劉坤一（甲午戰爭期間被任命為欽差大臣，節制關內外各軍，協同北洋海軍對日作戰）、署理兩江總督張之洞、署理直隸總督王文韶（接替

昭雪六君子（一）

甲午戰爭期間被委任為前敵總指揮、赴日談判大臣被委託的李鴻章）各向康有為捐款五千兩。在愛新覺羅家族專政嚴禁集會結社的政治高壓之下，帶著封疆大吏們的捐贈，南下組建政治組織的康有為臨行前寫了一首悲壯七律：

山河已割國搶攘，
憂國諸公欲自強。
復社東林開大會，
甘陵北部預飛章。
鴻飛冥冥開將黑，
龍戰沉沉自又黃。
一曲欸迺揮涕別，
金牌召岳最堪傷。

東林黨曾經壟斷大明王朝政壇，康有為南下的政治野心之大可見一斑。康有為到兩江地界，張之洞派心腹幕僚梁鼎芬陪同，還向經元善為首的江南政商界精英密電，希望他們配合康有為活動。在江南政商界的鼎力支持下，強學會於1895年11月在上海成立，北京強學會也於12月開張。張之洞的私人代表梁鼎芬；翁同龢的門生汪康年、文廷式、陳熾；軍機大臣李鴻藻的親信張孝謙；康有為盟友沈曾植、沈曾桐兩兄弟等進入京滬強學會董事局。

強學會是康有為組建的一個政治聯盟。閒處散秩的儒生和未秉實政的文官都只是龍套，他們政治上不能影響樞廷決策，經濟上「欲助無資」。康有為除了拉攏「當國」的清流領袖李鴻藻、翁同龢的門徒外，夤緣於李鴻章門下的徐世昌、袁世凱也「邀集入會」。袁世凱同徐世昌為拜把子兄弟，正練兵於小站。朝廷嚴禁民間結社集會，康有為「恐言路或中之」，邀御使褚成博、張仲入會，援之「以為重」。

令江南商界精英們失望的是，強學會的士大夫們排斥商人，除了經元善進入董事局，解囊相助的商人們無一人入局。經元善給康有為寫了一封很不客氣的辭職信：「承南皮（張之洞）先生作介，幸接光儀，良用欣慕，唯採諸輿論，清濁兩途，皆有大不滿意吾公之處，靜觀默察，方知吾公尚少閱歷，

最初的國會
晚清精英救國之謀 1910～1911（修訂版）

且於謙恕慎三字，未能真切體驗躬行，又不免偏重好名。」大慈善家謝家福擔心康有為「養到未深，而得時太早，恐難免步荊公（王安石）後塵」。

強學會機關報《強學報》第一期令張之洞無比懊惱。康有為在「未經同人商議，遽行發刻」了《孔子紀年論》，康有為主張把孔子的生卒作為中國的紀年。八旗入關一統中原時，攝政王多爾袞為了實現「中國從陛下」之霸業，剃掉士庶心中之漢儒髮束，歷代執政者捍衛的儒家聖賢孔子都必須剃成「金錢鼠尾」。康有為的孔子紀年主張已經挑動了敏感的政治神經，因為紀年是正統皇權的象徵，只有王者才能確定年號紀年，豈容士庶非議？

康有為抵達上海之前，曾經在兩江總督府同張之洞多日促膝交談，張之洞待之如「上賓」，沒想到康有為將強學會當成了個人陣地，在張之洞的資助下推出《孔子紀年論》，讓張之洞的政敵很容易就抓住了攻擊的把柄。令張之洞失望的是，當期的《強學報》沒有按慣例刊登光緒年號紀年，而是直接用了孔子生辰紀年。康有為的魯莽簡直不可饒恕，張之洞「看出了他對清朝不忠的不祥傾向」。

「天下之變岌岌哉海內多故」，改紀年只是康有為政治野心的第一步，下一步是政治體制的改革，「明定國是」，「開設議院」。「天子怒焉憫憂」，康有為沒有因為張之洞的憤怒而冷靜，他要為皇帝「廣人才、保疆土、助變法、增學問、除舞弊、達民隱」。1895 年 12 月，康有為將《強學報》改成了《中外紀聞》，「以開風氣而成人才，以應聖天子之側席」。為影響樞廷之決策，康有為時常邀集顯貴幕僚宴飲，每次「朝士集者百數」。

開設議院的政治主張已經從根本上動搖了愛新覺羅家族專政的根基，結社集會更是清專政的政治高壓線。1896 年 1 月 20 日，御史楊崇伊向光緒皇帝彈劾強學會「植黨營私」，朝野士大夫「私立會黨」，《中外紀聞》「將開處士橫議之風」。光緒皇帝將彈劾報告送到慈禧太后手上，身為愛新覺羅王朝皇權的捍衛者，慈禧太后勃然大怒，下令查封強學會，關閉《中外紀聞》報館。倉皇的士大夫們大呼「人心已渙，事無可為」，急得「出涕垂淚」。

強學會的關閉讓張之洞對康有為失望之極，翁同龢卻成了康有為的知

昭雪六君子（一）

音。康有為進京拜訪了翁同龢，一番高談闊論後，翁同龢認為「此君舉世目為狂生，自余視之，蓋策士也」。1897年11月，德國強占膠州灣給康有為再叩樞廷的機會。1897年12月5日，康有為向光緒皇帝呈遞了《上清帝第五書》，提出了變法的上、中、下三策。上策是「採法俄、日以定國是」；中策是「大集群才而謀變政」；下策是「聽信疆臣各自變法」。康有為還提出「國事付國會議行」，「採擇萬國律例，定憲法公私之分」。

康有為的憲政改革主張深深地刺激了光緒皇帝。光緒皇帝登基之初，軍機大臣文祥在臨終前寫了一份祕密奏摺，建議光緒皇帝試點議會改革。現在康有為再次鼓動憲政改革，一旦頒憲法開國會，新的政治結構將打破清執政集團的利益壟斷格局，庶民將透過法律手段確保自己的權益，整個國家上下一氣，富國強兵指日可待。光緒皇帝很想召見康有為，在翁同龢的運作下，光緒皇帝立即下令，凡是康有為的報告隨到隨送，不得阻攔扣押。

通往最高權力之門終於打通，康有為很快給光緒皇帝呈送了《日本變政考》及《俄羅斯大彼得變政記》兩本書，建議光緒皇帝以日本明治天皇、俄羅斯彼得大帝為楷模，「御乾清門，詔定國是，躬申誓戒，除舊布新，與民更始。令群臣具名上表，咸割舊習，黽勉維新，否則自陳免官，以激勵眾志。一定輿論，設上書所於午門，日淪派御史監收」。

德國強占膠州灣後，康有為「既上書求變法於上，復思開會振士氣於下」，各省在京官僚士大夫紛紛成立粵學會、蜀學會、閩學會、關學會，康有為也再次萌生了官僚士大夫政治結盟的想法，遂決再「成一大會，以伸國憤」。1898年4月12日，保國會在北京成立，提出了「保國」、「保種」、「保教」的宗旨，「保國家之政權、土地」，「保人民種類之自立」，「保聖教之不失」；講求變法、外交、經濟，以協助政府治理國家。

1898年4月17日，保國會在北京南橫街粵東會館召開第一次會議，「當時集者朝官自二品以下，以至言路詞館部曹，及公車數百人，樓上下座皆滿」。康有為登台演說，「聲氣激昂」，痛陳中國四萬萬人有如籠中之鳥、釜底之魚、牢中之囚，為奴隸、為牛馬、為犬羊，聽人驅使，任人宰割，「此四千

最初的國會
晚清精英救國之謀 1910～1911（修訂版）

年中二十朝未有之奇變」,「責我輩士大夫義憤不振之心,故今日人人有亡天下之責,人人有救天下之權」。

　　保國會在北京、上海設總會,各省、府、縣設分會,已同歐美政黨之狀。很快,彈劾保國會的奏摺送到了光緒皇帝的案頭,彈劾者嘲諷康有為是一個「地方大光棍」,他「厚聚黨徒、妄冀非分」,將自己包裝成「民主教皇」,「聚眾不道」,「乘機煽惑,糾合下第舉子」,「辯言亂政」,「邪說誣民」,簡直「形同叛逆」。執掌北洋新軍的榮祿甚至公開揚言,康有為立保國會是「僭越妄為,非殺不可」,警告入會者要小心腦袋。

昭雪六君子（二）

　　軍機大臣剛毅奏請光緒皇帝查封政治聯盟保國會。

　　光緒皇帝對剛毅厭惡至極，自己已經親政，皇權還是實行雙軌制。光緒皇帝在重大決策面前必須請示慈禧太后，執掌北洋新軍的榮祿、軍機大臣剛毅作為慈禧太后的親信，正是慈禧太后放在光緒皇帝身邊的耳目。康有為組織的保國會諫言憲政改革，目標是「大權統於朝廷，庶政公諸輿論」，一旦改革成功，光緒皇帝的皇權在憲法的保護下不再受到慈禧太后的約束。光緒皇帝接到剛毅的奏摺冷冷地說了一句：「會能保國，豈不大善，何可查究耶？」

　　朝官士大夫雲集的保國會令光緒皇帝充滿信心。歐洲老牌殖民國家紛紛進行憲政改革，令百年的專制王朝煥發生機。大清帝國的鄰居中，集權的沙皇在日本的憲政面前一敗塗地，康有為給光緒皇帝開列的書單中，憲政改革簡直就是末世王朝的救命良藥。光緒皇帝力保保國會，他期待康有為透過改革來消除政治危機。士大夫、商業階層的精英們對光緒皇帝報以極大的期待，期待清執政集團開放黨禁推行民主法治，讓政治更加清明。

　　黨禁是愛新覺羅家族捍衛皇權一統的政治紅線。康有為自己也相當清楚，「政黨者，立憲之產物也」，「中國數千年無之，其有黨也，皆為君主所深惡。故漢之黨錮，唐之清流，宋之黨人碑，明之東林、復社皆罪之」，滿洲八旗入關，文武百官「皆立臥碑，以立黨為大戒，謹願者避之，蓋政黨於專制政體實不相容」。現在，康有為的政治主張是改革現行政體，改革派同壟斷執政的利益集團的衝突不可避免。

　　手握新軍之權的榮祿是慈禧太后在1862年發動辛酉政變的政治盟友，是慈禧太后最倚重的親信。榮祿從光緒皇帝登基那一年開始，出任步軍統領，

最初的國會
晚清精英救國之謀 1910～1911（修訂版）

主管京師安全。儘管他曾經得罪了皇帝的親生父親、位高權重的醇親王奕譞，在慈禧太后的支持下依然承擔著京師防務的重擔。榮祿是康有為們眼中的保守派，他對康有為們的憲政改革鼓噪毫不客氣，他警告以康有為為首的年輕書生們小心腦袋。沒想到，他的警告點燃了仇恨的火藥桶。

鴉片戰爭後，清執政集團引以為傲的八旗槍桿子成了龍套，漢族官僚集團成了大清的擎天柱。這一次，沒落的八旗槍桿子激怒了倔強的士大夫們。康有為的政治盟友們咬牙切齒，視慈禧太后「那拉氏為不可造就之物」，新政「非去太后不可」。御史楊深秀更是豪氣干雲，「八旗宗室中，如有徐敬業其人，我則為駱丞矣」。康有為們密謀仿效唐朝徐敬業、駱賓王討伐武則天的軍事暴動，對清執政集團的決策者慈禧太后實施血腥的斬首行動。

甲午戰爭打掉了北洋海軍，大清帝國在列強面前毫無還手之力。擁有大量在華利益的列強們自然希望中國政局平穩，他們才能獲得更多的利益。一旦清執政集團內部出現動盪，列強們出於對自身利益的考慮，會插手北京內政，到時候局勢會更加複雜。光緒皇帝希望士大夫們不要跟軍方勢力擦槍走火，雙方可以透過對話化解政治衝突。

朝官士大夫們對保守派把持的朝廷失望透頂。日本割占臺灣，德國出兵膠東，曾經「祿於四書文」的八股士大夫們發現，朝廷「泄沓如故，坐以待亡，土室撫膺，閉門泣血」。朝官士大夫們希望朝廷能「集群材咨問以廣聖聽，求天下上書以通下情」，希望光緒皇帝能以日本的明治天皇為榜樣，「紆尊降貴，延見臣庶，盡革舊俗，一意維新，大召天下才俊，議籌款變法之方」。保國會成了改革的聯盟，士大夫們的激情令光緒皇帝充滿希望。

軍機大臣剛毅為首的太后一黨卻猛烈彈劾保國會，指控以康有為為首的士子們「逞其簧鼓之言，巧立名目，以圖聳聽」，他們是透過組建一個強大的政治聯盟，「攬權生事之計」，康有為將給朝廷帶來「內亂」之禍。彈劾者警告光緒皇帝，中國自古以來「權操於上則治，權分於下則亂」，康有為提出的民主、民權將危害社會穩定，如果朝廷默認保國會合法，各地將會冒出更多的政治組織，恐「會匪」等不良人等聞風而起，勢必天下大亂。

昭雪六君子（二）

　　康有為對剛毅他們的彈劾嗤之以鼻，簡直就是「老吏舞文」，「實便其尸位之私圖」。現在中國已經是「事變之患，旦夕可致」，改革猶如同時間賽跑，倘再「苟且度日」，「恐皇上與諸臣求為長安布衣而不可得」。1898年6月11日，光緒皇帝頒布「明定國是」詔書，宣布變法。經濟、財政、政治、軍事、吏治、教育、輿論、科技成為改革的重點。康有為很快就發現，裁撤冗員，澄清吏治，得罪了官僚集團；裁汰綠營，編練新軍，得罪了八旗軍方勢力；廢除八股，興辦西學，得罪了天下士大夫；學會昌行，士庶言事，蝕蠹唯我獨尊的皇權。

　　6月15日，光緒皇帝在陪慈禧太后用過早膳後，連下數道詔書。慈禧太后勒令光緒皇帝譴責康有為的樞廷同盟翁同龢「攬權狂悖」，「斷難勝樞機之任」，將翁同龢罷黜遣返原籍，任命榮祿為直隸總督，統率袁世凱、董福祥、聶士成的北洋三軍。同時還昭告官僚集團，凡二品以上大臣謝恩陛見，必須到太后跟前跪謝。當天，光緒皇帝還宣布「本年秋間，聯奉慈禧太后鑾輿，由火車路巡幸天津閱操」。

　　定點清除維新派在樞廷的同盟，將官員的人事任命收歸慈禧太后之手，既籠絡了上層官僚，又堵住了光緒皇帝組建核心團隊的通道。康有為立即意識到，慈禧太后瓦解維新派的政治聯盟後，又徹底終結了維新派官員進入權力中樞的可能，光緒皇帝昭告天下的全面改革只能看慈禧太后的臉色。秋天的天津閱兵令康有為有峰迴路轉之感，他對變法的政治盟友們說，「所以策全局而變法者，皆待九月閱兵後，乃擬行之，是時稍變其一二端而已」。

　　早在榮祿警告朝士們期間，御史楊深秀同御史文悌值班之時，當文悌「慷慨誦徐敬業〈討武氏檄〉」後，楊深秀就向文悌暗示了軍事暴動的祕密。當光緒皇帝宣布天津閱兵計劃後，康有為同維新派的政治盟友們覺得機會來了，他們開始「居間畫策」，揚言「以救聖主，漸為皇上收攬大權，漸選將材得以兵權」。康有為們的終極目標是透過軍事暴動，讓「皇上既有兵權以行其大權，則西后無能為」。

　　血腥的斬首行動開始了。

最初的國會
晚清精英救國之謀 1910～1911（修訂版）

　　康有為的首選將帥為小站練兵的袁世凱。「以將帥之中，袁世凱夙駐高麗，知外國事，講變法，昔與同辦強學會，擁兵權可救上者，只此一人」。康有為的盟友說客對袁世凱說，「西后定巡幸天津之議，蓋欲脅皇上至天津，因以兵力廢立」，「皇上之危險，到此已極矣」。在康有為的運作下，光緒皇帝於9月12日便諭令袁世凱進京陛見。同時，康有為的政治盟友、軍機章京譚嗣同的好友畢永年成為斬首行動的百人敢死隊首領。

　　9月14日，袁世凱進京。當晚，康有為對核心盟友下達了對慈禧太后的斬首令，「欲效唐朝張柬之廢武后之舉」。9月16日、17日，光緒皇帝兩次召見袁世凱，擢升袁世凱為兵部候補侍郎，要袁世凱以後「與榮祿各幹各事，不必再受其節制」。光緒皇帝召見袁世凱的當天，譚嗣同告知畢永年，康有為已經取得光緒皇帝的面諭，等袁世凱的軍隊包圍頤和園後，敢死隊「奉詔往執西后而廢之」。

　　9月18日夜間，譚嗣同造訪袁世凱，要他執行康有為的斬首計劃，先誅殺軍事統帥榮祿，然後率兵入京，以兵力之「一半圍頤和園，一半守宮」。袁世凱問譚嗣同：「圍頤和園欲何為？」譚嗣同冷冷地說：「不除此老朽，國不能保。」袁世凱驚訝萬分，康有為的說客只要求袁世凱「選天下虎罷之士」，由「上親擐甲冑而統之」，光緒皇帝召見時亦未暗示宮廷政變。譚嗣同見袁世凱猶豫，說「如不許我，即死在公前！」

　　9月19日，直隸總督榮祿祕密抵京，向慈禧太后面奏光緒皇帝欲聘伊藤博文為改革總顧問之謀，身為甲午戰爭主謀，一旦伊藤博文權柄在握，中國將成日本藩屬。當天夜裡，慈禧太后從頤和園返回紫禁城。光緒皇帝頒布上諭：「主事康有為首倡邪說，惑世誣民，而宵小之徒，群相附和，乘變法之際，隱行其亂法之謀，包藏禍心，潛圖不軌，前日竟有糾約亂黨，謀圍頤和園，劫制皇太后，陷害朕躬之事，幸經察覺，立破奸謀。」

　　慈禧太后再度垂簾聽政，榮祿的軍隊翻遍了北京城，逮捕康有為和他的盟友們。康有為一路南逃，清廷派出「飛鷹號」軍艦海上攔截，在英國駐上海領事班得瑞的陪同下成功逃亡香港。梁啟超在伊藤博文的關照下逃亡日本

昭雪六君子（二）

駐華公使館。康廣仁、楊深秀、楊銳、林旭、劉光第、譚嗣同六位盟友被逮捕三天後，以剛毅為監斬官斬於菜市口。同時，清廷下了國際通緝令，通緝康有為、梁啟超，禁毀康有為、梁啟超的所有著作，傳閱者治罪。

「唯君子有朋，蓋已明於君子執政，必多集同志以行其政策」，光緒皇帝期待康有為能像先賢們那樣團結一批君子，「純潔為國」，「無私憾及利祿之見雜其間」。可康有為的改革方略激化了官僚集團、軍隊、士大夫各方矛盾，面對複雜的政治局勢，康有為們沒有選擇在體制內透過對話、協商來處理政治爭端，而是選擇極端的軍事暴動。康有為們血腥的斬首行動扼殺了稚嫩的政黨政治，最終將政黨政治的改革良機推向了死亡深淵。

戊戌政變之後，清執政集團內部分裂加劇。慈禧太后密謀廢黜光緒皇帝，立端郡王載漪之子溥儁為皇儲。保守派不斷釋放光緒皇帝有病的消息，英法為首的列強派遣醫生為光緒皇帝診斷，診斷結果是光緒皇帝沒病，只是精神壓抑，腎虛遺精。原定於1900年1月31日舉行立大阿哥典禮，各國公使拒絕出席。在載漪、剛毅一幫人的慫恿下，慈禧太后決定借義和團教訓一下干涉內政的洋人。1900年6月25日，慈禧太后主持御前會議，向萬國宣戰。

八國聯軍的小股部隊進入北京，數十萬京畿衛戍部隊如驚弓之鳥，刀槍不入的義和團迅速淪為炮灰。攜光緒皇帝一路逃亡到西安的慈禧太后惶恐不安，發現東南數省的督撫們簽署了互保協議，沒有人北上勤王，才意識到皇權已經掃地，「一切政事尤須切實整頓，以期漸圖富強」。驚魂未定的慈禧太后在西安宣布新政，下令「軍機大臣、大學士、六部、九卿、出使各國大臣、各省督撫，各就現在情形，參酌中西政要」，「各抒所見」，「詳悉條議以聞」。

慈禧太后試圖透過經濟改革來緩解執政集團的政治危機，她主導的新政在財政、商業、法治方面進行了大刀闊斧的改革。中國第一次成立商部，將國家經濟改革納入中央管理體系，同時制定了《商律》來規範經濟問題，為商業的市場化資源配置保駕護航。其間，直隸總督袁世凱在天津試點印花稅，戶部尚書鹿傳霖籌劃中央銀行。為了推行現代化的財政、貨幣政策，慈

最初的國會
晚清精英救國之謀 1910～1911（修訂版）

禧太后派出特使考察歐美財政貨幣政策，聘請美國總統經濟顧問主導大清的貨幣改革。

但很快，轟轟烈烈的新政被硝煙瀰漫的日俄戰爭所湮滅。

1904年1月13日，日本聯合艦隊對盤踞在旅順口的俄國太平洋艦隊發動突然襲擊。面對野心勃勃的兩個鄰居，朝廷坐山觀狗鬥。從同治皇帝開始，漢族武裝集團主導的經濟改革同日本的明治維新在同一起跑線上，甲午海戰高下立判。集權專制的歐洲憲兵俄國卻在立憲的蕞爾小國日本面前不堪一擊。泣血悲鳴的官僚士大夫、商界的精英們意識到，「專制、立憲，中國之一大問題」，「國之強弱，不是由於種，而是由於制」。

敏感的政治改革再度成為官僚士大夫、商界精英們關注的焦點，高度的專制集權如果沒有約束，愛新覺羅家族將成為全民公敵，國家將陷入動盪不安的災難之中。1904年3月24日，駐法公使孫寶琦聯絡了駐英公使張德彝、駐俄公使胡唯德、駐美公使梁誠等駐外公使聯名電請朝廷「仿英、德、日之制定立憲政體之國」，宣布立憲。聯名致電北京後，孫寶琦還給張之洞密電，希望張之洞能夠說服朝廷立憲，「先行宣布中外，以固民心，保全邦本」。

孫寶琦的聯名電奏觸及到了政體核心。

日俄戰爭以立憲政體的日本取勝，國內對憲政改革呼聲日隆。孫寶琦身後有直隸總督袁世凱、湖廣總督張之洞、軍機大臣王文韶、侍讀學士寶熙、慶親王奕劻，以及商界大佬盛宣懷。這是一個新型的政治聯盟，手握槍桿子的北洋統帥、南洋領袖、滿蒙宗室精英、工商業改革領軍者、皇帝近臣、軍機樞要，他們是手握中央與地方權力以及資本的實權人物。

「外侮日逼，民心驚懼相傾，自鋌而走險，危機一發，恐非宗社之福。」孫寶琦在聯名電奏時警告慈禧太后，透過經濟改革是無法緩解日益緊張的政治局勢。清執政集團的精英們也意識到，新政一定是要建立一種新的秩序，「一種新秩序的制度和象徵應該允許各種意見的存在」，開放黨禁是清執政集團增強執政合法性最有效的手段。可康有為的斬首行動令慈禧太后咬牙切齒，她無法容忍手握經卷的狂生們的血腥忤逆。

昭雪六君子（二）

1904年6月21日，慈禧太后做出了一個驚人的決定。

這一天，慈禧太后主持召開御前會議，王公大臣行三跪九叩大禮後，慈禧太后突然向文武百官們宣布，「除謀逆立會之康有為、梁啟超、孫文三犯」外，「其餘戊戌案內各員，均著寬其既往，予以自新。曾經革職者，俱著開復原銜；其通飭緝拿，並現在監禁及交地方管束者，著即一體開釋」。這一天，清執政集團的決策者昭示天下，有限度地開放黨禁。

一時間，商界、教育界的社團組織林立，以思想界的嚴復、商界的張謇為首的社會名流成為社團的活躍分子，他們警示「商戰之險要」，鼓動民眾在國家危難之際「挽救垂亡」。年輕的讀書人走出寒窗，成立青年會，他們「定期集會，邀請名流演說各種致富圖強之要旨，期增進群眾知識」。在商業、教育之外，開明政治成為社團最為關心的話題，社會名流們反覆試探政治紅線，試圖透過社團組織的思想傳播，「使人人有政治思想，庶政治易於改良」。

社團組織的鼓吹令國民對憲政趨之若鶩，清執政精英們擔心憲政會完全剝奪他們既得的利益。慈禧太后派出的憲政考察團到了日本才發現，憲政沒有想像的那麼恐怖，無非就是國家立定一部根本大法，把民主的遊戲規則確認下來，用法治的精神發展和完善規定的民主事實，以此保障公民的權利，實現依法治國。說白了，憲政就是要將「王子犯法，與庶民同罪」的口號變成現實，讓民主、法治和人權成為治理國家的準則。

梁啟超頓感重出江湖的機會來了。

1904年12月，慈禧太后派出宗室載澤、端方、戴鴻慈、尚其亨、李盛鐸出洋考察憲政。狗血的是，身為官僚集團頂層的精英們居然同流亡日本的梁啟超暗通款曲，「五大臣做軀殼」，梁啟超捉刀為「他們裝上一道靈魂」，靈魂便是洋洋灑灑二十萬言的憲政考察報告。梁啟超在憲政考察報告中指點江山，希望清執政者能夠立憲、赦黨人、定國是。可是端方他們遞交到慈禧太后手中的報告唯獨沒有赦免黨人的奏摺。

梁啟超的良苦用心付諸東流了，戴鴻慈對梁啟超的捉刀一直感恩戴德。1907年4月12日，法部同大理院在權限上競爭激烈，身為法部尚書的戴鴻

最初的國會
晚清精英救國之謀 1910～1911（修訂版）

慈給梁啟超寫信,「敬問起居,並道謝感德」。戴鴻慈非常謙卑地說,法部同大理院不清,導致司法改革進展緩慢,希望梁啟超能夠指點一二,「素仰我公熱心為國,又復惠教諄諄,不以鄙人頑鈍,用敢擅發函電,冒瀆神明,伏乞將兩署權限詳細解釋,援引歐西各國現行法律為典據」。

慈禧太后做夢也沒有想到,不可饒恕的死敵成了清廷憲政改革的精神導師。當時,列強們對中國「蠶食生心,逼處日近」,憲政改革的精英們向清執政集團發出嚴重警告:「敢有阻立憲者,即是吳樾。」吳樾是激進的革命黨,主張暴力推翻執政集團。憲政改革猶如箭在弦上,康有為、梁啟超師徒不甘充當幕後軍師,他們透過戴鴻慈等人的疏通,同肅親王善耆進行祕密交通,試圖透過善耆遊說慈禧太后完全赦免黨人,開放黨禁。

1908年2月,梁啟超決定將政黨組織政聞社總部遷至上海。政聞社於1907年10月17日在日本成立,提出了「實行國會制度,建設責任政府」的政治綱領。梁啟超特別聲明,政聞社「對於皇室,絕無干犯尊嚴之心」,「對於國家,絕無擾紊治安之舉」。政聞社總部回到上海意在試探朝廷底線,沒想到曾經聽康有為演講淚如雨下的官僚士大夫們猶如躲避瘟神一般。康有為的門徒徐佛蘇在信中向梁啟超大倒苦水:「吾社特別為政府所嫉視,故凡在社會無論如何有勢力之人,一入吾社,即消滅其一部分勢力。」

梁啟超不斷向清執政決策者釋放善意的信號,再三聲明政聞社「所執之方法,常以秩序的行動」,為「今世立憲國國民所常履之跡,匪有異也」。可是1908年8月,朝廷以政聞社「內多悖逆要犯,廣斂資財,糾結黨類,託名研究時務,陰圖煽亂,擾害治安」之名,下令「民政部、各省督撫、步軍統領、順天府嚴密查訪,認真禁止,遇有此項社夥,即行嚴拿懲辦,勿稍疏縱,致釀巨患」。

「賢者不能逾法律而為善,不肖者亦不能逾法律而為惡。」一直在海外同革命黨唇槍舌戰的康有為、梁啟超痛心疾首,他們希望清執政集團能夠透過「至上而下」的憲政改革以救危亡,沒想到執政的決策者們不但不安撫主張透過體制內改革來解決政治危機而受到迫害的政治精英,相反繼續以敵對的態

度將其當作「悖逆要犯」來鎮壓。梁啟超愴然淚下:「吾果何愛於其時之皇室者,彼皇室之僇辱我豈猶未極?」

最初的國會
晚清精英救國之謀 1910～1911（修訂版）

昭雪六君子（三）

1908年11月14日，光緒皇帝龍馭上賓。

當天，已經病入膏肓的慈禧太后躺在病床上下了最後一道懿旨，將清執政大權託付給光緒皇帝的弟弟、醇親王載灃：「嗣後軍國政事，均由攝政王裁定。」當天，外務部將慈禧太后授載灃為攝政王的懿旨照會各國駐華公使。美國駐華公使柔克義立即向華盛頓發電匯報北京政權交替的情況，美國總統狄奧多·羅斯福（Theodore Roosevelt）收到北京電報的同時，收到了一封康有為從美洲發來的電報。康有為的電報將年輕的攝政王推到了死敵的位置。

康有為在給羅斯福的電報中指控北洋領袖、軍機大臣袁世凱謀害光緒皇帝，變換君主，擾亂中國。康有為希望羅斯福能夠致電北京的柔克義公使，以美國的名義聯合所有國家，不予承認攝政王的合法地位。羅斯福曾兩次邀請康有為到白宮討論美國排華法令問題，對康有為的電報極為重視。14日當天，美國國務院就康有為的情報電詢遠東處和柔克義的意見。16日，華盛頓謹慎地向北京發了電唁，「貴國迭遭大變，嗣皇帝與臣民共罹愍凶，本總統與本國臣民同深感悼。」

1908年11月17日，美國國務院遠東處給助理國務卿羅伯特·培根（Robert Bacon）提交了一份報告，將光緒皇帝、慈禧太后、袁世凱、康有為之間錯綜複雜的關係進行了總結。遠東處從四方權力的角度認可康有為的指控，因為一旦慈禧太后死後，光緒皇帝重掌皇權，光緒皇帝眼中的告密者袁世凱的政治生命將終結。柔克義反對華盛頓同康有為接觸，希望華盛頓抓住北京政權更替的機會，加強對北京新一代執政者的影響力。

康有為的一紙電報攪得白宮天翻地覆之時，只收到華盛頓方面電唁的攝

最初的國會
晚清精英救國之謀 1910～1911（修訂版）

政王載灃如坐針氈。光緒皇帝身前詔令天下推行憲政改革，北京一直在同華盛頓方面洽談國際貸款、貨幣改革方面的合作，美國沒有承認攝政王的執政地位，雙方的合作將難以為繼。更令載灃心驚的是複雜的國際局勢，歐洲列強合縱連橫，日本已經成為歐洲列強的盟友，北京一旦失去華盛頓方面的支持，將陷入國際政治上的孤立狀態。

1908年11月18日，攝政王載灃以宣統皇帝的名義，分別就光緒皇帝和慈禧太后病逝擬定國電兩道，由外務部照會美國駐華公使柔克義和中國駐美公使伍廷芳轉達美國政府。面對「邦家不造，迭遭愍凶」，攝政王希望繼續沿著光緒皇帝、慈禧太后的路線同華盛頓方面「睦誼夙敦」。柔克義在給華盛頓的密電中希望立即中止跟康有為的來往，因為康有為在北京「沒有任何位置或勢力」，只是一位「令人喜歡的演說家，毫無實際價值」。

「我不希望再提到他，這會引起人們的誤解。」在給華盛頓的密電中，柔克義毫不掩飾自己對康有為的厭惡，他提醒羅斯福總統，他在北京官場進行了調查：「調查這裡的官員和外國人，幾乎所有人的回答都是相同的──康有為在中國沒有追隨者，他在1898年對光緒帝的影響現在被認為不利於真正的改革。」柔克義在密電中將康有為在海外塑造的聖人形象拉下了神壇，康有為的廣東老鄉向柔克義爆料，康有為從居住海外的同鄉人中斂財。

美國的輿論對載灃出任攝政王表示贊同和支持，認為這是清執政集團內部改革派的勝利，有助於改革進程：「這項任命在社會上產生了良好反響，結果使那些改革者們感到滿意，並且滿足了人們對光緒皇帝的懷念之情。因為，這不但顧及了在皇位繼承上最親近的血緣關係，而且給這個帝國的新政引進了一種新鮮的、更富有現代觀念的因素。這項任命是改革派一方所取得的明顯勝利。」

康有為對華盛頓的祕密調查渾然不覺，攝政王載灃也在焦急地等待華盛頓對自己執政合法地位的承認。1908年11月30日，康有為再次致電羅斯福總統，揚言軍機大臣袁世凱正在利用皇太后破壞世界和平，請求羅斯福電令美國駐京公使柔克義與醇親王載灃舉行私人會晤，用軍隊保護自己，並祕密

移居美國使館。康有為希望借助華盛頓重返北京，成為新一代領導人的改革智囊，他一直沒有等到華盛頓的回音。

同時，攝政王收到了一份絕密情報。

「大行皇帝廟謨宏遠，規畫周詳，得以宮府乂安，朝野翕服，有約各國，亦咸盡情盡禮，益篤邦交。乃近有不逞之徒，造言生事，煽惑愚蒙，更有海隅匪黨潛謀內渡，妄思構亂。若不從嚴查禁，深恐擾害治安。」攝政王在給民政部巡警廳、步軍統領、順天府、各省督撫的密令中措辭嚴厲，「督飭所屬文武，多派偵巡，重懸賞格，一體嚴密訪拏，勿稍疏縱。遇有緝獲上項匪犯，立即訊明，就地正法。」

1908年12月2日，溥儀在紫禁城乾清宮舉行登基大典。遠在華盛頓的美國羅斯福特意在這一天接見北京祕密特使唐紹儀，對大清新皇帝溥儀的登基當面表示祝賀，美國願意進一步發展與中國的關係，並幫助促進中國的進步。羅斯福向唐紹儀說，民主的美國是古老的中華帝國可信任的朋友和支持者，只要機會和權力許可，美國將援助中國國民，改善中國的狀況，引導中國跟上人類文明潮流。

唐紹儀以病休的名義遊歷歐美，他的祕密任務是同美國、德國結盟。唐紹儀已經在柏林取得了德國皇帝威廉二世的信任，主管財政的年輕宗室鎮國公載澤正在同華盛頓的銀行家們洽談財政貸款問題，只要華盛頓承認了攝政王新政府的合法地位，在巨額貸款利益的誘惑下，三國結盟將水到渠成。華盛頓對唐紹儀說：「我們真誠地希望中國進步，並透過我們可能的和平和合法手段，將在進一步推動中國的進步方面盡我們所能。」

羅斯福的一番話令攝政王載灃長舒一口氣。12月3日，攝政王在溥儀登基的第二天又頒布上諭，誓言奉行光緒皇帝、慈禧太后的憲政改革路線，「務在第九年內，將各項籌備事宜一律辦齊，屆時即行頒布欽定憲法，頒布召集議員之詔」，上諭明確以宣統八年為立憲之限。警告內外諸臣：「斷不准觀望遷延，貽誤事機。尚其激發忠義，淬礪精神，使憲政成立，朝野乂安，又仰慰大行太皇太后大行皇帝在天之靈。而鞏億萬年郅治之基。」

最初的國會
晚清精英救國之謀 1910～1911（修訂版）

　　攝政王的上諭打消了華盛頓對北京新政府未來政策的顧慮。當天，美國國務卿伊萊休·魯特（Elihu Root）致電柔克義，讓柔克義代表美國政府祝賀宣統皇帝登基：「本總統及本國各大臣恭賀中國大皇帝登極，唯望福祚綿長，光榮照耀，並謂甚喜適於此日覲見貴國唐使（國際上均將中國派出使臣稱唐使），得以面祝登極賀詞，實幸機緣巧遇也。」

　　1908 年 12 月 4 日，柔克義向華盛頓提交了一份對北京新政府的觀察報告，他對華盛頓方面拋棄康有為，承認攝政王政府的決定如釋重負，「最終打消了任何對新的君主未來政策不確定性的憂慮」。羅斯福總統和魯特國務卿在接獲柔克義報告後，對攝政王發布堅持憲政改革上諭表示歡迎和釋然，認為上諭「表達了新政府貫徹已故皇帝和皇太后去年（1907 年）8 月制訂的憲政計劃的決心」。12 月 5 日，柔克義將美國政府的賀詞書面送達大清外務部。

　　華盛頓的書面賀詞令攝政王載灃欣喜若狂，載灃執政的合法地位終於獲得了所有國際大國的認可。可是載灃無法饒恕康有為製造的華盛頓麻煩，他在給軍機大臣的諭旨中不點名批判康有為：「近聞有海外逆黨，乘國家多難之際妄思煽亂，肆意捏造謠言，其誣妄狂悖，直有使君臣上下所不忍聞者。」

　　康有為在華盛頓活動期間，國內的門徒們「刊印函單」，配合華盛頓「淆亂是非，多方簧鼓」，載灃將康有為們「居心險惡」的行動視為謀逆。在清政權交替的敏感時期，有梁啟超同王公大臣們多年的祕密交通基礎，康有為完全可以抓住機會同新一代領導人載灃透過政治對話化解宿願。可是康有為將光緒皇帝的死亡同新政權權力構架陰謀化，透過華盛頓製造了攝政王政府接班合法性危機，將體制內化解政治矛盾的策略逼向了死胡同。

　　1909 年 6 月，山東巡撫衙門的一份密摺送到了攝政王的案頭。

　　密摺的撰寫者是 1909 年 6 月新任山東巡撫孫寶琦，他在出任法國公使期間曾警告清執政集團的精英們，憲政改革是大勢所趨，阻擋憲政改革者同匪類、革命黨無異。孫寶琦回國後，慶親王奕劻向攝政王載灃推薦，希望擢升孫寶琦為疆臣。當時，載灃將奕劻的政治盟友、北洋領袖袁世凱罷黜，北洋的文臣武將人心浮動。載灃為穩定愛新覺羅皇族，同意擢升孫寶琦為山東巡

昭雪六君子（三）

撫。歷史很幽默，袁世凱曾經從山東巡撫升任直隸總督。

「當此預備立憲之時代，貴上下相示以誠，破除猜嫌之見。伏願皇上明降諭旨，去堂廉之阻隔，除防禁之瑣屑，有以安億兆之心。」孫寶琦建議攝政王開放黨禁，而昭雪戊戌六君子才能讓天下士庶看到朝廷憲政改革的誠意：「固今日之急務矣，至戊戌之案已成往事，是以光緒三十年（1904年）曾奉恩諭，分別開復原免，有司奉行未盡，用者寥寥，擬呼特予恩施，戊戌黨人平日著書立說，似皆效忠本朝，倘獲昭雪，未始不可壯正氣而消邪氣也。」

載灃將孫寶琦的密摺壓在案頭置之不理。慈禧太后曾經在七十大壽之際赦免了除康有為、梁啟超外的戊戌黨人，改革派在現行的政治體制內開始恢復元氣，開明的皇族少壯派的力量正在不斷地壯大，可康有為不反思血腥的斬首行動，相反將慈禧太后視為死敵，在光緒皇帝去世後在華盛頓密謀、組織國際對抗，令載灃在新政府的執政一波三折。年輕的攝政王對康有為的憎惡到了無以復加的地步，康有為斯文的士大夫面具下是血腥權謀。

大清的司法機構有大量的證據證明，流亡海外的康有為、梁啟超師徒打著還權皇上的旗號，派梁鐵君為首的暗殺團隊，聯手日本浪人宮崎寅藏，北上入京行刺慈禧太后和皇族親貴。1900年八國聯軍進京之際，康有為的盟友唐才常企圖乘亂軍事暴動；1904年至1906年間，梁鐵君為首的暗殺團在京謀殺慈禧未遂，梁鐵君被清廷做出的預備立憲之姿態感化，向康有為師徒建議放棄暗殺計劃。歷史總是冷幽默，北京巡警廳很快將梁鐵君逮捕，在光緒皇帝頒布預備立憲詔書的當天將其祕密殺害。

梁鐵君的死沒有警醒血腥的康有為，相反在華盛頓搞出了攝政王接班危機。當華盛頓承認攝政王執政的合法地位後，康有為意識到密電華盛頓的行動是魯莽愚蠢的。1908年12月，惶恐不安的康有為向攝政王載灃上書，力陳1898年春夏之交的維新變法是「慈宮意旨所在」，面對慈禧太后、光緒皇帝的「慈孝感召之誠」，自己絕無「極毒之惡謀」，都是「逆臣世凱（袁世凱）無端造出謀圍頤和園一語，陰行離間，遂使兩宮之間常有介介，而後此事變遂日出而不窮，先帝所以備歷艱險以迄今日，實唯此之故」。

最初的國會
晚清精英救國之謀 1910～1911（修訂版）

康有為師徒現在只有取得攝政王的信任才能重返大清改革之巔。

1909年1月2日，袁世凱的罷黜令康有為興奮不已，他以為載灃聽信了自己的辯解。梁啟超更是躊躇滿志，「近年來於政治問題研究愈多，益信中國前途非我歸而執政，莫能振救，然使更遲五年，則雖舉國聽我，亦無能為矣」。梁啟超捨我其誰之慨背後：「當時清大吏不知憲政為何物，其館中重大文牘，大率祕密輾轉，請求梁先生代籌代庖。」領導晚清憲政改革機構憲政編查館的王公大臣們不懂憲政，關於憲政的公函奏牘均出梁啟超手筆。

載灃對康有為的辯解嗤之以鼻，罷黜袁世凱是晚清執政集團皇族少壯派集權的政治選擇，跟康有為的辯解毫無關係。康有為違心地向載灃表白，有一個重要的目的是推動執政者開放黨禁。康有為師徒為重返權力中樞進行了分工：康有為作為精神領袖在南洋遙控，梁啟超坐鎮日本負全局指揮之責，萬木草堂學長徐勤和香港團隊負責籌款，康有為弟子麥孟華在上海期間保持與北京、日本、南洋、美洲各地的聯絡。

清執政集團精英是康有為師徒活動的重點。康有為派出弟子潘若海、麥孺博、長壽卿專門活動總參全軍的軍咨處大臣載濤、海軍大臣載洵、肅親王善耆等宗室王公。康門弟子很快就獲得了海軍大臣載洵要赴歐美考察的情報，載洵的歐美之行不但要採購軍艦、武器，還要同美國建立海軍合作計劃，需要一大筆資金。康有為立即給遠在美國的徐勤發電，讓徐勤以康門控制的政治組織帝國憲政會的名義，向載洵執掌的海軍捐款百萬。

康有為、梁啟超為開黨禁不惜「政治獻金」的同時，派出弟子徐佛蘇、黃與之、侯雪舫三人到國會請願代表中去活動。「前所論鼓吹解禁事未識公等於意云何，此事若併力謀之當乞援於各省同志會、諮議局及督撫能由北京同志會分函各處最妙此恐難辦到。」梁啟超指示徐佛蘇三人在赴京的各種政治組織中去鼓吹解除黨禁之事，徐佛蘇以梁啟超私人代表的身分同國會請願代表領袖孫洪伊密談結盟，以孫洪伊之名聯合數十人簽名上書朝廷開黨禁。

「政黨者，立憲所必要，以無政黨則不能行憲政，而百姓失政治上之領袖故也。」梁啟超的政治盟友蔣智由不斷為開放黨禁進行輿論造勢，「政黨責任

昭雪六君子（三）

之最重者，不在於既有國會以後，而在於未有國會以前」，「譬之樹，憲法政治，果也；政黨，花也。世界從無無綻花而可以獲果者，又豈有無政黨而憲法政治可以希冀者？」梁啟超的朋友們不斷鼓吹：「一國政治之美惡，亦視其結社集會律之寬嚴」。

1909年9月25日，都察院來了一位年輕人。

年輕人是戊戌六君子之一的楊銳之子楊慶昶。都察院江西道監察御史趙熙從楊慶昶手中接過一個包裹，打開包裹頓時目瞪口呆。楊慶昶的包裹中有一份昭雪陳情，還有一份光緒皇帝的密詔：「生（楊慶昶）慘痛昏迷，無術請代，故父門人黃尚毅語生云：故父忠悃，官有封奏，私有家牘，他日尚可呈請別白。」楊慶昶回憶說，當時其父楊銳被斬，自己昏迷過去，是楊銳的幕僚、舉人黃尚毅告誡自己一定要保護好光緒皇帝的昭雪密詔。

趙熙立即警覺起來，清詔書管理制度規定，所有詔書原件必須繳回，楊慶昶怎能數年藏匿光緒皇帝的密詔？楊慶昶回憶說，當時京城政治氣氛緊張，父親被斬令自己悲痛萬分，楊銳的後事是黃尚毅在料理，只記得當時黃尚毅反覆提醒自己，「唯手詔關係重要，日後應當恭繳，宜謹密藏」。密詔是昭雪的憑證，面對鐵桶般的京師警戒，密詔最終縫在黃尚毅的衣服裡，「是日扶柩歸里」，「道途霖雨積雪，所重者唯先皇帝手詔及故父一棺耳」。

「今十三年矣！慘念生故父生平志行，唯與劉光第相契相規，此外並無苟同之處。又所奉先皇帝手詔尚庋藏臣家未繳，無以對先皇帝在天之靈。是以約同故父門人黃尚毅，敬齎手詔來京，籲懇代呈，以光先皇帝聖德。」楊慶昶在昭雪陳情中泣血寫道，「至生父拳拳臣節，所圖仰報先皇帝於萬一者當時封奏諒已詳明。其生平論學制行，實與劉光第同其本末，今大學士張之洞撫晉督粵督楚時，亦所深見。謹懇奏請昭雪。」

突然冒出的一封十三年前的密詔令趙熙高度緊張，楊慶昶的昭雪密詔是光緒皇帝在戊戌變法期間所書，光緒皇帝同慈禧太后的政治衝突躍然紙上：「近來仰窺皇太后聖意，不願將法盡變，並不欲將此輩老謬昏庸之大臣罷黜，而用通達英勇之人，令其議政，以為恐失人心。雖經朕屢次降旨整飭，而並

最初的國會
晚清精英救國之謀 1910～1911（修訂版）

且隨時有幾諫之事，但聖意堅定，終恐無濟於事。」

塵封的密詔揭開了清執政集團衰落的致命基因。

光緒皇帝登基後，清執政集團內部出現權力結構二元化。光緒皇帝親政之前，慈禧太后獨柄皇權，以奕訢為首的皇族、李鴻章為首的漢族武裝集團分享了中央跟地方的管理之權，皇權一直在中央跟地方的行政權之間走鋼絲。光緒皇帝親政後，皇權分裂成為紫禁城、頤和園兩個中心，以帝師翁同龢為首的帝黨、以軍方代表榮祿為首的後黨形成，皇權結構二元化加劇，削弱了愛新覺羅家族的執政公信力。

1898年，光緒皇帝為首的帝黨同改革派結盟，慈禧太后在新政第四天後罷黜翁同龢，帝、後兩黨的分裂加劇。光緒皇帝一天之內罷黜了禮部的六位部長級官員，慈禧太后勃然大怒，讓光緒皇帝自己發布上諭，凡是二品以上官員任免，必須經過慈禧太后同意。失去了樞廷人事大權的光緒皇帝在給楊銳的密詔中相當的痛苦：「皇太后已以為過重，故不得不徐圖之，此近來之實在為難之情形也。朕亦豈不知中國積弱不振，至於阽危，皆由此輩所誤？」

慈禧太后罷黜翁同龢已經是對光緒皇帝的警告，光緒皇帝身為改革派的最高領導者毫無政治智慧，只是熱血地同慈禧太后對抗，將皇權二元結構的分裂表面化，加速了帝、後兩黨的政治衝突。光緒皇帝很快意識到衝突的嚴重後果：「朕一旦痛切降旨，將舊法盡變，而盡黜此輩昏庸之人，則朕之權力實有未足。果使如此，則朕位且不能保，何況其他？」康有為身為戊戌變法的改革設計師，同樣沒有化解政治爭端的智慧，而是密謀對慈禧太后實施斬首行動，將危機變成了血腥的對抗。

康有為們的魯莽堵死了體制內化解政治衝突的通道，最終以六君子血灑菜市口收場，光緒皇帝囚禁瀛台，慈禧太后獨柄皇權。內憂外患、動盪不安的危亡關頭，決意改革的皇帝成了紫禁城的囚徒，頤和園的老太太翻手為雲，覆手為雨，昭告天下的承諾一夜之間成了罪證，民眾對政府改革朝令夕改相當的失望。慈禧太后集權的成功是以執政公信力的喪失獲得的，甚至官僚集團都對至高無上的皇權失去信任。

昭雪六君子（三）

再度垂簾的慈禧太后內心極度惶恐，瀛台內年輕的皇帝和流亡海外的書生一定能在時間上跑贏自己。當八國聯軍進入北京，以李鴻章為首的官僚集團簽署東南互保協議，對狼狽西逃的光緒皇帝、慈禧太后作壁上觀時，慈禧太后突然發現自己真正地成了孤家寡人。面對幾個千里走單騎的救駕疆臣，慈禧太后突然老淚縱橫，清執政集團內部的分裂已經導致皇權公信力蕩然無存了。

最初的國會
晚清精英救國之謀 1910～1911（修訂版）

昭雪六君子（四）

　　民眾心中，昭雪戊戌六君子，晚清的憲政改革才有希望。

　　「六個青年的改革家為那位殘忍暴虐的老太后所殺害，但他們個個都具有捨身成仁的意志。我們常常對中國表示灰心和絕望，但是任何一個國家能產生像這樣一些烈士，是沒有理由對他絕望的。」動盪令民眾們愈發懷念戊戌六君子，因為他們不是希望「抓住維新理論作為進身之階」，更不是圖謀透過高官顯爵「以便搜刮人民而自肥」，他們「是以發動和平的維新改革為唯一目的」，他們「為國家的利益而貢獻了自己的性命」。

　　戊戌六君子已經成了清執政集團的政治紅線。六君子是康有為、梁啟超發起的斬首行動的黨羽，他們不想尋求在體制內透過對話解決政治爭端，而是借助光緒皇帝的皇權，透過武裝暴動的手段來消除異己，徹底地破壞了體制內運作的政治潛規則，加劇了執政集團的內部分裂。在改革派們看來，昭雪六君子是黨禁開放的政治風向標，更是憲政改革的基石，如果不突破清執政集團的政治紅線，「若立憲之政，無政黨興起，亦猶鳥之無翼耳」。

　　「他們不相信慈禧太后以及贊襄她的那一夥人」，他們用「孔子的教訓來辯護人民的神聖權利」，「在一群自私自利的官僚中」，「由於這個原故，禍根便種下了」，清執政集團「野蠻地謀殺了他的第一批愛國青年」。八國聯軍進京、日俄在中國的土地上開戰，人們越來越相信「六個青年的鮮血將是新中國的種子，他們的名字是應當被記住的，因為總有一天，他們會享受崇高的榮譽。」輿論斷言，反對勢力消滅了戊戌六君子的肉體，而他們的「精神是繼續存在很多人中間的」，「改革一日不完成，他們不會一日休止」。

　　當法國醫生在診斷書上寫下皇帝無病的結論時，光緒皇帝憂鬱的眼眼睛

最初的國會
晚清精英救國之謀 1910～1911（修訂版）

頓時炯炯有神，慈禧太后已經是日落黃昏了，他還有機會兌現自己的承諾，「舊法可以全變，將老謬昏庸之大臣盡行罷黜，而登進通達英勇之人，令其議政，使中國轉危為安，化弱為強」。可在王公大臣為首的利益集團面前，改革是一場新的利益重組，對壟斷利益者割肉放血，對新權貴是財富的斂聚。在龍馭賓天的那一刻，光緒皇帝都在擔心自己在慈禧太后面前「有拂聖意」。

憲政改革是光緒皇帝和慈禧太后臨終前留給攝政王載灃最大的政治遺產。改革是執政者的承諾，更是清執政集團重拾公信力的唯一機會。趙熙讀完楊慶昶的昭雪陳情及密詔，意識到這是攝政王載灃化解戊戌黨人同清執政集團政治夙願的良機。趙熙立即以都察院的名義向攝政王呈遞，奏請宣布德宗（光緒皇帝）手詔編入實錄。1909 年 9 月 30 日，攝政王載灃在都察院的陳情上批了兩個字：留中。

趙熙久等不見載灃下達上諭，立即告知摯友、京畿道監察御史趙炳麟，「速台長代奏，其則別摺專奏」，「疏請宣付實錄」，攝政王「皆不報」。趙熙同趙炳麟相當失望，梁啟超對盟友們的勇氣讚不絕口：「諫草留御床，直聲在天地。」面對一道又一道的奏摺，攝政王載灃很是為難，他同梁啟超的朋友、法部尚書戴鴻慈密談時無奈地說：「先帝詔不敢祕，但明發上諭，則為悖慈禧，乖國體。」

楊慶昶呈上的密詔令載灃極為尷尬。

慈禧太后在臨死前下了最後一道懿旨：「特命攝政王為監國，所有軍國政事，悉秉承予之訓示，裁度施行。」慈禧太后將祖宗家業交給了載灃，載灃擁有了至高無上的執政權。國際輿論相當看好載灃，「他成長的時代正處於現代思想火花立足於東方世界之際，他透過自己的眼睛看到了西方世界，其心智和視野並沒有因為紫禁城的城牆而受到限制」，「他可以做到其他大清國統治者所沒有做到的事情，即立足於現代觀點，以透視的眼光，從與其他世界強國的對比中來認識自己的國家」。

1909 年 1 月 2 日，載灃突然罷黜袁世凱，華盛頓方面擔心載灃並非強權人物，他的攝政王位置很容易被反動勢力占據，「倒退到他最初呈現於世人面

前的情形」，一旦列強出兵干涉，將「重新出現導致徹底崩潰的危險」。慶親王奕劻以最肯定的語氣向美國駐華公使柔克義保證，「攝政王政府將嚴格執行前任君主的進步政策」，「繼續執行此前獲得美國政府友好支持和由衷稱讚的政策」。實際上，年輕的攝政王面對的是整個執政集團內部「親貴盡出專政，收蓄猖狂少年，造謀生事」，「茸闒無恥之徒趨之若鶩」，利益集團已經丟盡了天朝的臉。

攝政王身為大清的監國，清執政集團內部卻是黨派林立。載洵總持海軍，與軍機大臣毓朗合為一黨；載濤統軍咨府，侵奪陸軍部權，與禁衛軍訓練大臣良弼為一黨；肅親王善耆好結納勾通報館，據民政部，領天下警政一黨；溥倫為道光皇帝長曾孫，同治初本有青宮之望，陰結議員為一黨；隆裕太后以母后之尊，寵任太監張德為一黨；度支部尚書載澤與隆裕為姻親，握財政全權為一黨；攝政王福晉瓜爾佳氏雅有才能，頗通賄賂，聯絡母族為一黨。

權力空心化已讓攝政王成為空心大佬。

攝政王載灃身為監國，名義上統帥帝國海陸軍大權，可是自己的親兄弟載洵、載濤卻各自有算盤，海陸軍一直明爭暗鬥。鎮國公載澤統領度支部，一直在軍費方面同載洵、載濤兩人劍拔弩張，甚至拒絕支付陸軍部的貸款利息。沒落的溥倫抓住憲政改革的機會，同各地的改革精英聯盟，成為炙手可熱的改革新貴。肅親王善耆親善日本人，同康梁一黨暗通款曲，加之手握民政警察之權，是京師維穩的重要力量。隆裕太后以皇權捍衛者的身分自居，載灃也要低頭彎腰。更讓載灃為難的是後院起火，攝政王福晉為首的外戚也躍躍欲試。

清執政集團內部七黨瓜分了載灃的行政之權，加上慶親王奕劻結盟北洋文武，在軍機處占有多數席位，奕劻頻繁走動隆裕太后之宮，一旦被罷黜的袁世凱東山再起，清執政集團的少壯派將面臨滅頂之災。更讓載灃頭大的是，中央推行的軍事、財政、貨幣改革均遭到封疆督撫們的抵制，清執政集團同官僚集團的對抗隨著改革的深入而日趨激烈，以兩廣、兩江、湖廣、東

最初的國會
晚清精英救國之謀 1910～1911（修訂版）

三省、四川、直隸為首的督撫們聯名通電，提前召開國會，他們試圖透過憲政來約束滿清執政集團的權力。

憲政改革已呈星火燎原之勢，清執政集團內部的利益調整成為必然，衝突本已激烈的各派勢力暗流湧動。大清以孝治天下，身為接班人的載灃一上任就改變慈禧太后生前的政治決策，各派勢力一定會抓住機會對抗載灃，執政集團的內部分裂將進一步加劇。光緒皇帝和慈禧太后在臨死前昭告天下，公布了憲政改革的時間表，為了確保執政集團在改革的進程中維繫內部的穩定，載灃只有對楊慶昶進呈的密詔和昭雪陳請沉默，以消除各派勢力的對抗。

梁啟超對攝政王的沉默並不甘心，儘管他多次嘲笑資政院為「不倫不類」、「非驢非馬」之議會，「權力至為薄弱」，但是資政院雲集了中央、地方各派勢力的精英代表，只要「能善用之則可舉之職固不乏」，以達「暗度陳倉之計」。梁啟超派徐佛蘇去資政院遊說志同道合的議員，在給徐佛蘇的信中再三叮囑，「注意聯絡資政院諮議局之各議員使其一面努力建議發言一面運動縮短立憲年。」暗度陳倉之計就是提前召開國會實行憲政，因為「在專制政體下，決無容政黨發生之餘地」。

1910 年 11 月 4 日，攝政王載灃主持的御前會議經過激烈交鋒，終於討論透過了資政院速開國會的決議。當天，清廷頒布上諭：「著縮改於宣統五年，實行開設議院。先將官制釐定，提前頒布試辦，預即組織內閣。」載灃為了彰顯公決之意，在上諭中特別強調：「此次縮定期限，係採取各督撫等奏章，又由王大臣等悉心謀議，請旨定奪，洵屬斟酌妥協，折衷至當。緩之固無可緩，急亦無可再急，應即作為確定年限。一經宣布，萬不能再議更張。」

梁啟超的朋友、憲政編查館四品提調官楊度抓住機會，給攝政王載灃上了《奏請赦用梁啟超摺》。楊度深知清執政集團精英最痛恨的是革命黨，他在給攝政王的奏摺中將「四大寇」之首的孫中山一番貶損，「數年以前，海外亂黨孫文之流，倡民生之說，持滿漢之詞，煽動浮言，期成大亂。」楊度提醒攝政王，孫中山在海外的影響越來越大，「寡識之士從風而靡」，只有「啟超獨持君主立憲主義，以日本憲政為規，力辟其非，垂涕而道，冒白刃之危，

昭雪六君子（四）

矢靡他之志，卒使邪說漸息」。

「啟超之獲罪，以戊戌倡言仿行各國憲政故耳。十餘年中，宗旨如一，不為異說所搖，復以負咎之身，忍死須臾，悲號奔走，致皇上為立憲之神聖，國人為立憲之臣民。孤孽之心，亦云苦矣。」梁啟超流亡海外而心繫廟堂，楊度苦苦哀求攝政王，「今朝廷立憲之期已定，海內延頸以望太平，而當日違眾建議、負罪效命之人，使獨竄伏海隅，憔悴枯槁，睹故國之旌旗，痛生還之無日；抱孤忠而莫白，將槁死於殊鄉。是則庶女之怨，不達於彼巷；文王之仁，不及於枯骨。此臣所為郗覷而不能自已者也。」

「臣固知朝廷寬大，必不容黨禁之長存，宣統五年頒布憲法之時，凡在逋亡，必蒙赦宥。唯以啟超學識淵邃，冠絕等倫，方今籌備憲政之初，正為起用人才之日，與其赦罪於後，何若用材於先？」楊度在奏摺中誇讚梁啟超「學識才望超越群倫」，如果攝政王能夠「特赦召用，一新耳目」，可以打擊嘲諷憲政改革的革命黨，「以示朝廷實行立憲之誠意」。作為慈禧太后至死不可饒恕的國事犯，楊度以身家性命為梁啟超擔保，「倘啟超被赦之，或有不利於國家之危，唯乞皇上誅臣，以為臣子不忠之戒」。

楊度是誰？

康有為、梁啟超、孫中山為首的三人曾經是慈禧太后通緝的一等欽犯，他們都是楊度的朋友。革命黨領袖黃興、汪精衛是楊度的同學，在楊度的牽線下，孫中山同黃興結成了生死革命同盟。楊度回國時，遙持朝政的疆臣袁世凱、張之洞聯合向慈禧太后保薦，讚賞他「精通憲法，才堪大用」。僅有舉人文憑的楊度進入憲政改革總機關憲政編查館任四品提調。在袁世凱的運作下，楊度在頤和園向皇族親貴演說立憲精義，極力主張開設民選議院。

楊度在日本期間，同赴歐美考察憲政的清工公大臣進行過祕密接觸，在皇族親貴眼中他是大清帝國不可多得的「憲政專家」，憲政改革的整體框架、行政公文均出自楊度之手。憲政的根本是法治，朝廷號召王公大臣都要學習法律，楊度以法治「講師」的身分得以出入頤和園，為驕奢淫逸的王公大臣們開設了憲法講座。期間，楊度聯絡滿洲精英在北京設立政治組織憲政公

最初的國會
晚清精英救國之謀 1910～1911（修訂版）

會，向百僚士林廣散速開國會說帖。

楊度的奏摺立即引起了保守派的不滿，他們警告攝政王載灃，楊度曾經在日本同孫中山「聚議三日夜不歇」，這位皇族親貴的法治老師「在外則為匪首，在內則為奸細」，一旦攝政王聽信楊度之言，「梁啟超既用，則康有為必返，三凶合謀，禍且不測」。保守派提醒攝政王，楊度陳情赦免梁啟超意在開放黨禁，他不斷在京師鼓動各地憲政精英赴京陳情速開國會，實為京師動亂的「罪魁禍首」，「宜必有以處之」。

禮學館總裁、資政院議員陳寶琛在化解政治衝突方面擁有豐富的經驗，他祭出光緒皇帝的密詔，以昭雪康有為、梁啟超的戊戌政治盟友楊銳為名，警告保守派，如果不昭雪戊戌黨人，「致使先帝之苦心豫順傳說失真」。現在國內外局勢動盪，「楊銳等竭忠致身，沉冤未白」，攝政王可以援照慈禧太后七十大壽赦戊戌黨人之先例，「降旨昭雪，加恩贈恤，以慰忠魂而饜眾論」。陳寶琛建議：「我皇上繼述方殷，闡揚為亟，擬靖明降諭旨，將楊慶昶所繳德宗景皇帝（光緒皇帝）手詔宣布中外，昭示萬世臣民，並纂入實錄，以成信史。」

1910年12月15日，陳寶琛、羅傑為首的資政院預備國會議員提議，請昭雪戊戌冤獄案和請赦國事犯罪人員具奏案。當天，會議表決透過後交特任股員審查。六天後的1910年12月21日，河南舉人王敬芳和直隸反清志士王法勤作為各省政治組織代表，向資政院呈遞陳請開釋黨禁說帖，資政院交審查請赦國事犯罪人員具奏案，由特任股員一併審查。

1911年1月3日，資政院預備國會現場，議員長福受特任股員長莊親王載功委託，說明審查的具體情形，認為赦免問題須分兩層辦理，包括戊戌黨人和革命黨人，「戊戌黨人從前雖為有罪之人，到立憲時代宗旨與政策相同，便變無罪之人，應請恩赦；革命黨人亦因政治腐敗，立憲無期鋌而走險，其行為雖可誅，其用心已可憫，如果專赦戊戌黨人而使革命黨人於恩赦之途無一點希望，或激起激烈手段，亦非中國之福」。莊親王載功提議，戊戌黨人和革命黨人「一併恩赦」。

昭雪六君子（四）

汪榮寶議員立即站出來反對，應將戊戌黨人與革命黨人區別對待，「以不背離憲政體宗旨者為在應赦之列，其餘姑俟諸將來」。羅傑議員認為：「革命黨人一日不赦，人心一日不能安，滿漢終不能融洽，如果赦免革命黨人，就可以化除滿漢，安定人心。」羅傑提議一同赦免孫中山為首的革命黨人，「無非激起他們的忠愛之心，不使為外國人利用」。羅傑希望「皇上天恩，一體特赦。對內就可以調和滿漢，對外就可以免受外人運動」。

1911年1月10日，資政院預備國會第一次常年會最後一次議事會上，透過了昭雪戊戌冤獄議案和請赦戊戌獲罪人員議案。意味著晚清憲政改革的道路上，資政院的政治精英們已經站到了開放黨禁的一邊，結社集會不應該再是清執政集團的政治紅線，康有為、梁啟超為首的戊戌黨人，孫中山為首的革命黨人均可為憲政改革效力，這些政治異見領袖們可以在現有的政治體制之內，透過對話的方式來化解政治衝突。

楊度為異見領袖們提出了政治通道：政黨政治。

「夫政黨之為物也，與國會相關聯者，使一國中而無國會，則雖有政黨，亦無所憑藉以為發展其政見之地，徒然結合，將何所事？」楊度在給皇族親貴灌輸憲政之法時，一直在不斷地遊說清執政集團的精英們，光緒皇帝已經昭告天下要進行憲政改革，按照歐美憲政國家政治博弈之規律，政黨政治是憲政的最佳選擇，因為「專制國無集會、言論之自由，是則雖欲結黨而必為勢所格。故立憲國有政黨，而專制國無政黨」。

「政黨者，搖唇鼓舌以政見上聞於朝。」一直鼓動透過革命推翻滿清的名士章太炎嘲笑康有為、梁啟超師徒們的政黨政治主張。在章太炎看來，流亡海外的康有為師徒以保皇之名在海外斂財，已經成了闊綽的富人。海外的廣東同鄉對康有為的斂財行為相當反感，美國駐華公使柔克義在給華盛頓的祕密報告中對康有為的斂財行為極為不屑，對其品行評價負面，甚至不想多提康有為一個字。章太炎嘲笑由康有為師徒這樣的闊綽富人來「謀立憲」，決定人民的未來，只能使「豪民得志，苞苴橫流，朝有黨援，吏依門戶，士習囂競，民苦騷煩」。

最初的國會
晚清精英救國之謀 1910～1911（修訂版）

　　章太炎的嘲笑刺痛了攝政王的心窩，闊綽的政客們不斷販賣光緒皇帝的政治遺產，在憲政改革的道路上，他們打著民意的旗幟，理直氣壯地組成了新的利益集團。載灃現在不但在軍事、財政、貨幣、軍警等方面受制於清執政集團內部七黨，還要同官僚集團進行博弈。一旦黨禁開放，各種政治主張的黨派控制了國會，他們會在財政、軍事、軍警、貨幣、行政管理等方面爭權奪利，清執政集團內部的分裂會進一步加劇，官僚集團的對抗會更加激烈，皇權會進一步削弱。

　　資政院預備國會審議透過的赦免決議案送到攝政王手上，保守派們群情激憤。「康梁者何物乎？乃人神之所共棄，天地之所不容者。」攝政王載灃主持的御前會議上，有人喊著革命黨人陳天華的詩句，「手執鋼刀九十九，殺盡仇人方罷手」，將康有為師徒推到「朝廷之罪人，同胞之公仇」的位置。當載灃向隆裕太后提及資政院議決赦免康梁案時，隆裕太后厲聲質問載灃：「非此二人，先帝何至十年受苦？」

　　御前會議的阻力和隆裕太后的責問令載灃尷尬之極，只有再次沉默。改革派義憤填膺，對清執政集團「為淵驅魚、為叢驅雀」的愚蠢相當失望。1911 年 10 月 10 日，武昌起義爆發，驚慌失措的攝政王頒發《准開黨禁頒布特赦諭》，「黨禁之禍，自古垂為炯戒，不獨戕賊人材，抑且消沮士氣」，但是「況時事日有變遷，政治隨之遞嬗，往往所持政見，在昔日為罪言，而在今日則為讜論者」。

　　攝政王在特赦諭中對「逋亡海外，放言肆論」者進行寬恕，雖然他們「不無微瑕，究因熱心政治，以致踰越範圍，其情不無可原」。攝政王宣示：「所有戊戌以來，因政變獲咎，與先後因犯政治革命嫌疑懼罪逃匿，以及此次亂事被脅自拔來歸者，悉皆赦其既往，俾齒齊民。」清執政集團承諾，對「被赦人等，尤當深自祓濯，抒發忠愛，同觀憲政之成，以示朝廷咸與維新之意」。

　　資政院議員嚴復作詞的大清國歌《鞏金甌》剛剛欽定，還沒有來得及唱響，武昌城隆隆的炮聲令嚴復心如刀割，當他看到攝政王匆匆頒布的解除黨

禁諭旨，淚流滿面，仰天長嘆：「所有這些都太遲了。」當民政部巡警持槍開道，迎回梁啟超之時，「自拔來歸」的革命黨人，沒有給康有為、梁啟超為首的戊戌黨人洗淨血腥的機會。

最初的國會
晚清精英救國之謀 1910～1911（修訂版）

致命的饑荒（上）

攝政王載灃陰沉著臉，快速地翻動柯劭忞的密摺。

「鄉民死於槍炮，死於騷擾，及婦女之死姦淫者，不可勝計。」資政院預備國會議員柯劭忞在密摺中言辭激烈，山東萊陽萬民暴動，皇帝的常備軍和巡撫孫寶琦的巡防軍血洗了萊陽九里河、柏林莊、馬山埠等村，屠殺鄉民千餘人。為防村民反彈，皇帝和巡撫的軍隊分駐各村莊巡防。沒想到皇帝的軍隊和巡撫的軍隊在馬連莊、姚山一帶肆意姦淫搶掠，焚燬房屋八百餘間，農民只能「露宿風餐，靡所棲止」，「老幼男女，嗷嗷如鴻，餓殍蔽野」。

1910年春，萊陽「三月隕霜，殺麥殆盡」，農民「缺食者十之八九」，糧商囤積糧食，「麥子一斗，三千三百文」，「糧價昂貴，為數十年未有」。饑民人心惶惶，民眾提議多年存儲的社倉積穀賑濟饑民，沒想到「積穀經城紳管理後，早經變價，現只存四千吊，餘皆無有」，相反嘲辱前來提糧的饑民。柏林莊曲詩文兄弟聯合永莊社長於祝三及各村代表在萊陽城西北的唐家庵祕密集會，成立「聯莊會」，向控制萊陽縣自治公所的縣城士紳們追討積穀。

萊陽「士商者蓋十二三」，縣內「無千畝之家，百畝之家即稱富有」。光緒皇帝昭告天下推行憲政改革，萊陽縣設學堂、辦巡警，搞地方自治，王圻、于贊揚、張相謨為首的基層精英士紳壟斷了地方自治公所。擁有秀才文憑的王圻是萊陽首富，在縣城開設錢莊，其堂兄王垿位居法部侍郎，縣令朱槐之叫王圻「五叔」。于贊揚開錢莊、控訟案，同朱槐之私交甚密，人稱「于二知縣」。張相謨是朱槐之問策地方政務的密友。

憲政改革的春風吹到萊陽城時，縣令朱槐之以地方自治之名，對全縣的錢糧管理進行「改制」，財政款項存於王圻、于贊揚為首的自治公所紳董們開

最初的國會
晚清精英救國之謀 1910～1911（修訂版）

設的私人錢莊。縣令的巡警隊奔走於四鄉催收苛捐雜稅，巡警們每向自治精英們的錢莊存入一萬兩稅銀，「朱槐之從中抽取一千五百兩」。憲政改革成了基層精英們「私有化」公權力的盛宴，他們「假借公威為欺辱私人之計」，「巧立名目為侵蝕肥己之謀」，令民眾負擔「驟增至數十倍」。

萊陽積穀起於 1876 年，當時萊陽全境大旱，饑民「道殣相望」。到了 1880 年，萊陽豐收，於祝三的父親、永莊社長於春令倡議各鄉社儲存積穀以備災荒。1883 年，于贊揚、張相謨為首的萊陽縣城士紳經縣令批准，將各村社的積穀全部提取到城裡的書院統一存放。1886 年，縣令決定變賣發霉變質穀物，以錢抵穀，存儲備荒。積穀款存到王圻、于贊揚他們的私人錢莊。

1910 年的災荒一出，萊陽饑民塞道。1910 年 5 月 21 日一大早，當曲詩文帶領千名饑民向王圻他們討要穀款時，事先得到消息的王圻藏匿，饑民們只有到縣衙同縣令朱槐之交涉。面對黑壓壓的饑民，朱槐之允諾十日之內給饑民一個交代。饑民退去，朱槐之立即向山東巡撫孫寶琦「飛稟請兵」，謊稱饑民「聚眾來城混鬧」，「必有人煽惑」，「非拿辦首要，不足以儆將來」。朱縣令請求巡撫「速撥步隊兩哨到萊暫駐，以資震懾」。

朱槐之請兵密電發給巡撫後，對饑民之情置之不顧。十日期限一到，饑民再次在萊陽城西郊九里河一帶集合。主管學堂的張相謨給朱槐之獻策，可以興學之名一次性劃撥廟產以解燃眉之急。朱槐之立即以政府公文曉諭全縣，「凡廟產概提三成興學」，以後不再另徵廟捐。衙役們張貼告示還沒有回到縣衙，七百多名僧、道、尼圍住了縣衙，向朱槐之索要已撥繳教育會的廟捐，保證以後不再提繳廟產。面對憤怒的佛道之徒，朱槐之被迫在大路廟主持隆歆和尚草擬的手諭稿上署名蓋章。

僧、道、尼散去，氣急敗壞的朱槐之招王圻、張相謨為首的士紳精英密商對策。沒有了廟產應急，無論是縣衙還是主導新政的自治公所，根本拿不出錢糧來賑濟饑民。王圻、張相謨擔心饑民圍攻他們的錢莊，他們認定隆歆和尚鼓動佛道之徒圍攻縣衙背後是曲詩文唆使，只要拿下主謀曲詩文，饑民之危險可解。朱槐之再度密電孫寶琦，認定 5 月 21 日的饑民圍攻縣衙同佛道

之徒圍攻為曲詩文等人操縱，民眾「假借求賑為名大鬧公堂謀反」。

饑民見官府賑濟之事毫無動靜，再次聚集將縣城形成半包圍之勢。情急之下，朱槐之將積穀之事推向王圻為首的縣城士紳，「官實不知」，饑民們對壟斷基層公共行政之權的縣城士紳們恨之入骨。6月11日，數千饑民焚燒了王圻同族、巡警局董王景岳的老家。當天，不少村莊的大戶房舍被饑民焚燬，財產被哄搶。朱槐之擔心饑民進城，緊閉城門。朱縣令萬萬沒有想到，九里河一帶的饑民越來越多，數萬饑民經夜不散。

6月24日，巡撫孫寶琦以「主萊事不善」撤了朱槐之，新縣令奎保堅決法辦曲詩文等禍首。6月29日，候補道員楊耀林奉孫寶琦之名帶領百名步兵抵達萊陽。巡撫的軍隊抵達萊陽城後開始祕密搜捕曲詩文。曲詩文得到情報逃到馬連莊。巡撫的軍隊在搜捕的途中「乘夜沿戶搜查，實以濟其姦淫搶掠」，在馬連莊將告密者亂槍擊斃。村民見狀立即鳴鑼撞寺鐘，「兵以為埋伏，開槍轟擊，鄉民傷四五十人，死七人」。

巡撫的小股部隊退回萊陽城後，楊耀林給孫寶琦急電：「曲詩文四面聚亂民甚眾，已是距城僅三四里，截阻搜翻，不通音信」，「萊事萬急，速多派兵來」。同時，法部侍郎王垿的急電送到了孫寶琦的手上：「萊陽土匪焚掠甚獗，望速派兵妥辦。」孫寶琦立即給王垿回電：「實屬目無法紀，已飛飭認真拿辦。」孫寶琦以「萊民抗拒新政倡亂，勾結匪黨滋事」之名，命令登萊鎮總兵李安堂率部下營兵前往萊陽鎮壓。

孫寶琦祕派泰安知縣張學寬到萊陽查辦民變一案，張學寬一到萊陽，發現馬連莊兵禍「轟擊淫掠」後，「人人自危」，「合境皆動公憤」，數十萬鄉民聚集九里河「冀圖自保」。張學寬給孫寶琦的報告中寫道：「賊蹤遍地，行人已斷。」孫寶琦立即向陸軍部急電：「商軍部酌撥五鎮軍隊。」同時，攝政王載灃收到了直隸總督陳夔龍對萊陽民變調查的密摺。

身為山東巡撫的上級，陳夔龍已經派員赴萊陽調查，陳夔龍在密摺中寫道：「萊陽則由紳民相仇，積怨生變，曲詩文劫殺官兵，圍困城池。」攝政王看到這裡，在密摺上硃批「罪不容誅」四個大字。在給內閣的諭旨中，攝政

最初的國會
晚清精英救國之謀 1910～1911（修訂版）

王認為「曲詩文與其弟曲桂舟均非善類，曲詩文尤為此案罪魁」，下令山東巡撫孫寶琦派兵彈壓，「嚴拏務獲」。陸軍部批准了孫寶琦的調兵請求，調撥駐守山東的新軍第五鎮第十協統領葉長盛率領常備軍兩千餘人及炮四尊，從濟南經膠濟鐵路趕赴萊陽，一同進剿。

飢民聽聞皇帝的軍隊將至，「益憤，麇集亦愈眾」。

守城的巡撫軍隊「謂其攻城，開槍射擊」。民不懼死，何以死嚇之？憤怒的民眾面對槍林彈雨毫不畏懼，「後至者負門板以往」。曲詩文聽說後，「使人約束之，輒反對」。已經喪失公信力的政府徹底失去了民眾的信任，孫寶琦派到萊陽調停的招遠知縣王苕臣被民眾驅趕，王苕臣一聲長嘆：「倘不能示信於民，不為無以成功。」

民眾拒絕政府的調停給了巡撫再次鎮壓的藉口，李安堂下令炮擊九里河，民眾死傷無數，久久不願散去。血洗九里河後，巡撫的軍隊同皇帝的軍隊在萊陽四處搜捕曲詩文。「官兵所過之村莊」，「財物則掠之，婦女則淫之，臨去焚燬其屋」，「百無存一」。曲詩文的家鄉柏林莊更是官軍搜捕的重點，官軍過後，整個柏林莊「片瓦寸草無存，村內外樹上人民縊死者甚多，內河屍身填滿，皮肉盡脫，白骨嶙嶙」。

楊耀林的外甥在馬連莊之戰被民眾擊斃，楊耀林揚言不逮捕曲詩文誓不罷休。巡撫的軍隊為報復曲詩文，逮捕了萊陽縣兩百多名曲詩文的同姓同鄉。為了祭奠外甥的亡魂，楊耀林下令將兩名七十歲的老翁當眾挖出心肝，擺在其外甥的靈前。在殘酷的審訊過程中，曲詩文的同鄉冠以「曲黨」之名，除極少數有士紳關係的人被保釋，其餘的全部斬首。

巡撫的軍隊忙著報復，皇帝的軍隊「趁亂邀功，縱兵殺掠」。眼見皇帝的軍隊大發橫財，身為巡撫軍隊的指揮官，李安堂揚言：「既已得勝，不可不使兵少得彩頭，以示獎勵。」在指揮官的縱容下，巡撫的軍隊出城逐村搜刮。巡撫的軍隊發現除了「無人收埋」屍體，實在沒有彩頭可掠，見著婦女兒童就抓，轉手販賣。一時間，萊陽全境人心惶惶，「舉家逃亡煙台者，絡繹於途。」

致命的饑荒（上）

「男女不以義交者，其刑宮是也。」禮儀之邦的中國，「禮」一直是古代中國之「根本大法」，宮刑的出現一開始就是專門施行於淫亂犯者。滿洲八旗入關，對姦淫者更是處以「絞監候」。當巡撫的軍隊和皇帝的軍隊肆意姦淫萊陽婦女，整個萊陽「鬼哭神泣，響徹街巷」，讓本已憤怒的民眾「執耰鋤以為抵禦」，聚眾圍城。輿論警告巡撫孫寶琦，「在魯一日，則魯民速死一日」，其「酷吏之肉，不足食矣」。

山東省諮議局的議員們對皇帝和巡撫的軍隊相當失望，諮議局「代表輿論，興利除弊，責有攸歸」，以丁世嶧、尚慶翰為首的議員覺得「忝居輿論代表地位，有所見不容坐視」。諮議局議長楊毓泗曾官居翰林院侍講，聽信官員和士紳的一面之詞，提醒議員們萊陽民眾是「志在謀叛」。楊毓泗大放厥詞之前，王圻與王景岳之子王廷蘭「帶萬金到省運動」，楊毓泗、議員孫丕承都收納王氏家族重金。尚慶翰提醒楊毓泗，「僅紳耳，我輩不可據一面之詞」，堅決主張派議員實地調查。

諮議局兩派勢力僵持不下，楊毓泗無奈派出兩路議員進行實地調查。

議員王志勛調查發現，萊陽民變領袖「曲詩文以六十老農，目不識丁，無勢位富厚以為憑藉，而能振臂一呼，從者數萬，縱為私仇，豈無公憤」？萊陽「紳董積惡於前，官吏激變於後」。巡撫的軍隊抵達萊陽後，萊陽的民眾是「強者斃於槍炮，弱者逃歸田畝」，可是官兵「追擊民眾，彈斃無數」，調查組抵達萊陽後，「兵燹之痕猶存，傷心慘目，筆難縷述」。

孫丕承的調查報告同王志勛大相逕庭：「曲詩文賭棍，聚眾抗捐，不應懲辦官紳。」王志勛駁斥了孫丕承的報告，王景岳身為巡警局董，「私立公堂，嚇詐相愚，栽賭罰款」，栽贓陷害曲詩文為賭棍。身為憲政改革的基層權力機構，萊陽縣自治公所藏汙納垢，于贊揚「包攬訟詞，開設福源錢莊，人呼興訟局」，張相諶「幫閒助虐，城鄉側目」，王圻「霸賣土膏，壟斷市利，穿鑿義田，從怨閭裡」。

楊毓泗採信了孫丕承的調查結論，向孫寶琦進行了匯報。招遠人孫丕承擁有貢生文憑，山東省成立諮議局時，孫丕承賣了八十畝地，以請選民白吃

最初的國會
晚清精英救國之謀 1910～1911（修訂版）

「大滷麵」為條件，拉票競選成為省議員，人送外號「大滷麵」。諮議局中魯西七府六十二名議員形成「六二黨」，同魯東三府清流議員長期對峙。孫丕承能言善辯，深得楊毓泗信任，可隨便拆閱諮議局文件，綽號「二祕書長」。加之孫丕承收受王氏家族重金，自然同楊毓泗站在統一戰線上力挺官紳。

尚慶翰、劉儒珍為首的六名魯東三府議員指責孫寶琦不能秉公處理民變，袒護官兵，諮議局議長楊毓泗「違反議事規則，專制鍛鍊，蹂躪和議機關」。六名議員批評楊毓泗「結黨傾軋，剪除異己，早已胸有成竹，特借會場掩人耳目」，憤然辭去山東省諮議局議員之職。議員辭職後，輿論譴責巡撫、皇帝的軍隊指揮官「喪盡天良，殘民邀功」，抨擊孫寶琦「偏聽浮言，張皇調兵，以致民怨愈深，亂結不解」。

山東諮議局議員的辭職令旅京的山東官員、商人們錯愕，山東政府當局之前的種種說辭皆為謊言。山東旅京各界在柯劭忞為首的官員的組織下行動起來，他們聯絡交通在京的山東官員、商人，同鄉會成了組織的執行者。很快，同鄉會組織了三千多名在京山東各界人士，在官員、商人的帶領下到都察院請願。在輿論的壓力之下，都察院無奈將山東旅京各界同鄉的呈文送抵攝政王案頭。

輿論的關注讓軍隊隱瞞萊陽兵禍的真相浮出水面。旅京山東同鄉會在給攝政王的呈文中言辭激烈，批評皇帝和巡撫的軍隊之殘暴，連占據膠州灣的德國軍隊都不如，「竊唯民至弱而不可犯，威制愈深，怨毒愈深」、「外人方誘吾民以仁，而我之官吏則以暴」；「外人方待吾民以信，而吾之官吏則以欺」；「外人之兵，專主保護，而吾之兵則橫肆威虐」；「外人之兵矜恤俘虜，而吾之兵則草菅人命」。

攝政王載灃下令孫寶琦奏對同鄉會反應的問題，孫寶琦很快給攝政王進行了復奏：「查萊陽逆首曲詩文本系地方土棍，素行無賴，其弟曲桂舟曾在關東投充胡匪。」孫寶琦在道德上抹黑曲詩文的同時，將家人歸為匪類，認定萊陽民變是「曲詩文蓄意逞亂，日圖尋釁」。孫寶琦的復奏令輿論相當失望，輿論譴責孫寶琦「一死不足以謝萊人」，萊陽兵禍「官吏之罪狀，可勝誅呼」？

致命的饑荒（上）

「吾聞之，國家養兵，以衛民也」，「吾國兵官，向例平匪而不足，殃民則有餘，尤為吾兵之特色」。都察院同時還將山東旅京同鄉會的《實地調查報告書》送到攝政王手上後，攝政王震驚於皇帝的軍隊在萊陽的暴行。鴉片戰爭之後，滿洲八旗軍隊在列強軍隊面前毫無鬥志，八國聯軍進入北京更是羞辱了慈禧太后，大清帝國開始改組陸軍，現在皇帝的軍隊成了縱掠民眾的兇徒。攝政王異常震怒。

到底誰在撒謊？

攝政王再次給孫寶琦下令「認真複查」，同時派御史王寶田赴萊陽實地調查。

王寶田赴萊陽的路上，孫寶琦已經驚恐萬分，他給攝政王載灃的電文中再次重申萊陽民變為士紳同民眾的仇恨，以及縣令朱槐之失信於民。皇帝和巡撫軍隊的暴行徹底激怒了民眾，可事關皇帝的顏面和政府威信，孫寶琦極力掩飾軍隊的過失。在給攝政王的報告中，孫寶琦斥責報章「皆係得之傳聞，不免言之過當」，以「如是屬實，豈能掩人耳目」的含混之詞來搪塞軍隊的暴行。

孫寶琦以父蔭任戶部主事，後任軍機處官報局局長。1900 年，八國聯軍進攻北京，孫寶琦跟隨光緒皇帝和慈禧太后逃亡西安。1901 年任駐德、奧、法等國使館隨員。1902 年，升任出使法國大臣。1907 年，任出使德國大臣。1909 年 10 月，在親家、軍機大臣、慶親王奕劻的力薦之下，沒有任何地方政務管理經驗的孫寶琦出任山東巡撫。孫寶琦擔心各地督撫彈劾萊陽民變，在王寶田調查還沒有回京之前，通電全國各地的將軍督撫。「登州府萊陽縣逆匪曲詩文為首，四五月間，先後聚眾入城，焚燒住戶，要挾官長。」孫寶琦在給各地將軍督撫的電文中，將萊陽民變的責任完全推到曲詩文的頭上，將曲詩文抹黑成打家劫舍、聚眾謀逆的兇殘之徒。皇帝和巡撫的軍隊是執行政治任務的武裝集團，其公信力事關憲政改革前途，孫寶琦將軍隊血洗萊陽歸咎於曲詩文的謀逆之眾「竟敢開槍，公然為敵，傳單逼脅良民，私鑄軍火，阻截文報，戕害官兵，攻撲城池」。

最初的國會
晚清精英救國之謀 1910～1911（修訂版）

　　王寶田給攝政王提交了一份截然相反的調查報告，以王圻、于贊揚、張相謨為首的士紳在推進憲政改革的過程中，將以前對基層政務間接的影響力轉化成為直接的公權力，他們打著新政的旗號不斷地擴張個人的利益，萊陽縣自治公所的紳董們「假公濟私，斂錢肥己」。萊陽的民眾向王寶田哭訴，「如不設法抵抗，必至不能聊生」。

　　憲政改革的頂層權力爭奪已令年輕的攝政王焦頭爛額，除了要整合皇族、中央的改革力量，還要同地方督撫們進行周旋。萊陽民變讓攝政王驚出一身冷汗，憲政改革已經成了基層精英向公共行政領域滲透的通道，曾經的地方公共事務影響者搖身一變成為基層權力的擁有者，他們已經成了一個新興的利益集團，無形地吸附在帝國公權力的最末端，長此以往將吸乾基層改革的血，導致權力中樞呈現缺血狀態。

　　王寶田顯然掐住了攝政王的七寸，他在報告中認定萊陽民變「皆撫臣措置乖方之所至」，孫寶琦「張皇調兵」，「恣睢暴戾，任令慘殺無辜」，「實屬有負委任」，希望攝政王「請另派公正大員，認真查辦，以雪民冤」。兵者，凶器也，國之大事。王寶田警告攝政王：「地方民變，從無輕用兵剿之事，以民與賊異，賊可誅，民不可誅也。至民忘其生，而致死於官，則怨毒已深，故兵民之戰，愈勝愈酷，其禍必中於國家。」

致命的饑荒（下）

巡撫惶恐不安，向攝政王辭職。

御史王寶田彈劾山東巡撫孫寶琦之前，輿論就嘲笑孫寶琦「任事無才」。攝政王不斷派員調查萊陽民變案，很顯然是對孫寶琦的執政能力不信任，這已令孫寶琦惶恐不安。王寶田親自到萊陽調查民變後發現，萊陽民變案已經完全超出了巡撫和攝政王的預期。小縣城饑民的怒火已經燒到了紫禁城的權力中樞。更為可怕的是，饑民的糧食問題在硝煙散去時，浮出令攝政王更為焦慮的政治問題，基層公共行政之權的重構已經成為憲政改革的大問題。

當曲詩文帶領饑民聚集在萊陽縣衙之時，旅京的山東官員、商人們根本不信任萊陽縣令朱槐之的言論，大字不識的曲詩文家同巡警局董王景岳家有私仇，就能振臂一呼應者雲集？壟斷萊陽縣自治公所的紳董們沒有頂戴花翎，在憲政改革的浪潮中憑藉曾經影響基層公共事務決策的名望和地位，將影響力直接轉化為行政、教育、警察之實權，他們不再是老百姓心中擁有民望的尊者，而是同民眾對立的權利階層。曲詩文真是基層權力新貴眼中的謀逆者？

山東膠州人柯劭忞曾經擔任過光緒皇帝身邊的日講起居注官，在北京政壇有著深厚的人脈關係，加之他曾經在山西、廣東、遼東等地書院擔任主講，門生故吏滿天下。當他得知孫寶琦調兵鎮壓萊陽民變，擔心民眾公憤難息，官兵藉機肆行妄殺激起巨案，不斷在京城聯絡山東在京官員、商人，希望在京官員、商人聯名致電孫寶琦，透過對話的方式化解官民矛盾，阻止萊陽發生兵禍。

經過多次聯絡商議，在京山東官員、商人們一致公推山東掖縣籍尚書呂

最初的國會
晚清精英救國之謀 1910～1911（修訂版）

海寰與山東黃縣籍禮部左侍郎王錫蕃領銜，公函孫寶琦，希望孫巡撫「先以勸導解散為宗旨，以期息事安人，易於歸結」。在京山東旅京官員、商人們在沒有實地調查之前，對於萊陽的局勢還是一頭霧水，他們不能貿然為曲詩文他們背書，在給孫寶琦的公函中無奈地寫道：「如實在不就範，亦須分別良莠，外嚴內寬，使帶兵者多存一分寬厚之心，在百姓即多受一分安全之福。」

毫無管理地方政務經驗的孫寶琦得以巡撫山東，皆慶親王奕劻扶植。1900 年八國聯軍進京，慈禧太后攜光緒皇帝倉皇西逃，隨慈禧太后西逃的奕劻受命回京和談，和談中配合淮軍領袖李鴻章舌戰列國。憲政改革開始，奕劻同北洋領袖袁世凱結成政治同盟。攝政王載灃執政後，迅速罷黜了袁世凱，掌權的皇族少壯派試圖將身為首席軍機大臣的奕劻擠出權力中樞。孫寶琦出任袁世凱發跡的山東巡撫之位，正是奕劻培植封疆勢力的東山再起之謀，孫寶琦巡撫山東是要為奕劻建功立業，豈能向一幫山野鄉民低頭？

山東旅京官員、商人們經過密謀，猜測孫寶琦不會採納山東籍在京官員、商人之諫，決定在公函孫寶琦的同時，商請山東嶧縣籍御史王寶田向攝政王彈劾孫寶琦。王寶田在曲詩文率眾圍攻萊陽縣衙之時，就給攝政王寫了一份報告，呼籲當地政府要安撫民眾，王寶田在報告中以同鄉身分表達對地方官的不信任，強調自己「籍隸山東，見聞較確」，萊陽的縣官「逼民變實情」，民變最終失控，「皆撫臣措置乖方所致也」。

孫寶琦已心亂如麻，當萊陽數十萬人圍聚九里河經夜不散時，海陽縣久旱不雨，鼠疫流行。貪鄙的海陽縣令方奎借憲政改革之際，將稅賦從之前的一兩三百十六文進行分割，每項提高到千文以上。同時，自治公所的紳董們除了藉饑荒大搞糧食投機，還向方奎獻策將富戶的賦稅分攤到窮人名下。饑民們「認稅必餓死，不認稅必誅死，與其坐而等死，不如鬥而決死」，「不堪汙吏劣紳之朘削」的數萬饑民正同萊陽一樣圍攻縣衙。

坐在巡撫大堂，孫寶琦如芒在背。

1907 年 7 月 6 日，安徽巡撫衙門亂哄哄一片，持槍衛隊抬著鮮血淋淋的巡撫恩銘直奔衙門後堂。留日歸來的革命黨徐錫麟在巡警學堂的畢業典禮

致命的饑荒（下）

上，突然朝著恩銘開槍。「藉權傾虜廷」的徐錫麟歸來之時，正是恩銘的提拔才一路升遷至巡警學堂監督的位置，誰都沒料想徐錫麟是革命黨。身為慶親王奕劻最欣賞的女婿，恩銘的死大大地刺激了清執政集團，革命黨的威脅無處不在。孫寶琦不想重蹈恩銘的悲劇，讓曲詩文他們同革命黨珠聯璧合。

孫寶琦給呂海寰、王錫蕃他們回了一封公函，指責曲詩文「黨羽眾多」，與官府「公然為敵」，地方政府當局是「不得已添調兵隊」，希望「攝以軍威，冀其悔悟」。在公函中，革命黨成了孫寶琦用兵的合法依據：「弟無日不電囑葉、李，以解脅安良為宗旨，嚴戒軍隊騷擾安殺，一睢各軍隊能否恪聽訓條，偶遇逆匪抗拒，還擊之際，能否免玉石俱焚，則殊不敢保，萊事倘無外匪勾結援助（傳說有革黨胡匪會合，不知確否？）大兵入城，當易了結。」

革命黨是奕劻心中永遠的痛，自己的女婿死在了巡撫衙門，孫寶琦是自己一手扶植的疆臣，豈能重蹈恩銘的覆轍？當孫寶琦的調兵奏請一到北京，首席軍機大臣奕劻把持的軍機處很快批准。為了防止革命黨從海上來，同萊陽、海陽的謀逆兇徒勾結，巡撫的軍隊還封鎖了山東海面，同時照會德國駐青島軍隊，嚴防革命黨從青島登陸，膠濟線進行鐵桶封鎖，對革命黨進行嚴防死守。

皇帝的軍隊開赴萊陽的消息一出，資政院議員柯劭忞為首的山東籍京官一度希望法部侍郎王垿能向攝政王進言，希望朝廷收回軍事進剿成命。萊陽籍的王垿是光緒皇帝欽點的翰林，1900年在通州護駕慈禧太后一行西逃，慈禧太后回鑾京師賞戴花翎，加之王垿其父兄皆翰林，王氏家族在膠東有「一門三翰林，父子九登科」之譽，王垿在1901年後當仁不讓成為山東籍「京官之領袖」。萊陽民變的主角王圻是王垿同宗族人，信函早已送抵王垿手上。

王氏家族作為萊陽第一王族，憲政改革期間搖身一變成為基層政務的實權派，縣令見了王圻都要叫一聲「五叔」，同他弟弟王墀「結納官署，出入自由」。曲詩文帶領數萬民眾大鬧縣衙，逼迫縣令革黜劣紳、巡警不准出城，縣諭要「立石垂久遠」，這是要將以王圻為首的王氏家族成員清除出萊陽新權力核心。曲詩文他們還要縣令清算積穀、悉免雜捐、清算文廟帳目，錢糧銅元

最初的國會
晚清精英救國之謀 1910～1911（修訂版）

不折，支費亦須清算，這無疑斷了王氏家族的財路。

當王圻的家書送到王垿手上時，孫寶琦的電報也到了王府。山東旅京官員的主撫公函令孫寶琦左右為難，進剿事關王垿故鄉同族，希望王垿有一個態度。王垿自然站到同宗族人一邊，希望巡撫的軍隊將故鄉的仇家以剿匪之名給鎮壓下去：「若不進剿，恐匪勢蔓延，各縣相應，大局不可收拾。」有了山東「京官之領袖」的表態，加之革命黨海上的威脅，孫寶琦給呂海寰他們的回函才是那樣的理直氣壯。

法部是憲政改革新成立的一個制定法律的部門，法治是民主的根本保障，法部事關憲政改革成敗。身為法部侍郎的王垿自然成為民眾關注的焦點人物。沒想到王垿主張對家鄉父老用兵，輿論警告：「王之主剿，志在官報私仇」，感嘆：「王垿生於魯也，魯為秉禮之國，周公、孔子之遺風在焉。其涵濡禮教當必有異乎尋常者。乃竟以野蠻之手段對魯人，致啟了魯人致公憤，於此可以卜禮教之衰。」

攝政王萬萬沒有想到，萊陽饑荒最終演變成了萬民公憤的兵禍。

「誤用朱令於前，抽稅加捐，幾鬧成不可收拾之勢；又以辦事操切之奎保承其後，一誤再誤。」輿論譴責孫寶琦管理地方政務的糟糕，嘲笑孫寶琦在處理地方政務時「頭痛止頭，足痛止足」，萊陽官民衝突一步步激化，完全是孫寶琦「辦理不善所致」。輿論提醒孫寶琦，民不畏死，何以死嚇之？老一套的維穩「非所宜於今日也」。輿論建議攝政王罷黜孫寶琦，因為他「籌辦各政均無成績」，相反「縱屬苛捐致激民變」。

輿論嘲笑譴責孫寶琦，資政議員柯劭忞、御史王寶田他們希望攝政王能夠嚴懲孫寶琦。正在這個敏感時刻，各地速開國會請願鋪天蓋地，各省的請願代表紛紛進京，激進的請願代表在攝政王府門前割股血書。萊陽和海陽的數十萬民變一旦同革命黨聯合，山東局勢將更加混亂，更可怕的是一旦風潮向北蔓延，整個京畿將陷入一場浩劫。面對「種種情形」，朝廷殊難遙揣，攝政王密令直隸總督陳夔龍「派委明白曉事妥員，密赴該兩縣詳細訪查」。

陳夔龍的祕密調查組還沒有回來，王寶田繼續彈劾孫寶琦，萊陽「一百八

致命的饑荒（下）

社之民哄然嘩變」,「忍重稅必餓死」,「不忍重稅必誅死」,身為山東巡撫的孫寶琦「尸位素餐養禍在先」,「殘民邀功」才導致「潰敗決裂有如此之甚者」。因孫寶琦出任過駐德國公使,奕劻力薦孫寶琦出任山東巡撫,一個重要的理由就是方便交涉德國在膠州灣的涉外事務,輿論借萊陽民變嘲笑不懂地方政務的孫寶琦只知「趨奉外人」。

孫寶琦坐不住了,主動向攝政王提交了一份處理萊陽民變的意見：已經革職的縣令朱槐之、海陽縣令方奎,「昏庸貪劣,激成變端」,建議「永不敘用」,對於帶兵的楊耀林以及署理萊陽縣令的奎保,「張皇操切,辦理乖方,厥罪唯均」,楊耀林洩私報復,「應請革職」,奎保「於時候頗能盡心民事,尚有愧奮,應請革職留任,以觀後效」。在海陽縣槍擊平民的都司銜留直補用守備陳忠訓,「馭兵不嚴,誤斃平民,應請革職,永不敘用」。

在給攝政王的處理意見中,孫寶琦對借憲政改革掌控基層政務實權的士紳精英痛下殺手：紳士王圻與其弟王墀「放利而行,不恤人言」,王景岳「假公濟私,貪鄙無恥」,于贊揚、張相謨等「聲名甚劣,均難姑容」。王圻的候補知縣「應請革職」,王景岳的貢生文憑應「一併褫革」。孫寶琦向攝政王提議,剝奪王圻、于贊揚、張相謨為首的自治公所紳董公民權,「不准干預地方公事,仍由官嚴加管束,以示懲儆」。

萊陽、海陽民變之初,孫寶琦命令登州府知府文淇巡視兩縣,鄉民們攔轎希望文淇主持正義,文淇「接受呈詞,未能秉公審理」,相反嘲辱鄉民,甚至對兩縣的縣令面授拖延機宜,「亦為激變之由,應請即行革職」,統帥巡撫軍隊的登州鎮總兵,「約束不嚴,臣督率無方,均難辭其咎,應請旨一併議處」。孫寶琦自請處分巡撫軍隊的指揮官,為維護皇帝軍隊的尊嚴,沒有提及處理皇帝的軍隊指揮官。

孫寶琦的辭職報告送到攝政王手上的時候,攝政王正為帝國基層權力重構、師鄉黨同盟,以及封疆大吏暗通中樞廷臣等問題焦慮。京師鄉黨成為基層通向紫禁城的血管,他們在帝國的肌體中肆意蔓延,他們一手操控著地方政務,一手影響著朝堂決策,資政院以及將來的國會將成為他們攬權的戰

161

最初的國會
晚清精英救國之謀 1910～1911（修訂版）

場。封疆大吏們在憲政改革的過程中同地方士紳進行基層權力爭奪的同時，他們要尋求北京權力中樞的庇佑。中樞廷臣為了維繫手中的權力，封疆大吏會成為他們操控政局的同盟。

攝政王罷黜北洋領袖袁世凱之後，以美國為首的國際社會擔心北京「倒退到她最初呈現於世人面前的情形」，數萬饑民鬧事都要皇帝的軍隊才能平息，華盛頓方面豈能不擔心攝政王的政府「重新出現導致徹底崩潰的危險」。袁世凱在項城的洹上村釣魚，北洋的文臣武將們卻在惦記著袁世凱重整旗鼓。孫寶琦在出使德國之前就在袁世凱門下，奕劻以孫寶琦懂德國外交為由，將孫寶琦推向曾使袁世凱走向權力之巔的發祥地山東，背後難道沒有袁世凱的謀劃？

慶親王奕劻在清執政集團裡如今是個不受歡迎的角色。

身為愛新覺羅皇族的奕劻同袁世凱結成政治同盟，他們一度壟斷軍機處，成為憲政改革的主角。隨著慈禧太后去世，袁世凱被罷黜，奕劻顯得勢單力孤，以載灃三兄弟為首的皇族少壯派試圖將奕劻擠出權力中樞。奕劻洞悉皇族少壯派們的心思，透過把持住軍機處拖延組建責任內閣，試圖逼迫皇族少壯派們在權力爭奪中妥協。他推薦兒女親家孫寶琦巡撫山東，意在培植自己的封疆勢力，增加同皇族少壯派們博弈的籌碼。

孫寶琦的辭職報告給了攝政王，攝政王聯想到孫寶琦 1906 年 6 月剛到山東就陳情開放黨禁，決定藉機批准孫寶琦的辭職，斷了奕劻的一臂。攝政王決定召開御前會議，將孫寶琦的問題進行朝堂公決。在攝政王載灃主持的御前會議上，載灃非常嚴厲地批評孫寶琦執政能力低下，「魯撫孫寶琦自到任以來，籌辦各政，均無成績」。朝堂之上死一般的沉寂，站列朝班之首的軍機大臣奕劻汗如雨下，載灃掃了一眼群臣說：「近復有縱屬苛捐致激民變一事，其人頗不可靠，可否更動？」

孫寶琦的聲望湮沒在輿論的口水之中，萊陽民變猶如一把鋒利的刀懸在孫寶琦的頭上，在徨徨輿論之中，孫寶琦向攝政王「奏請出洋，藉避怨謗」。主動請辭是犯錯的臣僚經常上演的小把戲，沒想到這一次成了攝政王拿下奕

致命的饑荒（下）

劻臂膀的把柄。奕劻真的急了，突然站出來反對：「查該撫到任後，尚知重交涉，此次萊陽民變，亦係失於覺查，並非該撫所激。該撫熟嫻中德交涉，如其更調，繼任者恐難其人。」

德國問題令攝政王頭疼不已。德國人在膠州灣駐軍多年，德國的亨利親王經常到山東殖民區進行巡視，德國儼然將膠州灣當成了東方的根據地。日本同俄國人突然結盟，英國、法國也與日俄結成了中國利益聯盟，中國一旦失去德國和美國，將徹底成為列強的魚肉。攝政王派出密使，欲同美國結盟貸款搞貨幣改革，同德國結盟進行陸軍改組。孫寶琦曾任駐柏林公使，擁有豐富的對德外交經驗，處理好德國人在膠州灣的利益，事關同德國的軍事結盟。

奕劻擊中了攝政王的命門，奕劻的政治盟友、直隸總督陳夔龍立即給孫寶琦進行政治背書。陳夔龍在給攝政王的一份報告中承認，「承辦新政經手款項之紳董，誠有結怨於民之處」，各府縣地方官有「辦理不善之咎」，「誠無可辭」。陳夔龍卻堅定認定曲詩文等「威脅相愚，私置槍彈，劫殺官民，圍困城池種種情形」，「實屬罪不容誅」。收受王氏家族重金的山東諮議局議員孫丕承為王志勛指控的自治公所紳董們辯護，「紳士素望固劣，然謂之激變則冤」。

陳夔龍的背書令攝政王非常尷尬，山東在京官商譴責皇帝和巡撫的軍隊，陳夔龍的調查維護了巡撫的顏面，進而維護了皇帝軍隊的顏面，自己一旦批准了孫寶琦的辭呈，那麼意味著皇帝軍隊真的犯下了暴戮饑民的醜聞，這無疑給蠢蠢欲動的革命黨以話柄。攝政王咬牙切齒，執政能力低下的封疆大吏魯莽地破壞了攝政王在基層的改革形象，他們同樞廷親王結成了政治同盟，巧妙地利用皇帝的顏面保護了自己的前程。

巡撫的同盟成功地逆轉了御前會議上悲觀的局面，攝政王的優柔寡斷最終屈服於慶親王奕劻的唇舌。9月15日，旅京的山東籍京官、商人們聽聞糟糕的御前會議後捶胸頓足，柯劭忞為首的三千多名商號的掌櫃同山東籍京官步行到都察院，山東歷城人都御史張英麟接下了罷免孫寶琦的呈文。王寶田再次彈劾孫寶琦，要求攝政王撤銷對陳夔龍調查的支持，另派大員為民眾雪

最初的國會
晚清精英救國之謀 1910～1911（修訂版）

冤。奕劻掌握山東籍在京官員商人的行動後，向軍機處請假「避嫌」。

都察院的呈文遞到攝政王案頭後猶如石沉大海，北京各界山東同鄉會再次到都察院，張英麟「亦知道桑梓誼重，以此事關山東大局，不能阻蔽」，收下了同鄉會的呈文，同時還親自撰寫了一封「詳陳山東變亂之實及彈劾魯撫各罪狀」的奏摺。可是旅京的山東籍官員、商人們依然沒有等來攝政王的答覆。資政院預備國會議員鼓動旅京山東各界同鄉會聯合起來，向資政院上書請願，希望讓資政院公決萊陽民變，「以保山東全境大局」。

攝政王的拖延令輿論界譁然：「今孫撫之罪，萬不得已，而曲於優容可也，縱兵劫掠之將士與政府諸公，有何關係而亦不復置議乎？」御前會議上奕劻為孫寶琦的辯護成為輿論界攻擊的重點，「樞臣所謂孫撫長於外交者，則更顛倒事實之論」，「就令孫撫果有折衝壇坫之才，而既有徇私僚擾民激變之事實，國有常刑，固不當因其別有所長，而曲貸之」。輿論警告攝政王，千萬別因為一個孫寶琦而令國家的賞罰懲勸之權失去威信。

旅京山東籍各界同鄉會都察院請願之時，攝政王的案頭猶如雪片般飛來了全國各地的饑荒民變奏報。1909 年，長江流域六省遭遇水災，到了 1910 年春夏，江、浙、湘、沔、淮、泗之間，嗷嗷之聲達於比戶，在湖南出現「老弱者橫臥街巷，風吹雨淋，凍餓以死者每日數十人」。1910 年一年就有數百萬饑民掀起了一百七十六次搶米、抗捐的民變。當饑民們「聚眾入城毀倉鬧署」時，各地赴京速開國會請願團正在攝政王府門口長跪不起。

資政院預備國會大門口嘯聚了上千名山東籍各界同鄉，攝政王突然得到一個情報，日本外務省派遣的密探山口昇已經到了華中、華南地區，山口昇整日穿行於農村，同饑民們進行沒完沒了的交談。山口昇給日本外務省提交的祕密報告得出「江北皆成無政府狀態」的調查結論，「連年水旱災荒歉收，國庫空虛，生計窘迫」，「今年之收穫如能完成大半，謀明年之事不可知。倘明年之收穫失望，則到處紛起暴亂，其數將倍於今年」。

山口昇對攝政王的憲政改革相當失望，「由於改革，使財政貧乏、租稅愈重，因此發生暴動的機會也就愈多」，「上下一般皆以新政為虐民暴政，怨恨

致命的饑荒（下）

遍地，見其上者如同仇敵，而人民所以反抗新政者，並非反抗新政本身，他們也不了解新政究竟是怎麼一回事，但地方的貪官汙吏在此時，借新政增設新稅，苛徵暴斂，遂激發他們的反抗。近時，地方多騷亂，實非土匪無賴之徒，都是被那些貪官汙吏所激發的良民起義」。

日本的諜報人員深入帝國腹地令攝政王坐臥不安，以孫中山為首的四大寇，以及以梁啟超為首的戊戌黨人長期將日本當成海外基地。日本政壇大佬伊藤博文、山縣有朋都曾經同孫中山進行過祕密合作，孫中山甚至提出只要日本支持自己革命成功，未來的中國政府將愛新覺羅家族的龍興之地滿洲割給日本。日本諜報人員從中國腹地回到日本時，孫中山正在日本進行長達十五天的祕密活動。攝政王如芒在背，掌握饑荒情報的日本一旦這個時候支持孫中山的革命黨同饑民領袖聯手，長江流域將硝煙四起。

饑荒是一個王朝覆滅的前兆。西漢末年的赤眉軍起義、東漢末年的黃巾起義、隋末的十八路反王、元末的農民起義、明末的李自成起義，無一不是赤地千里餓殍遍野？饑民們在求生的路上化成白骨，貪得無厭的官僚們總是打著皇帝的旗號將饑民逼成流民，將流民逼成流氓盜匪。地方穩定總是令身居九重的皇帝們宵衣旰食，可是饑民們已經成了威脅皇權安全的洪水猛獸，戰爭在饑荒的對抗中升級，最後失控。

饑荒亡國的恐懼令攝政王坐臥不安。

攝政王的新政成了官吏們橫徵暴斂的遊戲，基層精英們在地方自治的大旗下戕害民生。曾經的鄉村道德士紳成了地方政務的實權人物，貧民訴訟無門。饑荒讓民眾們走投無路，廣袤的鄉村匪徒蜂起，泄憤而成禍亂。昏聵的疆臣激起民變，鄉黨同盟的怒火燒向了紫禁城，邊撫暗通樞臣令攝政王搖擺不定。輿論嘲笑攝政王政府無能，「臣工瑣瑣姻婭之歡，即可援朝廷議貴議親之典，國家馭吏之經，自此可束諸高閣矣。」

1910 年 11 月 7 日，攝政王對萊陽民變做出了最終的處理決定。攝政王譴責了萊陽縣令朱槐之昏庸貪劣，革職永不敘用，署理知縣奎保以及統帥巡撫先遣部隊的候補道楊耀林張皇操切，即行革職。攝政王對王圻、于贊揚、

最初的國會
晚清精英救國之謀 1910～1911（修訂版）

張相譓為首的萊陽縣基層精英厭惡之極，訓斥他們假公濟私、貪鄙無恥，凡是有官銜者一律革職，有功名者一律褫革。為了警告壟斷全國地方公共政務實權的基層精英，攝政王下令王圻他們永遠不准干預地方公事。

攝政王在嚴懲基層官員、士紳的同時，對山東巡撫孫寶琦「免其置議」。輿論譁然，萊陽民變皆因「官紳相交營私」，「狼狽相依，魚肉生民」而起，巡撫督率無方，張皇操切，縱容軍隊殺戮平民，犯下了「彌天之重罪」，因「內有奧援」，「蒙其餘蔭」。儘管攝政王在1910年11月4日已經宣布於1913年召開國會，可是攝政王政府對萊陽民變的處理結果令民眾對未來極度悲觀，輿論警告年輕的攝政王：「國會不開，憲政不行，官權不抑，蚩蚩小民，尚安有幸福之可言也？」

亡國的股災（一）

「上海橡皮公司虧空，市面大受恐慌，兩江總督替他代還三百五十萬兩，一百五十萬還洋商款子。」1910 年 12 月 13 日，資政院預備國會現場，江蘇崑山籍議員方還彈劾兩江總督張人駿代華商償還洋商的債務，「官吏只能代他擔任追償責任，不能替他擔任代償責任。」方還擔心「風氣一開，真不得了」。議員吳賜齡警告清執政精英們，張人駿的危險政策潛規則會讓中國亡國的。

兩江總督張人駿徹夜難眠，那個可惡的英國人種下股災之禍，在災難到來之前逃之夭夭。現在股災猶如病毒，在帝國的肌體中快速地吞噬攝政王載灃的改革成果，「商情益為惶駭」。一場勢不可擋的金融風暴席捲了整個帝國，生存與死亡的關頭，江蘇諮議局的議員們在議場猛烈地批判救市前線的兩江總督。誰曾想，清執政集團的少壯派執政精英們正在精心布局，一場隱祕攻殺的樞廷較量正在議員們的怒火中燒向了紫禁城。

喬治·麥邊（George McBain），英國人，在上海外灘成立麥邊洋行，旗下的麥邊輪船公司早年在長江航線同輪船招商局價格戰，麥邊輪船最終敗北。1903 年，麥邊將長江航線的輪船業務、黃浦江的碼頭賣給日本郵船會社，將日本航運引入長江航線。懷揣二百五十萬日元的麥邊開始布局橡膠股票，誰都沒有想到，麥邊的業務轉型正在將大清帝國推向死亡深淵。

德國人發明的汽車讓橡膠一飛沖天，令大清帝國的民眾驚訝萬分。「近年歐美新發明之製造，大至水線管、飛船、戰艦、宮室，小至微細器物，莫不以樹膠為之。」大清駐歐美的外交官都在官方的報章鼓吹橡膠「其堅者可代骨角，其韌者可代皮革」，是工業製造不可或缺的重要製品。輿論還向農民灌輸橡膠簡直就是防水防毒的利器，「製為靴以畀耕農，可以避烈日暴雨之

最初的國會
晚清精英救國之謀 1910～1911（修訂版）

毒」,「能禦氣,可以使外氣不侵」。

麥邊瞄準了橡膠生意,在上海成立了藍格志拓殖公司（Lan Kets）,向公眾銷售橡膠股票。股票對於上海灘的民眾來說一點都不陌生,想當年百元面值的輪船招商局股票漲到二百六十五兩,相當於人民幣一萬八千五百元一股,更讓民眾難忘的是 1883 年的大清股災將首富胡雪巖搞破產了。麥邊深諳輿論攻心為上的策略,現在上海灘的各大報紙上刊登〈今後之橡膠世界〉的業配文,宣稱種植橡膠可獲得暴利,橡膠股票必定大漲,鼓動民眾購買橡膠股票。

藍格志拓殖公司成立時國際橡膠價格一磅不過二先令,民眾對麥邊的股票毫無興趣,到了 1909 年冬天,當人們一覺醒來,發現麥邊的公司門口排起了長隊。橡膠價格每磅已經漲到十先令了,簡直就是「一日之間旦暮異價」,一樣商在倫敦招股,股票在三十分鐘內被搶購一空。盛產橡膠的南洋群島半年之內雲集了一百二十多家華洋橡膠公司,藍格志拓殖公司辦公的同一條街上,一天之內成立了十四家橡膠公司。

上海灘的橡膠股票價格扶搖直上,客戶的爭奪也到了白熱化的地步。不少的皮包公司在南洋拍攝橡膠種植園宣傳電影,在上海街頭向投資者滾動播出,同時還組織股票購買者到南洋的種植園參觀。皮包公司為了製造股票供不應求的緊張氣氛,組織了大量虛假購買者湧入匯豐銀行,擁擠不堪的假象導致匯豐銀行不得不暫停營業,皮包公司趁機哄抬股價。麥邊甚至向股票購買者承諾,每三個月每股發放十二點五兩銀子的股息。

麥邊猶如一條鯰魚,將整個上海股市攪得昏天黑地。不少皮包公司喊出了一百股之內只要繳百分之二十的認購款就可領股票的口號,他們同交易場所的老闆們勾結操控股價,讓股價小跌大漲,同時串通匯豐、花旗這樣的國際銀行搞虛假的股票抵押借款,製造虛假繁榮的泡沫。藍格志拓殖公司的股票由面值 60 兩哄抬到 1675 兩。在麥邊的刺激下,上海灘的橡膠股票多達 54 家,《申報》在橡膠股票高潮期每天都有密密麻麻的招股訊息。

亡國的股災（一）

瘋狂的股票讓深閨的小姐太太們都按捺不住，典當了首飾陪嫁也要購買股票。在上海逗留的兩廣總督岑春煊、郵傳部尚書盛宣懷、上海道台蔡乃煌為首的樞廷重臣、封疆大吏紛紛解囊炒股。江浙、廣東商幫的巨頭們也不甘示弱，錢莊的老闆們挪借公款，或者向國際銀行進行同業拆借，「以為非分之財從此可大發矣」。瘋狂的人們夢想「朝投資而夕即致富」，對於橡膠的栽種收穫、製造運銷、公司治理，「均付之茫然」。

橡膠對於大清帝國的民眾來說並不陌生。

1866 年，恭親王奕訢派遣了一個低級別的歐美使團，使團翻譯張德彝對歐美的「腎衣」進行了詳細的調研：「聞英、法國有售腎衣者，不知何物所造。據云，宿妓時將是物冠於龍陽之首，以免染疾。牝牡相合，不容一間，雖云卻病，總不如赤身之為快也。」張德彝筆下的「腎衣」實為橡膠避孕套，張翻譯骨子裡的士大夫精神讓他對橡膠避孕套「使人斬嗣」的絕育功能出奇地憤怒，認為使用「腎衣」者簡直就是「罪不容誅」。

士大夫們為「腎衣」耿耿於懷之時，橡膠在歐美的發展可謂一日千里。當達官貴人和販夫走卒們都開始為橡膠瘋狂的時候，一場國際狙擊開始上演了。1906 年，美國汽車產量三萬輛，到了 1909 年已經超過十一萬輛，橡膠價格隨著汽車產量的提高而價格迭創新高，美國開始採取限制橡膠消費政策，歐洲國家紛紛仿效。1910 年 7 月，橡膠價格從每鎊十二先令五便士下跌到九先令三便士。

麥邊是一個精明的商人，當歐洲的商業情報傳到上海灘時，他將手上的橡膠股票全部拋給了瘋狂的中國人。夢想著透過橡膠股票發財的中國民眾還蒙在鼓裡，「萬目睽睽以視其繼長增高」。很快，人們發現股票價格高台跳水，「交割期到，股票交面，一落千丈」，曾經千兩的股票一下子跌到幾十兩都無人問津。日本間諜組織東亞同文會向東京提交的報告稱，上海橡膠股票總投資高達六千萬兩，中國人持有百分之七十至百分之八十的股票。

正元錢莊的老闆陳逸卿聽聞麥邊消失了，頓時如五雷轟頂。

陳逸卿是上海灘金融大佬，同美國金融資本關係密切，旗下有正元、謙

最初的國會
晚清精英救國之謀 1910～1911（修訂版）

餘、兆康三家錢莊，同時還是茂和洋行、新旗昌洋行和得化洋行三家國際洋行的買辦。陳逸卿控股的兆康錢莊另一股東戴嘉寶跟德國人關係密切，是德資控股的裕興洋行的買辦。森源、元豐、會大、協大、晉大五家錢莊同為陳逸卿的金融同盟。橡膠股票風生水起之時，陳逸卿組織的中國銀團專門拜訪了麥邊的藍格志拓殖公司和匯豐銀行的董事們。

麥邊在地圖上給陳逸卿指了藍格志拓殖公司在澳洲的橡膠園，看著地圖上偌大的一片橡膠種植園，陳逸卿心潮澎湃。回到錢莊，陳逸卿透過利華銀行的國際友人打探倫敦橡膠行情，得到了橡膠行情暴漲的確切消息，戴嘉寶向德國友人打探的消息印證了陳逸卿消息的準確性，兩人立即合謀透過正元、謙餘、兆康三大錢莊融到十天遠期莊票，遠期莊票到手後立即設法兌現買入橡膠股票。

陳逸卿不知道麥邊和匯豐銀行做局，進行莊票融資後繼續向花旗銀行、華比銀行和怡和洋行借款，陳逸卿把三家銀行的百萬借款存放在正元、謙餘、兆康三大錢莊。陳逸卿著魔一樣，透過三大錢莊向四明銀行進行莊票融資二十二萬兩，向森源、元豐、會大、協豐、晉大為首的同盟錢莊調劑頭寸，金額超過兩百萬兩。森源錢莊在上海灘名不見經傳，在橡膠股票高峰期，陳逸卿從森源錢莊調走了兩萬多兩莊票。

正元錢莊為首的超級金融同盟成為橡膠股票的莊家，買進股票金額高達六百多萬兩。當陳逸卿還在盤算繼續融資加倉之時，麥邊逃跑的消息傳來。陳逸卿立即向國際友人打探消息，聽聞倫敦橡膠價格暴跌，立即下令三大錢莊及同盟錢莊拋售股票。陳逸卿坐莊聯盟的拋售立即導致股市崩盤，股市狂跌，股票無法拋售。到了 1910 年 7 月 21 日，陳逸卿控股的正元和謙餘兩大錢莊「因周轉不良停止進行」。

1910 年 7 月 21 日，兆康、森源兩家錢莊倒閉。23 日，元豐錢莊倒閉。24 日，會大、協豐、晉大等錢莊倒閉。陳逸卿的錢莊同盟灰飛煙滅，陳逸卿虧損兩百多萬兩，戴嘉寶虧損超過一百八十萬兩。謙餘錢莊的合夥人陸達生虧損超過一百二十萬兩。上海道台蔡乃煌的股票也迅速變成了廢紙，他被雪

亡國的股災（一）

崩的股市嚇壞了，在給兩江總督張人駿的報告中憤怒地寫道：「華商近因貪購橡膠股票，現銀輸出過多，錢莊周轉不靈，牽累倒閉者層見迭出。」

商人的貪婪令上海的地方官蔡乃煌瞠目結舌，帝國首富胡雪巖就倒在1883年的股市崩盤風潮之中，那一次危機將北洋集團領銜的經濟改革推到了峭壁。1900年，八國聯軍進軍北京，逃亡西安的慈禧太后下令全面改革，攝政王載灃繼承慈禧太后政治遺產後勵精圖治，全國財政「歲入逾兩倍」，以冶鐵為首的工業增長四倍，工業投資超過五億兩。一旦上海灘的金融風潮蔓延開來，攝政王新政府的改革成果將付諸東流，整個帝國將陷入經濟蕭條之中。

金融穩定是攝政王政府改革的基礎，面對突如其來的風暴，蔡乃煌心神大亂。正元和謙餘出問題的當晚，蔡乃煌同上海商務總會總理周金箴登上了開往江寧的火車，欲向兩江總督張人駿匯報上海的金融問題。蔡乃煌向張人駿詳細地描繪了橡膠股票雪崩的可怕景象，希望兩江總督能夠向北京請援，希望度支部調撥官款注入上海錢莊，以維持市面的流動性，同時批准逮捕坐莊橡膠股票的商人，震懾商人潛逃。

張人駿對蔡乃煌的匯報深信不疑，「據實電奏」軍機處，匯報上海股市雪崩的可怕局面，按照蔡乃煌的對策「陳明辦法」。張人駿還同意蔡乃煌在上海逮捕坐莊橡膠股票的商人。蔡乃煌從江寧拿到總督的維穩尚方寶劍當天，乘坐火車返回上海。蔡乃煌回到上海立即成立專案組，將正元錢莊的股東、橡膠股票金融同盟莊家陳逸卿、謙餘錢莊經理戚雅芳和胡寄園、兆康錢莊經理魏寶賢四人逮捕入獄。

1910年7月27日，兩江總督府接到了攝政王的諭旨，要求張人駿按照蔡乃煌的謀劃妥善處理上海的錢莊票號風潮，責令蔡乃煌「將善後事宜悉心籌劃，慎防流弊，以維市面而定人心」。蔡乃煌現在面臨一個棘手的問題，上海地方政府的官衙府庫根本就沒有錢，「道署庫款多放於銀行生息，道庫並無現銀，道庫正雜各款均放在市面」。現在攝政王下令蔡乃煌對金融市場進行維穩，錢從何來？

蔡乃煌同上海商務總會的董事們召開聯席會議，商人們一致提出「非得

最初的國會
晚清精英救國之謀 1910～1911（修訂版）

五百萬兩不足以資周轉」。商人們提出向國際金融機構進行貸款，在錢莊已經出現破產的狀況下，希望上海道台衙門能夠為商業貸款進行政治背書。7月28日，蔡乃煌會同英國租界公廨官員寶大令、英國駐上海正副領事以及中、西商會代表在洋務局召開緊急會議，商洽救市辦法。救市會議決定向國際大銀行貸款，向市場注入更多的流動性資金。

洋務局的會議一結束，蔡乃煌立即登上了開往江寧的火車，向張人駿當面請示國際貸款問題。手握攝政王救市諭旨的張人駿額頭上直冒汗珠，列強們擔心攝政王新政府償還債務的能力，於1909年提出了監理中國財政的野蠻要求。輿論警告政府一旦接受列強要求，中國將重蹈埃及、朝鮮那樣的滅國覆轍。列強的無理要求令攝政王「極為焦灼」，連夜召開御前會議商討對策，攝政王最終命「外務、度支兩部趕即調查各省所有賠款之實在數目」，未雨綢繆，「先行設法趕償外債以圖抵制」。

國債令張人駿現在相當尷尬。

攝政王「特諭各軍機電飭各督撫及地方官」，希望官員們對各地的「還國債運動」極力提倡，「不得藉事幹禁，致負國民殷殷愛國之心」。北京的王公大臣們公推首席軍機大臣慶親王奕劻領銜，出面「廣勸各省官員量力捐輸」。張人駿在1910年3月致電東南各省督撫，力陳「東南財賦之區剜肉補瘡已難著手」，一旦提前還債市面資金鏈必將緊張，列強資本必「以乘虛制我」。1910年6月16日，天津政商界譴責張人駿的「深謀謹濾」。如果張人駿在敏感時期批准了蔡乃煌的國際貸款方案，將成為「還國債運動」愛國者們千夫所指的罪人。

張人駿總督的兩江地區是大清帝國經濟最發達的地區，他深知「還國債運動」是樞廷執政精英們利用民情，從民間籌集資本償還中央和地方外債，如此大規模的民間籌資會加劇民間貧困，使國家更加貧弱。張人駿更擔心的是基層精英的貪婪，這些曾經的道德士紳在憲政改革自治浪潮中崛起成為基層權力新貴，他們打著愛國的旗號強行攤派，「用昭懲勸」，將銀錢解交他們控制的錢莊票號「存儲生息」。基層精英們的強制抽血容易加劇地方動盪，北

亡國的股災（一）

京的執政精英們會問罪地方，弄不好會丟官下獄。

　　蔡乃煌的國際貸款主張簡直就是撞在槍口上。張人駿想出了一個兩全其美的辦法，無論是收復新疆的西征貸款，還是《馬關條約》、《辛丑條約》的戰爭賠款，都是政府的關稅作保，現在橡膠股票崩盤是商民的市場行為，讓商民以自家產業擔保就與政府外債無涉。1910 年 7 月 29 日，蔡乃煌從江寧回到上海直奔匯豐銀行，英國駐上海領事、中西商會參加了國際貸款聯席會議，蔡乃煌提出由上海商家以產業抵押向匯豐銀行貸款五百萬兩用於救市。

　　匯豐銀行的管理層拒絕了蔡乃煌的提議，上海的商家對橡膠股票都有染指，不少商人透過銀行融資將現金提供給錢莊炒股，陳逸卿的錢莊聯盟一夜之間全軍覆沒，現在誰能保證貸款商人們資產的安全性？匯豐銀行更擔心橡膠股票崩盤才開始，潛在的風險沒有完全暴露，上海錢莊倒閉的連鎖反應還沒有呈現，匯豐銀行的貸款一旦無法抵禦連鎖風險，意味著商人們會將風險完全轉化為貸款風險。匯豐銀行提議上海地方政府提供信用擔保，蔡乃煌很遺憾地告知，兩江總督沒有給上海相應的授權。

　　攝政王諭旨蔡乃煌要「維市面」，「定人心」，可是沒有授權兩江總督和上海道台同國際銀行家簽約貸款的權利。就在蔡乃煌同匯豐銀行管理層談判期間，上海的風潮蔓延到杭州，杭州城鼎記、延德、萬興、慶餘四大錢莊「現水飛漲」，整個杭州城金融界「市面岌岌可危」，寧波商幫收緊拆票，慈溪董氏家族的阜生、阜源兩錢莊虧空三十八萬兩。一時間，江浙地區「銀根緊絀，商情恐慌」。

　　蔡乃煌被推到了火山口，貸款問題拖延會加劇風潮蔓延，「商界之資金猶人身之血液，全在時時流動」，7 月 23 日還向錢莊票號拆票八百一十四萬兩的國際銀行聽聞蔡乃煌談判陷入僵局，立即收縮了放款額度，到了 7 月 30 日下降到了六百一十二萬兩，在上海的寧波、泉漳、廣東、山西商幫加速收緊銀根，上海金融市面人心惶惶。一旦上海金融發生動盪，勢不可擋的金融風潮將摧毀兩江甚至全國的工商業，攝政王的經濟新政將付諸東流。

　　匯豐銀行的管理層摸準了蔡乃煌的命脈，一口咬定要中國政府出部分資

最初的國會
晚清精英救國之謀 1910～1911（修訂版）

金救市。蔡乃煌一咬牙答應了匯豐銀行的條件，匯豐銀行組建的國際銀團提供三百五十萬兩貸款，上海殷實商家以產業抵押給國際貸款銀團，上海道台從府庫拆借一百五十萬兩財政資金一同注入市場。國際貸款銀團擔心攝政王政府透過懲處官員的無賴方式毀約，要求上海的政府資金必須從度支部控股的大清銀行進行劃撥，為政府救市資金的拆借行為背書。

　1910年8月4日，兩江暴雨成災。當天，蔡乃煌與匯豐銀行牽頭組建的國際銀團簽訂了「維持上海市面借款合約」，九家銀行中匯豐銀行八十萬兩、麥加利銀行五十萬兩、德華銀行五十萬兩、道勝銀行四十萬兩、正金銀行三十萬兩、東方匯理銀行三十萬兩、花旗銀行三十萬兩、荷蘭銀行二十五萬兩、華比銀行十五萬兩。上海的錢莊票號老闆們奔走相告，「人人無不以此為商業困厄時之幸福」。

　國際銀團的貸款合約簽字後，上海銀根緊絀的局面得以緩解。蔡乃煌立即成立專案組清查正元、兆康和謙餘錢莊的帳目。美國駐上海領事立即照會蔡乃煌，上海道台衙門不能審理正元錢莊的老闆陳逸卿。蔡乃煌一愣，陳逸卿是坐莊橡膠股票的錢莊盟主，更是錢莊倒閉的肇事者，身為上海地方行政機構，怎麼突然無權審理陳逸卿？美國人以陳逸卿是美資新旗昌洋行買辦為由，將陳逸卿關押到租界的會審公廨。

　蔡乃煌提審了謙餘錢莊經理胡寄園、兆康錢莊經理魏寶賢，兩人將錢莊的帳目單據呈堂。問題很快出現了，兩家錢莊四處拆借資金的同時，還有不少客戶拖欠錢莊資金。蔡乃煌將提審情況向張人駿做了詳細匯報，張人駿擔心國際貸款和財政救市資金注入市場後欠款賴帳的客戶會越來越多，下令蔡乃煌將錢莊票號所欠帳款「一併親提」。蔡乃煌發布政府公告，要求欠款客戶主動將款項繳清，否則嚴懲不貸。

　上海地方政府成立的專案組意圖透過「究辦各莊以警將來」，可是蔡乃煌沒有偵辦過經濟案件，他派駐專案組負責查帳的兩位低級官員對金融業更是一竅不通，查帳了半個月時間毫無進展，各錢莊票號的帳簿、收據積壓在上海道台衙門，導致整個金融業人心惶惶，「不能以此債項為資本而營業務」，

亡國的股災（一）

上海出現了倒閉破產者叫苦連天，拖欠破產者債務的人卻逍遙法外。商人們擔心恐慌局勢進一步惡化，金融業的信譽掃地，紛紛要求上海商務總會介入。

商界的恐慌令蔡乃煌如芒在背，他加大了對破產者的審訊力度。公堂之上，在刑訊和輿論的壓力之下，陳逸卿的坐莊盟友們都答應歸還正元、謙餘、兆康三家錢莊的欠款。蔡乃煌將國際銀團貸款的一百四十萬兩用於歸還了正元三家錢莊拆借外國銀行的帳款，將剩餘的二百一十萬兩存放在源豐潤和義善源兩家金融巨頭之中。蔡乃煌很快就接到一個可怕的消息，陳逸卿在租界的會審公廨自殺了。陳逸卿死訊傳出，國際銀行立即再度收縮銀根，將拆借金額收縮到三百七十八萬兩。陳逸卿的死打亂了蔡乃煌的救市計劃，北京政客正編織的一張大網正撲向張人駿和蔡乃煌。

最初的國會
晚清精英救國之謀 1910～1911（修訂版）

亡國的股災（二）

　　1910年10月8日晚上9時，喧囂的上海在夜色中漸歸沉寂，金融巨頭源豐潤銀號的夥計插上了門栓，正準備睡覺的時候，突然聽到急促的敲門聲。夥計卸下了一塊門板，見一客戶站在門外，忙將其讓進錢莊大廳。

　　客戶從馬蹄袖裡摸出一張七點五萬兩的匯票，告訴夥計今晚一定要提現。夥計接過匯票一看是源豐潤的聯號源吉錢莊開出的。聰明的夥計很無奈地告訴大客戶，銀號的銀庫已經盤點了，掌櫃們已經睡覺了，提取現銀只能到天亮正式開門營業時。客戶在源豐潤枯坐良久，未能提現。消息猶如病毒一般在這個清冷的夜晚蔓延，不斷有銀號、行號的大客戶拿著匯票到源豐潤和源吉錢莊提現。

　　源豐潤的老闆嚴義彬頓時方寸大亂，讓掌櫃們統計了一下提現總額，源豐潤和源吉錢莊兩家聯號超過四十萬兩的提現。嚴義彬下令停止兌付，杭州、武漢、福州、北京、天津、廣州等商埠總號、分號十七處同時停市。在給上海商務總會的一份說明函中，嚴義彬力陳「銀根牽掣，市面為難」，「甬號突然被封，消息散播速於置郵，各埠震驚，商號聞耗，只得通電各號即日暫停收付，分別清理」。

　　源豐潤的創始人嚴信厚有寧波商幫第一人之譽，曾經效力於首富胡雪巖門下，經胡雪巖推薦後效力於淮軍領袖李鴻章幕下。嚴信厚多年在直隸掌管鹽務，積累了大筆財富，後將財富轉移到上海，開設商號錢莊。嚴信厚曾幫助郵傳部尚書盛宣懷組建中國第一家商業銀行通商銀行，在上海金融界屬於泰級人物。嚴信厚去世後，其子嚴義彬接掌源豐潤整個產業後開始全國擴張，分號「分設各省著名商埠，機關交通久為此中巨擘」。

最初的國會
晚清精英救國之謀 1910～1911（修訂版）

　　嚴信厚在政商界的人脈為源豐潤的擴張打下了堅實的基礎，源豐潤成了清廷中央和地方財政款項的合作者，1901年《辛丑條約》簽訂後，源豐潤更是承辦了江海各關稅款及英德俄法賠款。嚴義彬掌舵源豐潤後，除了在各省開設分號，加速網路布局外，還開設了源吉、德源兩家錢莊，同源豐潤形成互為犄角的金融集團。橡膠股票瘋狂之時，源豐潤上海總號經理陳子琴鼓動嚴義彬投機股票，年輕的嚴義彬沒想到自此掉入了陷阱。

　　陳子琴，寧波人，「嘗游日本、高麗、安南，性情伉爽」，一直是嚴信厚親密的商業盟友。嚴信厚去世後，陳子琴同嚴氏家族的商業合作更為緊密，嚴義彬對父親的這位盟友相當的器重，不僅邀請其出任源豐潤上海總號的經理，還邀其發起成立了四明銀行。陳子琴一躍成為上海金融界的腕級人物，生活也開始奢華起來，「所居飛樓數重，負山面海」。橡膠股票勃興之時，陳子琴鼓動嚴義彬同第三方成立金融企業坐莊橡膠股票。

　　嚴義彬在陳子琴的鼓動下同一葉姓老闆成立了一家錢莊，源豐潤占七成股份，葉老闆占三成，陳子琴出任新錢莊的經理。陳子琴避開了挪用源豐潤銀號公款之阻，不斷地透過向聯號金融機構開出匯票的方式，恣意挪用源豐潤整個集團的資金坐莊橡膠股票，總金額超過三百萬兩。正元錢莊老闆陳逸卿坐莊橡膠股票聯盟崩盤後，源豐潤銀行集團立即陷入了巨虧黑洞，嚴義彬找到荷蘭銀行買辦、道台銜的浙江鎮海巨商虞洽卿擔保，以南京勸業場地皮和股票抵押，向上海地方長官道台蔡乃煌拆借財政公款一百二十萬兩，源豐潤銀號短暫躲過了橡膠股票暴跌的衝擊。

　　蔡乃煌在清理陳逸卿的坐莊聯盟錢莊期間，發現上海、江浙、福建、四川、天津、北京等地均有錢莊票號資金流入上海的橡膠股票之中，源豐潤集團旗下的源吉、德源兩家錢莊買入橡膠股票的金額遠遠超過500萬兩。1910年8月4日，嚴義彬為首的源豐潤銀號已經將旗下的地產、股票等資產抵押給上海地方政府，沒想到源豐潤集團持有的橡膠股票已經跌到一股幾兩銀子，簡直如同廢紙，加之國際銀行收縮銀根，源豐潤集團的風險敞口越來越大。

亡國的股災（二）

嚴義彬同上海的各大金融機構談判，希望國際資本能夠救源豐潤於水火，嚴義彬提出自己願意「以家產相抵」，可是上海灘的「中西銀行皆不受抵」。走投無路之時，嚴義彬只得「乞援於滬道」，希望上海地方官蔡乃煌出手相救。嚴義彬向蔡乃煌力陳源豐潤的金融網路遍布全國，一旦風險敞口暴露，上海市政府注入的國際銀團貸款都可能打水漂。蔡乃煌「以該號甚巨，允為維持」，再從上海地方財政撥款注入源豐潤，「計前後維持之款三百數十萬兩」。

蔡乃煌將地方財政公款注入到嚴義彬為首的錢莊票號，讓上海的金融業有了一個喘息的機會，可是很快嚴義彬就聽到一個絕望的消息。按照《辛丑條約》的還款規則，大清帝國要在每年10月6日向列強們償還庚子戰爭賠款，每年賠款額度超過兩千五百萬兩，上海地方財政要向北京解送一百九十萬兩的賠款。儘管蔡乃煌反覆向北京陳請上海市面未穩定，存銀「不可驟提」，希望能夠暫緩解送賠款。可是度支部向攝政王彈劾蔡乃煌「以市面恐慌為恫嚇」，而「不顧國際之交涉失敗」。

一場慘烈的權爭開始啦。

陳邦瑞，蔡乃煌最咬牙切齒的一位江浙財經官僚，出生於浙江慈溪，1876年考中進士，八國聯軍進京之前官至太常寺卿。八國聯軍搶光了陳邦瑞的家，逃離京城的陳邦瑞沒有護衛慈禧太后鑾駕，而是以丁憂之名逃回家鄉。《辛丑條約》簽訂後，陳邦瑞攜龍山黃泥螺和三北藕絲糖進京向慈禧太后請罪，跪在地上的陳邦瑞汗流浹背，慈禧太后嘗了黃泥螺和藕絲糖後讚不絕口，封賞陳邦瑞官升三級，擢升戶部左侍郎。陳邦瑞後來拜在度支部尚書載澤門下。

鎮國公載澤是一位極具野心的皇室精英，他娶了隆裕太后的妹妹，覬覦未來責任內閣總理之位。載澤的政治前途一片光明，因為攝政王推行的憲政改革沒有載澤的財政改革作為支撐，攝政王的政治改革猶如空中樓閣。攝政王的兩個弟弟以軍事改革的名義，不斷透過舉債的方式侵蝕載澤在度支部的財權，載澤一度拒絕償還軍隊的貸款利息，導致度支部同攝政王兄弟劍拔弩

最初的國會
晚清精英救國之謀 1910～1911（修訂版）

張。橡膠股票給了載澤一個打擊攝政王兄弟一石二鳥的機會。

蔡乃煌是袁世凱的心腹，載灃監國後罷黜了袁世凱，袁世凱的黨羽相繼遭遇政治報復。袁世凱的把兄弟徐世昌調離自治的東三省，擢升為軍機大臣虛化實權，第一盟友慶親王奕劻也被攝政王邊緣化，蔡乃煌成了一個政治孤兒。蔡乃煌的上司是江蘇巡撫程德全，同國際銀行貸款時，蔡乃煌越過程德全直接向總督張人駿匯報，只是最後返程之時路過做了一個禮節性的匯報，讓程德全為貸款背書。國際貸款簽約之後，蔡乃煌對貸款資金注入市場的決策依然拋開了巡撫上司，令程德全心中大為不快。

程德全曾經是一位落魄的窮酸書生，多年在東北軍中效力，慈禧太后於1903年12月28日在京召見程德全，慈禧太后賞程德全齊齊哈爾副都統。1907年東北行省自治改革之前，程德全出任掌管黑龍江軍政大權的黑龍江將軍，可是袁世凱的盟友東三省總督徐世昌將程德全貶為巡撫，袁世凱的下級武官段芝貴還透過向奕劻之子賄賂歌姬，密謀取代程德全的巡撫之位。光緒皇帝和慈禧太后相繼去世後，攝政王載灃調程德全巡撫江蘇，程德全成為攝政王在江浙政壇的馬前卒。

《辛丑條約》賠款猶如一個火藥桶。慈禧太后去世後，美國華盛頓政府一度擔心年輕的攝政王載灃並非強權人物，他的攝政王位置很容易被反動勢力占據，「倒退到她最初呈現於世人面前的情形」。攝政王相當清楚現在執政集團內部「親貴盡出專政」，「造謀生事」，他擔心拖延戰爭賠款激怒列強，一旦列強再度出兵，大清王朝將「重新出現導致徹底崩潰的危險」。陳邦瑞彈劾蔡乃煌表面看是打擊袁世凱一黨，事實上矛頭對準了攝政王自己。

上海橡膠股票暴跌之時，北京的各大政治集團、各地督撫們正在為速開國會時間表問題吵得不可開交。隆裕太后厲聲質問載灃：「究竟有人能將國會速開之得失及利弊關係斷決否？」宣統皇帝的親爹攝政王在皇權捍衛者太后面前也只能唯命是從，隨即將隆裕太后的懿旨傳達軍機大臣，「並飭速電各省督撫及各部大臣，將縮短國會期限問題詳細解釋」。在這個敏感時期，程德全連自己的下屬都約束不了，這可是關係愛新覺羅王朝安危的政治問題。

亡國的股災（二）

　　陳邦瑞的彈劾報告以度支部的名義遞到攝政王手上時，攝政王的家門口雲集全國各地的速開國會赴京請願團代表，不少代表就是地方諮議局的議員，有人割股血書，有人哭天喊地，各地的督撫們為了擴大地方行政之權，為爭奪未來的權力格局搞得你死我活。上海的錢莊在這個敏感時期紛紛破產，上海地方官將國際貸款資金挪到關係戶的錢莊，金融風潮一旦蔓延開來，長江流域甚至整個帝國的經濟將遭遇毀滅性破壞，已經發生了饑民暴動的山東、江蘇、湖廣地區將動盪不堪，國際社會將失去對大清的信任，整個國家將陷入破產的窘境。

　　陳邦瑞彈劾蔡乃煌的報告內容很快傳到上海，袁世凱的盟友們忙著在中央自保，根本無暇顧及自己的死活，他赤膊上陣，一旦上海的庚子戰爭賠款抽走，上海金融風潮必定後患無窮。在給軍機處的電報中，蔡乃煌警告北京的官僚們，「滬上風潮迭起」，「急切收取為難」，政府一旦「輾轉追呼」，一定會「釀成事故」。在電報中，蔡乃煌還提醒北京，大量的中國商人還欠下了巨額的洋行貨款，現在錢莊破產商人潛逃，如果政府不能出面清理，很容易觸怒洋商影響國際貿易。

　　蔡乃煌已經覺察到自己捲入了一場殘酷的權力之爭，無論是度支部打著家國大義的虛偽旗號，還是軍機處的謹小慎微，面對惶惶不可終日的商人，蔡乃煌只能為自己找回士大夫最後的顏面。蔡乃煌在聽聞度支部火藥味十足的彈劾後，頗為悲憤地對無助的商人說：「身為朝廷命官，有保衛地方、補救商業之責，何敢漠然視之。」當陳邦瑞的彈劾報告送抵攝政王手上時，蔡乃煌放在源豐潤的一百二十萬兩「發商生息」公款已經覆水難收了。

　　陳邦瑞的彈劾意在透過打擊蔡乃煌削弱北洋集團在上海金融界的影響力，進而透過隔山打牛的方式削弱攝政王兄弟在地方政務中的控制力。攝政王兄弟在地方政務系統有三駕馬車：攝政王親自在數月內官升三級至署理湖廣總督的王乃徵、光緒皇帝愛妃珍妃的堂哥伊犁將軍志銳和海軍大臣載洵力保的江蘇巡撫程德全。程德全是載灃兄弟安插在江南遏制袁世凱勢力的棋子，袁世凱的黨羽在程德全手下引發了外交事件，載灃兄弟豈能置身事外？

最初的國會
晚清精英救國之謀 1910 ～ 1911（修訂版）

　　無論是蔡乃煌還是程德全他們萬萬沒有想到，載澤結盟隆裕太后之後，正在謀劃更大的樞廷話語權。載澤一黨正在積極運作原江蘇巡撫瑞澂取代王乃徵出任湖廣總督。瑞澂出生於滿洲正黃旗豪門，在巡撫江蘇期間同立憲派的領袖人物張謇和載澤結成了政治聯盟。在瑞澂走馬上任湖廣總督之前，江蘇諮議局已經對蔡乃煌同九大國際機構貸款「擅自」借債進行彈劾，認定蔡乃煌息借洋款代償商欠的行為已經違法。

　　一個環環相扣的政治殺局正在上演。

　　源豐潤遭遇巨額擠兌的前一天，也就是 1910 年 10 月 7 日，江蘇省諮議局議決蔡乃煌「以國家行政官廳名義息借洋債代償錢莊外國銀行之質問案」。在當天的諮議局會議上，蔡乃煌同議員們唇槍舌劍，為自己借款提出了兩大理由：一是滬市大例，遇有錢莊倒閉，先理拆票，次理莊與莊往來各帳，又次其為存款；二是維持華洋貿易信用，免各銀行迫收放出數千萬之拆票。議員們批駁蔡乃煌說，大清同外國簽訂的所有條約中，華商倒欠洋商款項，只能由官府從嚴代追，而不能由國家代償。

　　蔡乃煌專案組對倒閉的正元、兆康、謙餘三大橡膠股票坐莊聯盟的清查相當吃力，沒想到張謇領銜的諮議局對三大錢莊的財務一清二楚。議員們當場戳穿了蔡乃煌關於三大錢莊欠外國銀行拆票的說法，因為外國銀行持有的三大錢莊的是一種洋行間接向銀行借貸的更票，這種更票由洋行提供擔保，借貸期一般為十天。而拆票是外國銀行對錢莊的信用貸款，錢莊依所需要拆借金額做成莊票，存放在外國銀行作為擔保，這種拆票一般是兩日一結算。一個更重要的區別是，拆票為整數，「有畸零小數的必定是更票」。

　　江蘇諮議局的議員們抓住更票和拆票意在將蔡乃煌推向道德的審判席。議員們提供的證據顯示，正元、兆康和謙餘三大錢莊在破產時開出的莊票高達九百四十二萬兩，他們用莊票在大清銀行和通商銀行貸款三百九十萬兩，在國際銀行貸款五百五十二萬兩，三大錢莊的莊票融資是透過洋行間接向國際銀行實現的。可是蔡乃煌向張人駿匯報時說，三大錢莊的莊票超過千萬兩，「顯然是蒙蔽長官」。議員們感到更離譜的是，身為兩江總督的張人駿在

亡國的股災（二）

沒有經過慎重考慮的情況下，居然同意了蔡乃煌的貸款救市方案。

江蘇諮議局在1910年10月8日將關於蔡乃煌借款違法的決議呈請兩江總督和江蘇巡撫批答。張人駿簡直就如坐火山口，一旦批答了諮議局的決議，意味著自己支持蔡乃煌的決定是錯誤的，這樣很容易給政敵攻擊的把柄。可是不批准諮議局決議，他們會將事情鬧到北京，度支部對蔡乃煌可謂是窮追猛打，認定蔡乃煌「挪移各省解繳賠款，虧空甚巨」，限蔡乃煌在兩個月內還清。度支部還警告蔡乃煌，如果在兩個月內不將款項還清，將押解到京城交給法部治罪，「以示懲戒」。

載澤現在需要拿蔡乃煌開刀重塑財政中央集權的威望。

太平軍侵襲江南之時，各地督撫成為剿滅叛軍的前線主帥，北京逐漸失去了對地方財政的控制。載澤執掌度支部後清理地方財政，發現度支部儘管「有考核外省庶政議準議駁之權」，可是「近年各省關涉財政」大事，「往往事前既不諮商，用後亦不關白，常有巨款出納，日久竟不報部，莫可究詰」。更讓載澤大動肝火的是，「有款已挪用，無從彌補，明知正項必不能撥，並不諮商，徑行具奏，以冀仰邀俞允」，度支部往往是「迨閱邸抄」，「始知有其事」。

中央對地方財政收支的失控令攝政王政府的少壯派們極為頭大，軍方勢力一直為度支部拖欠軍費耿耿於懷，可是地方督撫們對載澤派下去的財政清理官卻相當輕視，簡直當度支部為一形同虛設的機構。載澤試圖透過清理地方財政的方法將財政大權收歸中央，無論是稅收還是貸款，都需要地方督撫「咨明度支部分別核定」，可是督撫們陽奉陰違。蔡乃煌擅自同國際銀行貸款，簡直就是藐視度支部的改革。載澤決定拿蔡乃煌開刀，一方面是要殺雞儆猴，更重要的是拿下攝政王兄弟的江蘇棋子程德全。

載澤選擇在這個時候出手，諮議局給了他絕佳的機會。江蘇諮議局成立於1909年，以張謇為首的士大夫階層和新興工商界精英占據了諮議局的主要議席，地方政府官員將諮議局視為地方士紳精英們發牢騷的場所，並沒有將議員們的表決當一回事。1910年10月7日，諮議局的議員們在審理蔡乃煌「擅自」貸款一案時，北京資政院的議員們正在審理全國議案，諮議局的精英

最初的國會
晚清精英救國之謀 1910～1911（修訂版）

們自然不甘心做地方官員的決策龍套，更不願意將諮議局當作輿論場所，誓言要履行自己作為全省立法機關的職責，行使質問權。

江蘇諮議局將蔡乃煌貸款救市行動提到決議日程之前，蔡乃煌向度支部求情展期繳款反遭押解進京的恐嚇，無奈之下希望兩江總督張人駿能夠向度支部求情。度支部對蔡乃煌的彈劾令張人駿憂心忡忡，在速開國會和設內閣的問題上，張人駿警告改革派會「操切急進，僕蹶堪虞」，到時候會「舉國騷然、禍起蕭牆」，政治對手們對其保守的政治主張嗤之以鼻，一旦蔡乃煌押解進京，自己很容易被政治對手們攻擊。作為貸款救市的決策者，張人駿致電度支部「討限」，載澤以繳款期限是「朝廷欽裁」為由，拒絕「私行展限」。

蔡乃煌被逼到了懸崖邊。

陳邦瑞在給攝政王的報告中認定蔡乃煌挪用的戰爭賠款「無法彌補」，失去袁世凱政治庇佑的蔡乃煌面臨押解京城的危險。蔡乃煌已經顧不了好朋友嚴義彬的死活了，他向以源豐潤為首的錢莊下達了催逼歸還政府款項的行政命令。嚴義彬在給上海商務總會的信中近乎哀號地寫道，「銀根牽掣，市面為難」，自己將旗下的產業、期票都呈送道台衙門，可是自己的銀行還是「突然被封」。當江蘇諮議局的決議消息傳到上海時，已經無現銀歸還政府公款的源豐潤立即遭遇了擠兌。

輿論對源豐潤的倒閉相當的悲觀，感嘆「上海殆無市面之可言矣」。載澤一黨對蔡乃煌的彈劾只是一個開始，為了打擊攝政王兄弟的勢力，陳邦瑞他們對蔡乃煌的調查一刻也沒有停止，他們甚至期待能夠查出程德全同蔡乃煌的私人交易。源豐潤倒閉之時，度支部已經將蔡乃煌推到了罪犯的審判席，攝政王在一份罷黜蔡乃煌的上諭中譴責蔡乃煌在借洋款維持滬上市面的過程中「罔利營私」，簡直就是「居心狡詐、不顧大局」。

源豐潤倒閉的消息猶如病毒在金融界傳染，「各埠震驚」，同源豐潤做生意的商號紛紛「通電各號即日暫停收付」。源豐潤兩千多萬兩的窟窿浮出水面，政府成為最大的債權人，其中拖欠粵海關六百萬兩、漢口關四百萬兩、滬關三百五十萬兩。國際銀行立即叫停匯兌上海二十一家錢莊的莊票。上海

亡國的股災（二）

金融風潮迅速蔓延到江浙，杭州、鎮江，「商家異常恐慌」，錢莊票號紛紛倒閉。兩江總督駐蹕地南京財政支絀到了極點，政府財政金庫裡只有白銀一萬兩，面對上百萬規模的錢莊倒閉，政府束手無策。

源豐潤總號倒閉時，北京分號經理立即向巡警廳呈請查封錢莊，市井無賴趁機煽動，「京城錢店驟倒二十餘家，人心惶惶，不可終日」。當時學部經費存在源豐潤，教育改革視為憲政改革的先鋒，正在如火如荼地進行，沒有了經費，教育改革如何推進？而大清社會醫療改革樣本工程京師官藥局一直將公款存在源豐潤生息，正準備提款採購，源豐潤突然倒閉，京師官醫局面臨倒閉的危險。醫療體系改革事關百姓福祉，民政部轉飭巡警廳追討藥局官款。

國史館總纂修官、侍讀學士惲毓鼎在向同僚們談及金融風潮時毛骨悚然，擔心「若不亟圖補救，恐此風一傳，相繼者當不止此」。事實上，上海已經因為「日來莊匯不通，竟如罷市」，上海商總會的高層相當焦慮，「上海工廠數十家，工人二三十萬人，一經停工，於商業、治安均有關係」，銀行、鐵路、礦廠均因錢莊倒閉而出現資金鏈緊張的局面，兩江總督張人駿在給攝政王的報告中心急如焚，「江省庫幣如洗」，「籌維乏術，燃眉急救」。

惲毓鼎跟同僚們提出：「可否請旨飭下度支部速發現銀數十萬兩，交商會承領，設法維持市面，以安商業而定人心。」金融風潮已經席捲了整個大清帝國，甚至連運河工程款都因錢莊倒閉而慘遭損失，各地錢莊票號倒閉的報告猶如雪花般堆到攝政王案頭，已經被速開國會的各派政治勢力搞得焦頭爛額的載灃驚得一身冷汗，錢莊倒閉風潮已經蔓延向工商實業，自己的改革成果恐被金融風潮吞噬殆盡。1910年10月16日，攝政王立即電令張人駿：「赴滬體察商情，妥籌辦法。」

1910年10月18日，張人駿抵上海。

江蘇諮議局在張人駿離開南京期間將關於蔡乃煌「擅自」貸款的決議送抵巡撫程德全的案頭，程德全對度支部的彈劾深意洞若觀火，加之蔡乃煌在向總督張人駿匯報後向巡撫衙門進行過報備，程德全深思熟慮後以借款合約

最初的國會
晚清精英救國之謀 1910～1911（修訂版）

答覆諮議局，對於緊急救市中的拆票和更票細節，程德全輕描淡寫為「關係出入甚巨，百密容有一疏」。程德全沒有主導蔡乃煌的貸款救市行動，所以為了撇清政治責任，在回覆諮議局時強調蔡乃煌的行為都是「督部堂主政」，將領導責任全部推到了兩江總督張人駿的頭上。

亡國的股災（三）

兩江總督張人駿抵達上海，立即召見新任上海道台劉燕翼。

劉燕翼早在1901年就出任過上海道台，當時全國陷入一片混亂之中，劉燕翼同列國領事相處融洽。劉燕翼第一次在上海道台任上的任期長達七年，同上海的商界關係密切，尤其是同江浙商幫的宿老們過往甚密。這一次臨危受命再度出任上海道台，兩江總督期望劉燕翼能夠利用在上海的人脈資源，穩住風雨飄搖的金融市場。尤其是江蘇以及兩江的官銀號裕蘇、裕寧也出現了擠兌，兩江政府財庫一旦倒閉，後果將不堪設想。

劉燕翼很快獲得情報，有人在租界造謠，導致凡是儲存在中國銀行、錢莊的資金都提出存到外國銀行，不少人將存款提現購買黃金。當時，上海的金銀交易控制權在國際銀行家手上，商民的提現異存之法對中國金融機構無異於雪上加霜。劉燕翼立即下達政府通令，要求商民們安心營業，相互扶持，不要胡亂猜疑，「如果有人造謠生事，必定嚴懲不貸」。政府還鼓動商民將現銀存到寧波幫股實錢莊。

同時，攝政王面對京師的恐慌局面，下令提督衙門進行維穩，禁止「淆亂市面造謠煽惑」，步軍統領衙門與順天府成立了金融穩定專案組，捕究逃跑的錢商，勸令關門的商號復業。廣東市面謠言更甚，兩廣總督下令商會散發傳單，要求「大家照常安業，互相維持，免自警擾，萬勿誤聽謠傳，將款有收無放，自相排擠，致釀意外」。遭遇八國聯軍禍害最嚴重的天津元氣還未恢復，金融風潮襲來頓時市面大壞，政府緊急出面曉諭商家，安定市面。

兩廣總督袁樹勛飭令地方官員提出財政款填補源豐潤虧空，並向各大錢莊、票號注入流動性資金，廣東市面「謠言頓息」。可是張人駿沒有袁樹勛那

最初的國會
晚清精英救國之謀 1910～1911（修訂版）

樣的家底，在召開的商人救市聯席會議上，商人們希望政府能夠向市場注入資金救市，可是張人駿兩手一攤說「庫款支絀」，無論是江蘇巡撫衙門的裕蘇官銀號，還是兩江總督衙門的裕寧官銀號，政府都沒有現銀注入，現在國家和地方都沒有財政能力救濟上海市面。

救市的會議開了兩天，上海的商人們提出再貸洋款救市。

兩江的財庫如洗，防營新軍餉銀、勸業官股等款都是挪借，張人駿要完成攝政王下達的救市任務，只有同意再貸洋款救市。劉燕翼同江浙商幫的宿老們商量後決定向各國銀行貸款三百萬兩。可是三百萬兩實在是杯水車薪，可是極少有銀行向上海提供大筆貸款，劉燕翼同商人們再次開會，決定向有膽識的匯豐銀行求助。匯豐銀行同意商人們用私人產業提供擔保再貸二百萬兩，前提是由地方政府擔保背書。張人駿同時承諾發行三百萬兩的政府債，提取部分款項償還正元錢莊三大坐莊聯盟所欠莊票。

江蘇諮議局的議員們從報章上看到再借洋款救市的消息後，立即給在上海維穩的張人駿發電報：云報載借洋款三百萬兩由寧籌還，有無其事？乞速賜覆。張人駿正在上海為貸款問題同國際銀行家們討價還價，一旦回覆雙方正在商洽貸款，諮議局一定會從中阻撓。張人駿以公務繁忙，所帶書吏「不敷繕寫」為由，將諮議局的電報壓下來不予回覆。諮議局的議員們立即情緒高漲，再次審議《借款維持市面質問案》。議員們提出，貸款救市不是機密，兩江總督應該答覆諮議局，若兩江總督認為必當祕密者，應將大致緣由聲明。

張人駿沒有理會議員們的質問，更沒有將 1911 年 11 月 4 日決議的《借款維持市面質問案》中關於總督借款代還商錢違法問題當一回事。張人駿回到南京後，發現貸款救市問題已經演變成了政治問題，巡撫程德全將蔡乃煌「擅自」借洋款的責任全推到自己頭上。張人駿於 11 月 10 日給江蘇省諮議局回覆，自己批准了蔡乃煌借洋款，根本原因是「當日蔡革道面稟浮混之詞」，自己也是蒙在鼓裡。

江蘇省諮議局的議員們對張人駿的含混之詞很不滿意，於 11 月 15 日給軍機處的電報中憤懣地寫道，鴉片戰爭以來從未有任何合約規定中國政府應

亡國的股災（三）

該代商人償還洋債，身為南洋通商大臣的張人駿「應該知道藩籬一撤，以後洋商就有藉口，而且錢莊也會肆無忌憚」。議員們追問張人駿，「何不博詢士紳，或照章召集常駐議員詢考」，「竟據一面之詞准予出奏」，身為兩江總督的張人駿難道也「確信商欠洋款應由國家代償」？

張人駿對諮議局議員們的輕視令這一幫唇舌之士怒火中燒，他們的一紙電報將張人駿告到了攝政王那裡。當江蘇省諮議局的電報呈送到攝政王手上時，攝政王正為速開國會問題焦頭爛額，載澤的政治盟友隆裕太后在御前會議上批評攝政王的執政能力。載澤也到資政院的預備國會上演講，提醒資政院的精英議員們，「財政困難已達極點」，現在度支部只能「就節流的辦法，會商各省督撫，會同籌度」。兩江的地方官們開了舉債替商人還債的惡例，簡直就是有礙憲政進行。

資政院的議員們已經令攝政王頭疼不已，江蘇諮議局的議長張謇在士林中一呼百應，已經成了憲政領袖，在張謇的鼓動之下，全國各地的立憲激進分子進京請願，他們要求中央速開國會，激進者在攝政王府前靜坐示威，更有甚者割股血書。攝政王擔心兩江政府出錢替商人還債的消息傳開，將加劇民眾同政府的對立，活躍在江南一帶的革命黨就會乘虛而入，惶鼓激進的議員同政府作對。攝政王接到江蘇諮議局電報的當天，立即下令軍機處給張人駿致電詢問貸款救市事。

軍機處的電報令張人駿惶恐，攝政王親自過問蔡乃煌借款救市，自己不能再向搪塞議員們那樣含混其詞了。當天，接到軍機處電報的張人駿回電北京，並以致軍機處電稿答覆江蘇省諮議局，上海錢莊票號倒閉引發市面危機，兩江總督府的裕寧官銀號、裕蘇官銀號也被擠兌，「岌岌已有停止交易者，商情益為惶駭，各處匯兌不通，浸淫及於長江一帶」。當時情勢刻不容緩，不能拘泥定章，延誤大局，在籌唯乏策之下，只有派員與各國銀行商議借款，各國銀行最大限度貸款三百萬兩。

張人駿的答覆令諮議局的議員們相當憤怒，兩次借款都沒有交諮議局決議，張人駿將諮議局當成了議員們發牢騷的場所。為了保護諮議局權限，預

最初的國會
晚清精英救國之謀 1910～1911（修訂版）

防督撫濫用權力，江蘇諮議局於 1910 年 11 月 23 日上呈《呈請資政院核辦議決張督堂違背法律並侵奪諮議局權限案》，彈劾張人駿在以正元為首的三大股票坐莊錢莊倒閉時偏信了蔡乃煌的矇混之詞，私自同意蔡乃煌借洋款代商人償債違法，事後又將責任推卸給蔡乃煌。更嚴重的是，張人駿 10 月在上海直接同國際金融機構商洽三百萬兩借款，侵奪了諮議局決議權限。

兩江簡直亂成了一鍋粥。

江北數萬饑民結隊南下，張人駿派出軍隊截留江北難民，程德全的巡撫駐地蘇州及常州各地駐軍以「寡不敵眾」為由拒絕執行總督的命令，江北治安一片混亂。江北的四五萬饑民圍城，巡撫駐地的「兵丁拍手大笑而散」，「清江鎮兵正在這時候意在謀叛」，饑民在惡棍們的鼓噪之下搶奪了海州的麵粉、油餅公司。張人駿派出專案組調查後，將饑民哄搶定性為一般的爬搶事件，被搶公司的議員代表彈劾張人駿「偏聽授意，任情違法，摧殘實業」。

江蘇諮議局議長張謇曾經是光緒年間的狀元，戊戌變法後開始潛心實業救國。饑民哄搶公司產業，令張謇心有戚戚。攝政王監國一直在國際上樹立改革的良好形象，可是兩江的軍隊在饑民哄搶現場拍手大笑，簡直就是「縱容徒棍擾害地方」，張人駿沒有按照《大清律》將搶奪村市的不法之徒治以絞刑之罪，反而以公司「率行開槍，傷斃九人」為由將公司經理革職法辦。資政院的議員們接到江蘇諮議局的報告大憤，痛批張人駿「大背朝廷振興商務之至意」，議員們在預備國會現場厲聲質問張人駿「一味摧殘」實業，不知是何居心？

饑民問題已經威脅到攝政王新政府的穩定，山東、江蘇、湖北數地均發生了饑民圍城、哄搶的群體性事件，在革命黨的惶鼓之下，不少地方的群體性事件已經上升為武裝的政治敵對狀態，嚴重地擾亂了地方治安，成為新政府最不穩定的因素。兩江作為滿清政府稅賦膏腴之地，饑民破壞了地方穩定，股民擾亂了金融市場。張人駿是地方督撫唯一站出來明確反對速開國會的封疆大吏，現在江蘇和北京的議員們將饑民問題上升到破壞國家實業改革的高度，股災救市問題更是破壞了憲政的遊戲規則。

亡國的股災（三）

　　張人駿越來越覺得不對勁，諮議局的議員們將火燒到了北京，江蘇巡撫程德全給攝政王的匯報是「督部堂主政」，將蔡乃煌以及第二輪的貸款全部責任推給了張人駿。張人駿於 11 月 26 日給諮議局進行了詳細的回覆，蔡乃煌身為上海地方政府的主官，當時三大錢莊倒閉，事機急迫，「全滬岌岌，間不容唤，時機一誤，勢將不可收拾」，而「本部堂身任疆寄」，豈能在關鍵時刻「置大局於不顧，持異議以掣其肘」。張人駿對批准蔡乃煌的救市覺得自己是「加以辨證，已屬特別審慎」。

　　借款的決定到底是誰做出的？身為蔡乃煌的直接上司，巡撫程德全已經洞察了度支部彈劾的真正的目的，張人駿站在憲政改革者的對立面，面對諮議局的指責和控告，張人駿不能將自己推到政治的靶心之中，他在給諮議局的回覆中將上海商會推到了櫃檯，兩次借款都是商會聯席會議的決策，作為滬商全體機關，「例無不認之理」，蔡乃煌為各商家「倚以為請，當抱注無從」，「事關臨時政策，不能俟召集議員從容辦理」。

　　商會是一個商人之間的自治組織，在國際上貸款沒有地方政府的信用背書，國際銀行家們是不可能在金融風潮襲來時貸款給大清商人的。江蘇諮議局中以張謇為首的議員深諳官場遊戲規則，張人駿非常清楚自己的說辭自然不能令議員們滿意。張人駿在給諮議局的回覆中抬出了攝政王做擋箭牌，蔡乃煌「擅自」借款救市之前，兩江政府已經向北京進行了緊急匯報，貸款救市的一切決策皆是「奉旨慎防流弊」，作為兩江總督自己只是「欽遵轉飭辦理」，貸款救市均是蔡乃煌「同商會奉行之責」。

　　張人駿連續的解釋沒有能讓江蘇諮議局的議員們滿意，他們沒有撤回對張人駿的彈劾。1910 年 12 月 2 日，資政院成立了以宗室長福、議員羅傑、議員易宗夔等十八名議員的特別事件審查股，宗室中的鎮國將軍、軍機大臣毓朗之弟毓盈擔任股長。特別事件審查股的議員中，不少議員畢業於日本法政大學、早稻田大學、日本警察學校等，還有不少出生翰林，遊歷歐美，是憲政改革的激進分子。12 月 6 日，特別事件審查股召開股員審查彈劾案，最終決定將彈劾案提交資政院預備國會審議。

最初的國會
晚清精英救國之謀 1910～1911（修訂版）

　　兩江總督的北京坐探第一時間將資政院的消息告知了張人駿。1910 年 12 月 10 日，張人駿再次給江蘇諮議局陳情蔡乃煌「擅自」貸款問題：「滬道（蔡乃煌）與周道（周金箴）來轅面陳上海市面岌岌可危，外國銀行迫收莊票，只能靠借款維持市面，況且與兩位道台反覆討論，要還清借款也不難。」蔡乃煌和周金箴信誓旦旦，有上海殷實商人用產業提供抵押擔保，他們一定能夠還清貸款，政府擔保只是一種信用背書。

　　輿論早已對救市過程中的政府信用背書大不以為然：「今日上海之市面借外款以救目前之急，由商人交易而入國際矣。自後外商又得一國家之保險，而倒帳者可以更加膽大妄為也！然而正當之商家其難矣哉！」輿論譴責讓政府為商人的商業行為買單的做法，無論是蔡乃煌還是張人駿，他們用政府信用為商業貸款提供擔保的做法簡直就是曲突徙薪，各國政府一旦將兩江的政府擔保行為默認為外交商業政治，那麼張人駿的決策無異於引狼入室。

　　張人駿在陳情中強調，自己只是答應代蔡乃煌和上海商會向北京奏請借款。張人駿將蔡乃煌「擅自」借洋款的決策責任推的一乾二淨，意在挽回自己在兩江的聲譽。江蘇諮議局的議員們沒有寬恕張人駿，資政院預備國會的彈劾案如期進行，張人駿同諮議局的往來文件成了預備國會審查彈劾案的證據。12 月 13 日，特別事件審查股股長毓盈在提交預備國會的報告中認定：「兩江總督張人駿蒙借外債代商人償還虧倒欠洋行之款，確有侵奪諮議局權限及違背法律情事。」

　　毓盈委託江蘇籍民選議員方還宣讀將特別事件審查股的審查報告，報告中彈劾張人駿在蔡乃煌第一次借款和決定劉燕翼第二次借款均未交諮議局決議，「顯系侵權違法」。特別審查股彈劾的理由是：「中國向來沒有官吏替人民還債的責任，並且洋商將來借款皆以為官吏代還，而不肖商民也恣意借債，倚仗官吏可以代還，將來關係實在很大。」特別事件審查股提醒預備國會全體議員，張人駿的行為「實在違背法律侵奪權限，是關係全國事情」。

　　江蘇籍議員許鼎霖揭開了一個更令人震驚的內幕：橡膠股票瘋狂時，「江蘇士紳看破是買空賣空且系賭博性質，實在是一種流氓騙人事情，曾向兩江

亡國的股災（三）

總督張人駿說明，請其禁止，將來市面實不得了」，可是張人駿沒有採信江蘇士紳精英們的建議。橡膠股票崩盤後，正元錢莊的老闆陳逸卿「以為華人的帳可以搪塞，洋人的款必難支吾。」寧波出生的陳逸卿找到了在兩江總督府當幕僚的同鄉李子川，請李子川在張人駿面前遊說代還洋款。

陳逸卿讓李子川在張人駿面前說：「現在市面甚為恐慌，應請籌借款項維持市面，非五百萬兩不能周轉，若是借得洋款，將來市面維持好了，可以享大名。」許鼎霖就是被搶的海豐麵粉公司股東，他批評張人駿在兩江「做的天怒人怨」，「與江蘇人感情很壞」。李子川一遊說，張人駿「亦樂得借此一舉，見好商民，挽回以前惡感」，於是命蔡乃煌和周金箴照他的意思去借洋款。許鼎霖相當激動地連發數問：「上海市面被洋人拿去幾千萬現銀子，何以要江蘇全省人民替一個寧波人彌補虧空？試問世界上有這種公理沒有？」

張人駿的借款救市激怒了資政院的議員精英們，江蘇不是第一個，也絕不是最後一個不拿議員們當回事的跋扈官員。就在議員們彈劾張人駿之時，山東勸業道以「勸業道」三個字的名義，向德國人借款兩百萬，名目依然是維持市面。議員王佐良毫不留情地彈劾山東勸業道的行為就是為「一己私利」，他很好奇「這債是勸業道還，還是人民還」？王佐良對大清官僚集團已經絕望了，別說兩江總督侵權違法了，「一個勸業道就這樣子借債，將來各督撫借債必定無底止」。

「現在各省督撫借洋款為什麼呢？」議員于邦華一針見血地拋出一個令人觸目驚心的真相，「自有國會縮短年限的上諭」，「正當財政困難之際，內政未修，外交棘手，各省督撫一切不顧」，「他要趁此一二年中，出公家名義，借外國人之巨款，飽一己之私囊」，因為「借外債即按九五（折）扣計算，如果借一百萬他就有五萬，一千萬他就有五十萬」。議員吳賜齡警告，張人駿借外債代還商款是給外國人掠奪中國財產的一個危險政策，若不顧條約替私人還洋款「此端一開，我們中國就可以立刻破產」。

議員們義憤填膺譴責地方督撫們借洋款的背後，他們將矛頭真正對準的是度支部的載澤。陳邦瑞逼宮蔡乃煌時，載澤和政治盟友盛宣懷正在同美國

最初的國會
晚清精英救國之謀 1910～1911（修訂版）

駐華公使嘉樂恆密探一筆巨額借款，這一筆以幣制改革之名的借款以「尚未抵押出去的關稅和鹽金為擔保」。議員羅傑質問度支部特派員婁思誥，度支部應該早已查悉上海借款之事，「究竟是歸國家還，還是歸地方還」？羅傑給度支部下套，如果歸國家還，度支部不提交資政院就是違背資政院章程，如歸江蘇還，兩江總督不交諮議局則違背諮議局章程。

載澤沒想到自己一石二鳥之計現在燒到了自己身上。江蘇巡撫程德全將責任全部推給了張人駿，在「還國債運動中」張人駿站到了民族主義者的對立面，這一次憲政改革最大空頭的張人駿成了資政院那些議員們的活靶子。資政院那一幫「激進」的民族主義者在歐美列強眼中就是一群「毫無訓練的政客」，可是他們這一次「叫嚷著要行使權力」，他們咒罵政府借外債的一切行為，他們堅信上海連番借洋款救市不是兩江總督一個人能夠決策的，兩江總督的背後一定有更大的人物。

羅傑議員曾經混跡於軍界，畢業於日本法政大學，北上資政院前是湖南諮議局審議長，深諳滿清官場的潛規則，借洋款救市追責過程中程德全同張人駿相互推卸的背後，掌握帝國財政大權的載澤一黨豈能不知決策經過？度支部一直強硬地要求蔡乃煌歸還戰爭賠款，為何在借洋款的彈劾案中毫無反應呢？在「激進」的議員們看來，度支部急於切割蔡乃煌挪用戰爭賠款和借洋款的行為是詭異的。載澤意識到，羅傑質問的目的性很強，只是此時他們並不知道度支部的貨幣改革貸款是同美國人的祕密談判。

婁思誥秉承載澤的意思，將上海借款救市的責任全部推給兩江總督張人駿：兩次借款都不是度支部上奏的，「是由兩江總督電奏奉特旨準的」，至於償還一層，「據原奏聲明歸本省分年償還」。吳賜齡議員聽後拍案而起，「若都不顧條約，替私人還洋款，這個南洋大臣可以如此，各省督撫亦可以如此，於中國前途殊大有危險」。吳賜齡擔心列強將張人駿的主張上升為外交政策潛規則，那樣一來列強就會讓中國財力枯竭，中國就真的「不亡而自亡了」。資政院的議員們覺得這不是江蘇一省的事，關係中國前途，希望「皇上宸斷」。

張人駿「悍然不顧」諮議局的章程，挑戰諮議局的權限，「若不奏請明降

亡國的股災（三）

諭旨加以處分」，資政院的議員們擔心「恐怕不但江蘇一省如此，將來各省也都傚尤了」。易宗夔和林紹箕議員主張上海借洋款救市的償還由兩江總督張人駿自己負責。王佐良擔心上海借洋款的問題會招致國際政治外交，建議：「以後無論督撫司道，非經諮議局議決後上奏旨允准，不得私借外債。」資政院議決張人駿兩次借款違法，侵害了諮議局權限，主張對張人駿的行為予以嚴懲。

諮議局的權限是資政院在北京權力中樞的基石，將官僚集團的公共行政管理權限關進憲政的籠子裡，資政院才能獲得法律上的絕對權威，資政院議長溥倫決定親自操刀撰寫彈劾張人駿侵權違法的報告。溥倫希望攝政王「飭下兩江總督張人駿將第一次所借外債代還洋款者，應令其如數擔償，絕不能由國家和人民擔其責任，以符約章而塞禍源」。對於江蘇省諮議局最為關心的第二次借款由本省償還問題，溥倫在給攝政王的彈劾報告中建議，「至於第二次所借外債，是否由本省應辦之公債，應照章交付諮議局議決辦理」。

羅傑議員有著湖南人的倔強，在彈劾張人駿案決議結果出來後，羅傑還是沒有放過對度支部的質問。羅傑詢問議長溥倫：「本員要質問度支部的還沒有說完，可否質問？」溥倫曾經與皇位失之交臂，資政院成為他在樞廷立足的最大根基，他自然樂見議員們「行使權力」質詢清執政集團的任何黨閥領袖。在溥倫的明確肯定下，羅傑希望度支部的特派員能夠回答度支部在上海借款救市案中的角色問題，度支部特派員徐文蔚很機巧地回覆說：「質問行政大臣事件，照章應由行政大臣答覆。」

載澤第一時間掌握了資政院議員們義憤填膺的決議，他對「湖南騾子」羅傑對度支部窮追猛打相當頭疼，現在度支部已經不是要打擊攝政王兄弟棋子的問題了，必須在第一時間站到民族主義者一邊彈劾張人駿，因為度支部推出的整體財政改革計劃需要資政院那幫議員們的支持。載澤以度支部尚書的身分給攝政王寫了一份彈劾張人駿的報告，參劾張人駿「擅自」決策借洋款救市「所為殊屬不合」，簡直就是藐視王法，攝政王曾經批示了度支部的新規，「凡各省擬借外債，無論多寡，並先商由本部核準，不能擅借」。

最初的國會
晚清精英救國之謀 1910～1911（修訂版）

　　攝政王還沒有硃批資政院和度支部的彈劾報告，議員們又開始懷疑張人駿在兩次救市貸款過程中涉嫌貪腐，希望外務部和度支部就國際外交、借款陳例以及上海救市問題進行詳細調查。無論是侵權違法、貪汙腐敗還是國際外交，都事關清政權的安危，外務部、度支部迅速組成了聯合調查組，派員赴南京和上海調查張人駿兩次貸款細節。張人駿一看度支部、資政院和諮議局三面圍攻，憤恨地向攝政王提交了辭職報告。張人駿還沒有意識到，一場更大的風暴正在席捲而來。

亡國的股災（四）

蔡乃煌逃跑了。

張人駿的辭職報告送抵攝政王手上時，張人駿「為監國所倚重，頗有倚任之意」。度支部和外務部的調查組見攝政王沒有批准張人駿的辭職報告，洞悉攝政王有袒護張人駿之心。當時攝政王剛剛宣布宣統五年召開國會，各地督撫還不依不饒，放縱轄區的激進分子到北京請願，攝政王再三警告均不奏效，當時只有張人駿冷眼看憲政，攝政王有用張人駿箝制那些激進的憲政派督撫們。

度支部和外務部的調查組迅速將調查上海借款救市的報告提交給攝政王，結論是兩江總督張人駿「當時因迫於維持上海市面，故未及交議，並非故背局章」。張人駿當時長舒一口氣，向度支部提議不要催逼蔡乃煌的欠款，因為蔡乃煌所欠款項已經有著落了，如果加緊催繳反而橫生枝節。度支部同意了張人駿的請求，張人駿在回覆江蘇諮議局時抬出了度支部「奉旨準行」的大旗，諮議局只有「奉旨毋庸議矣」。

張人駿覺得「大風雲散歸烏有」之時，突然找不到蔡乃煌了。

當時，蔡乃煌虧欠官府款項高達六百多萬兩，有抵押的只有三百多萬兩，還有三百多萬兩沒有抵押物。資政院的議員們彈劾張人駿期間，度支部已經給攝政王提交了一份措辭嚴厲的彈劾報告，蔡乃煌身為地方行政長官「玩誤要款」，在辦理上海救市的過程中「罔利營私、居心狡詐」，簡直就是一個「不顧大局」的庸劣之徒。蔡乃煌的行為與張人駿向攝政王的匯報「諸多不符」，建議派江蘇巡撫程德全「將該道經手各款確切查明」，如果蔡乃煌「儻逾限不繳，將押解進京交刑部」。

最初的國會
晚清精英救國之謀 1910～1911（修訂版）

　　蔡乃煌逃跑之前一直在籌集款項，可是載澤發現資政院的議員們將矛頭對準張人駿時，同時對準了度支部，度支部一石二鳥的鬥爭策略落空，還招惹上蔡乃煌借款救市的麻煩。載澤決定先下手為強，在彈劾張人駿之前，將蔡乃煌歸還欠款的日期由之前的兩個月限期縮短為一個月，同時讓一直想置身事外的江蘇巡撫程德全專案調查蔡乃煌。載澤之心昭然若揭，壓縮了還款期限，蔡乃煌豈能在期限內還款？蔡乃煌一旦不能如期還款，程德全將落得個庸頑之罪，度支部就可以名正言順彈劾程德全。

　　資政院議員們的憤怒和度支部的彈劾將張人駿逼到辭職地步，蔡乃煌已經是心驚肉跳。蔡乃煌在兩江官場人緣太差，他管轄的江海關奉旨管理巨額的庚子賠款，時任江蘇巡撫陳啟泰試圖進行地方財政改革，蔡乃煌自恃「中樞有人」，嘲笑陳巡撫「不明時局」，陳巡撫一怒彈劾蔡乃煌「類似漢奸」。慈禧太后一度命兩江總督端方調查，端方以「厄於陳蔡之間耳」拖延不查，蔡乃煌大罵陳巡撫「叉八圈之麻雀，橫一榻之烏煙」。程德全豈能重蹈陳啟泰活活被氣死的覆轍？總督都深陷漩渦之中，官場同僚開始袖手旁觀。

　　孤獨的蔡乃煌沒想到度支部縮短了還款期限，自己就是砸鍋賣鐵，一個月也還不了巨額的欠款，甚至連抵押物都湊不夠。蔡乃煌自知「難逃追究」，「遂將上海所有存款收回，私行潛逃」。攝政王挽留張人駿後，張人駿欲將度支部、外務部調查組結論告知蔡乃煌，發現找不到蔡乃煌，立即徵詢負責調查蔡乃煌經濟問題的程德全，程德全一聽傻了，立即聯手張人駿向度支部發電報。載澤第一時間收到了江蘇的電報，江蘇方面希望度支部明示下一步辦法。

　　蔡乃煌在程德全負責調查期間逃跑令載澤相當意外，蔡乃煌一案一直是度支部挑頭督辦，現在主角兒跑了，一旦蔡乃煌逃跑消息公開，地方官員跑路形成風潮，攝政王一定會拿度支部開刀。載澤譴責張人駿和程德全失職的同時，不敢立即將蔡乃煌逃跑消息上報攝政王，在給江蘇方面的電報中相當謹慎：「蔡革道虧款甚巨，貴督既未能追繳補償，復行疏忽致彼潛蹤遠颺，本大臣為慎重公款起見，實無別法，唯有暫行緩奏。貴督撫當自行設法彌補

亡國的股災（四）

虧款。」

　　載澤試圖隱瞞蔡乃煌潛逃的消息，已經落下監控不力話柄的程德全可不想一錯再錯，張人駿也不想替載澤遮掩，程德全立即聯合張人駿向攝政王發電報，措辭相當謹慎，「革道蔡乃煌擅自離滬」。江蘇的督撫二人向攝政王建議「請將革道蔡乃煌鮮有押產，交由各省大清分銀行，確查估計，分別變價催贖」。電報中，江蘇督撫請求攝政王簽署通緝蔡乃煌的命令，在全國範圍內通緝蔡乃煌。

　　攝政王一看江蘇地方長官們的聯名電報，當即硃批：「蔡乃煌虧款甚鉅，未經完結，私自逃匿，殊屬膽玩已極，著民政部、步軍統領衙門、順天府、各省督撫，一體嚴緝務獲，解交張人駿等嚴行監追，認真究辦。」攝政王對兩江地方政府長官相當不滿，同時責成張人駿、程德全、劉燕翼督同縣廨，「勒限緝拏，務獲究追，該督撫亦不得置身事外」。攝政王對載澤隱匿蔡乃煌潛逃訊息亦不滿，批示讓載澤按照江蘇方面的建議加速回收公款。

　　程德全接到攝政王的批示如坐針氈，作為蔡乃煌的頂頭上司，一直領導專案組在調查蔡乃煌的經濟問題，程德全對蔡乃煌在調查期間潛逃負有不可推卸的責任。攝政王的批示令載澤也是如芒在背，江蘇官場如果追討不回蔡乃煌的欠款，在庚子賠款這一項的國家任務面前，只能度支部買單。度支部對江蘇官場的失職進行了強烈譴責，嚴令程德全緝捕蔡乃煌，追討欠款。當時江蘇的財政已經一貧如洗，程德全只有咬牙拿出30萬金，懸賞緝捕蔡乃煌。

　　重賞之下，消息源源不斷傳到巡撫衙門。

　　蔡乃煌逃到青島去了。青島名義上是山東巡撫的地界，可是青島早已成為德國人的天下。令程德全頭疼的是，當時陸軍部正在同德國祕密談判陸軍改革合作計劃，江蘇巡撫貿然向德國人提出引渡，很容易引起國際外交麻煩。更要命的是，儘管北京同柏林關係密切，可是兩個國家沒有簽署引渡條約。程德全試圖透過山東巡撫孫寶琦斡旋，孫寶琦曾經出任駐德國大臣，也同德國就青島歸還問題進行了長時間磋商，可孫寶琦是袁世凱的政治盟友，

199

最初的國會
晚清精英救國之謀 1910 ～ 1911（修訂版）

豈能在敏感時期在德國人的地盤緝捕袁世凱的黨羽？

程德全最終選擇了直接同德國青島總督交涉，當時德國青島總督特魯伯將軍退休，海軍上校黑乃爾暫時代理總督職務，黑乃爾只想平穩度過他的代理總督日子，特魯伯將軍退休就是因為主管青島事務的德國海軍部國務祕書蒂爾皮茨的彈劾，黑乃爾可不想在沒有引渡條約的情況下讓蔡乃煌問題斷送自己的政治生命。程德全眼睜睜看著蔡乃煌在青島逍遙，自己頂著攝政王和度支部的壓力無能為力，程德全硬著頭皮找到山東巡撫孫寶琦。

程德全同黑乃爾交涉期間，攝政王簽署的全國緝捕蔡乃煌的命令已經到了山東巡撫衙門。孫寶琦立即同黑乃爾進行談判，一開始黑乃爾拒絕了孫寶琦的談判。正在這時候，曾經出任過代理總督的德國海軍上校瓦爾代克被任命為新總督，瓦爾代克一直協助特魯伯管理青島事務，對孫寶琦印象良好，考慮到攝政王的密使正在柏林同德國皇帝洽談合作，瓦爾代克從兩國邦交的大局出發，同意將蔡乃煌引渡交給攝政王政府。

聽聞德國駐青島新總督要將自己交給滿清政府，蔡乃煌當時汗如雨下，連夜攜帶金銀細軟逃亡海外。一直沒有出過國的蔡乃煌不敢逃亡到歐美，只有向清朝周邊國家逃亡。當時印度、緬甸是英國人的殖民地，老撾、越南是法國人的殖民地，朝鮮是日本的殖民地，留給蔡乃煌的只有獨善其身的暹羅。蔡乃煌逃到了曼谷時，德國駐青島總督瓦爾代克的衛隊才去查抄蔡乃煌在青島的據點，最後只能很遺憾地告訴孫寶琦和程德全，蔡乃煌據點已經是人去樓空了，程德全當時絕望了。

蔡乃煌逃跑後，三百多萬兩的政府欠款徹底成了爛帳，度支部無法向攝政王交差，一石二鳥之計成了載澤的燙手山芋。灰頭土臉的載澤正愁眉苦臉想策略應對攝政王追責之時，度支部突然得到一個祕密訊息，川漢鐵路駐京總理喬樹柟到了漢口，同署理湖廣總督王乃徵進行了祕密會晤。喬樹柟同王乃徵商議在漢口設立鐵路銀行，將川漢鐵路剩餘的股款存放在鐵路銀行。喬樹柟主張川籍湖北候補道台施紀雲「總辦其事」。

川漢鐵路可是出了大事。

亡國的股災（四）

　　正元錢莊老闆陳逸卿在橡膠股票崩盤後被蔡乃煌逮捕，川漢鐵路駐上海總理施典章慌了，因為當時川漢鐵路有八十多萬兩的股款存在坐莊橡膠股票的正元等三錢莊裡，陳逸卿將鐵路股款全部買了橡膠股票。股東們聽聞施典章「濫存路款」，立即陳請四川總督趙爾巽專案調查施典章。趙爾巽當時給程德全發電報，希望程德全「嚴諭蔡道切實押追歸款」。沒想到蔡乃煌「代借他款先償洋款」，施典章走投無路之時請求保釋陳逸卿，讓陳逸卿出獄還債。當時蔡乃煌彈劾施典章干涉地方長官查辦專案。

　　蔡乃煌潛逃前一門心思籌錢還欠款，痛斥施典章堅持華洋債務「持平辦理」的主張為「鼓動風潮」，川漢鐵路的股東們對蔡乃煌「漠視路款」的行為相當憤怒。四川總督趙爾巽致電軍機處，意欲派員到上海調查路款倒帳問題，當時江浙的金融風潮已經席捲京城了，軍機處同意了四川總督異地辦案的行動。趙爾巽在喬樹枏隻身赴上海查帳時，派施紀雲赴上海川漢鐵路駐滬辦事處專案調查。

　　1910 年 10 月 16 日，四川京官開股東會，喬樹枏知道出席會議沒有好果子吃，拖延不到場，股東們揚言要「齊聚喬宅」。喬樹枏無奈到場，股東們連珠炮的問題令喬樹枏苦不堪言，支吾推責，「公司三權分立，於己無關」。四川總督派出的幾位查帳董事調查發現，施典章「經理無法」，憤怒的在京川籍官員股東們譴責喬樹枏，「徒縻薪費，不作一事，及委任施典章經理股款虧倒兩百萬兩」。在京四川同鄉政、商、學界召開川漢鐵路維持大會，欲向攝政王控告喬樹枏。

　　載澤抓住了這一難得的機會。

　　度支部主事杜德輿聚合一批川籍京官，向都察院彈劾三品官喬樹枏聯合施典章共同串騙川漢鐵路股款。都察院一看杜德輿他們彈劾的是三品大員，拒絕將彈劾報告向攝政王代奏，只咨行郵傳部代查。杜德輿立即向郵傳部上呈彈劾報告，希望有監督之權的郵傳部應該罷黜喬樹枏的總理職務，提醒「施典章有巨款，恐其攜款逃跑」，請求郵傳部致電江蘇巡撫程德全，將施典章逮捕，郵傳部再咨行四川總督專案調查。

最初的國會
晚清精英救國之謀 1910～1911（修訂版）

　　四川總督趙爾巽的彈劾電報很快到了郵傳部，趙爾巽指控川漢鐵路股款被倒，喬樹枬罪不可恕，請求郵傳部將喬樹枬撤職。四川潼川人、內閣侍讀學士甘大璋直接向攝政王上書，揭露川漢鐵路倒款根源是喬樹枬任人唯親，經理、財務等管理人員多為喬樹枬親友，管理層營私貪墨，請求郵傳部派員監察，徹底追繳虧倒款項，逮捕違法官員治罪，「以伸國法息公憤」。四川和北京兩股政治力量合圍喬樹枬，目標直指郵傳部，這令載澤欣喜若狂。

　　郵傳部尚書唐紹儀早在朝鮮就是袁世凱的書記官，袁世凱總督直隸期間開始重用唐紹儀。在同英國談判西藏問題之時，作為袁世凱助手的唐紹儀以全權議約大臣身分挫敗了英國分裂西藏的陰謀，袁世凱奏請晉升唐紹儀為外務部右侍郎。晉升為中央高級幹部的唐紹儀成為袁世凱操控北京政治的重要同盟，甚至在攝政王罷黜袁世凱後，唐紹儀於1910年全權掌管郵傳部，為袁世凱的北洋集團看護鐵路、航運、電報、銀行等龐大的工商業。

　　攝政王一直對袁世凱的北洋集團耿耿於懷，罷黜歸鄉的袁世凱依然是北洋集團的靈魂領袖，削弱北洋在軍政界的力量一直是攝政王的計劃。蔡乃煌已經成了北洋集團的喪家之犬，蔡乃煌潛逃讓施典章的問題成了郵傳部的政治問題，郵傳部一開始下令江蘇巡撫程德全追查川漢鐵路倒款，在東北受制於北洋集團的程德全拖延郵傳部的命令，只要川漢鐵路股款追不回，攝政王就可將郵傳部的北洋勢力定點清除。

　　載澤對郵傳部的北洋資產虎視眈眈，金融、實業納入自己旗下，競爭責任內閣總理將有了堅實的財力基礎。攝政王定點清除郵傳部的北洋勢力，誰能夠真正接管郵傳部呢？攝政王兄弟的黨羽多為軍政界的官僚，憤怒的四川人已經將郵傳部推向了火山口，他們豈會在敏感時刻接盤郵傳部這個燙手山芋？載澤有信心將郵傳部控制在自己的旗下。沒錯，盛宣懷，一個挖空心思走了鎮國公門子的技術官僚，現在已經成了載澤的鐵桿政治盟友，北洋集團的金融和實業都是盛宣懷多年的心血，只有盛宣懷才能在危急時刻管控好龐大的北洋產業。

　　載澤準備給郵傳部添一把火，幫助攝政王清除在郵傳部的北洋勢力。

亡國的股災（四）

　　郵傳部尚書唐紹儀正在病休期間，度支部主事杜德輿聯合 70 多名川籍京官，鼓動資政院議員劉緯、李文熙向資政院提交議案，將川漢鐵路倒款提交預備國會議決。杜德輿一行人的行動嚇壞了郵傳部路總局局長梁士詒。梁士詒是袁世凱總督直隸的文案祕書，袁世凱遭遇罷黜之前已經扶搖直上成為中央高級官員，掌管鐵路、金融領域。喬樹枏一旦落馬，身為鐵路總局的長官，梁士詒將成為政敵們攻擊的重點。在唐紹儀病休期前，梁士詒已經代喬樹枏在高層進行了祕密運作，試圖保全喬樹枏。

　　蜀中「五老七賢」們聽聞郵傳部在搞祕密政治，以畫家楊重岳為首的一幫地方精英千里迢迢進京，苦苦在攝政王府前守候，終於有一天在攝政王出府時攔住了攝政王的肩輿。楊重岳將控告喬樹枏營私舞弊、虧倒路款的狀子遞給攝政王，步軍統領衙門立即逮捕了攔輿告狀的楊重岳，提督烏珍耐心地聽聞了楊重岳的陳說，按照攝政王的吩咐將楊重岳的控狀轉交大理院。同時，在京川籍官員鄧鎔一行立即向都察院遞交彈劾喬樹枏的奏章，要求撤銷喬樹枏的職務並追收欠款。聽聞攝政王過問川漢鐵路倒款案的都察院也立即答應代奏。

　　梁士詒在郵傳部成了孤家寡人，在攝政王載灃的介入之下，杜德輿、楊重岳為首的川籍精英們彈劾喬樹枏貪腐路款被大理院立案。1910 年 12 月 4 日，大理院開庭審訊喬樹枏貪腐案，身為三品官的喬樹枏拒絕到法庭對質。在京川籍官員立即致電四川總督趙爾巽，希望總督能夠向郵傳部施壓。第二天，趙爾巽致電郵傳部，譴責川漢鐵路倒款案中喬樹枏「難辭其咎」，請郵傳部撤掉喬樹枏的總理職務。

　　川漢鐵路駐漢口總理李稷勳受四川總督趙爾巽之命到上海再度成立調查專案組。李稷勳一到上海立即召開專案組會議，調查發現施典章虧倒路款高達二百多萬兩，川漢鐵路股東們提議將施典章交官府查辦，為防止施典章家族賴帳，建議查封其家產。喬樹枏給郵傳部提交了一份答辯狀，拒絕承認施典章是自己任命的，自己不能承擔施典章虧倒路款的責任。梁士詒立即抓住把柄，川漢鐵路在成都、漢口、北京的三位總理是原四川總督奏請，川漢鐵

最初的國會
晚清精英救國之謀 1910～1911（修訂版）

路已經是商辦，郵傳部不得不走程序批准任命，施典章的問題郵傳部只能代為追償。

攝政王一看川漢鐵路倒款案在中央、地方之間相互踢皮球，硃批讓郵傳部徹查。

1910年12月13日，攝政王下令郵傳部徹查川漢鐵路股款倒款案，郵傳部派出的專案組很快查出：陳逸卿為首的三大橡膠股票坐莊聯盟錢莊共虧倒一百四十萬兩，利華銀行借款六十萬兩，施典章購買英國商人麥邊的藍格志拓殖公司（Lan Kets）股票五十五萬兩。川漢鐵路股款存於上海的總計三百五十萬兩，施典章一次性虧倒二百五十萬兩。專案組將施典章逮捕，司法審判監禁三年，罰金一萬兩，賠償川漢鐵路股款三十萬兩，勒令兩年內繳足，否則改為終身監禁。

郵傳部的調查令川漢鐵路的股東們相當失望，施典章只是一個小角色，三十萬兩的賠償豈能挽回巨額的損失？案子最終鬧到了資政院，曾經留學德國的川籍議員李文熙御史出身，在資政院是有名的刀子嘴，在杜德輿為首的川籍京官的彈劾下，早已對北洋集團操控的郵傳部深惡痛絕。李文熙警告攝政王，川漢鐵路不是四川一省的問題，「實關西南大局，若川漢鐵路不通，則川藏、川滇、川黔鐵路均無著手處，商業發達尚是第二問題，萬一一旦有警，用兵、運餉，動經數日，其危險有不可思議者」。

梁士詒以郵傳部特派員身分到資政院答辯，將問題一股腦兒地推給了逃跑的蔡乃煌，說施典章問題暴露後，郵傳部致電蔡乃煌，蔡乃煌沒有回覆郵傳部，郵傳部見上海沒有回電立即派了銀行中人去查帳，發現正元錢莊倒閉後，川漢鐵路的款項已經開列到上海總商會去了。突然，梁士詒把話鋒一轉，對度支部主事杜德輿到郵傳部控告相當氣憤，「這個商辦鐵路應以股東為主，請問各位，普通商業的法律，隨便哪一種人都可以來部控告，可以不可以呢？那是一定不行的，必須股東才可以控告，杜德輿等以個人的資格，焉能來本部控告呢？」

資政院預備國會現場的火藥味兒十足，梁士詒將槍口對準川籍京官背

亡國的股災（四）

後，對度支部的咄咄逼人已經忍無可忍。可是議員們沒有理會梁士詒的憤怒，不停地追問梁士詒：「上海已經虧空二百多萬，郵傳部何為不去問喬樹枏呢？現在郵傳部特派員說了千言萬語，何為獨不提喬樹枏三個字呢？」議員們對杜德輿兩次據情具奏，攝政王兩次諭旨飭郵傳部查辦，郵傳部「何以遲至二三月之久？」資政院最終決議彈劾郵傳部「玩視路政，破壞商律」。

載澤要的是資政院議員們的決議，這是對郵傳部動手的最好籌碼。載澤的姐夫、湖廣總督瑞澂立即給攝政王提交了一份彈劾郵傳部尚書唐紹儀的報告，「以假外勢自重」為彈劾準心，將唐紹儀說成了袁世凱隱退政壇後掌控北洋資產的代理人。唐紹儀在出任郵傳部尚書後「日食非白金不樂，一切舉動，皆模仿西洋豪華，非中國諸王大臣所可及」，同時對同僚「異常刻薄」，跟自己的副手左右侍郎「言語衝突」，甚至到了「兩不相下之勢」，這位一把手為了滿足自己奢華的生活，只有「裁員減薪」。「唐之為人，京官排擠者甚多」。瑞澂的彈劾令喪妻的唐紹儀心情惡劣。

湖廣總督瑞澂同唐紹儀素無瓜葛，突然在唐紹儀休假期間彈劾他，唐紹儀很快弄明白瑞澂背後，度支部尚書載澤「嗾使瑞澂彈之，行政務掣其肘」。在此期間，攝政王的兄弟、海軍部部長載洵提議以鐵路總局收入為擔保向國際銀行貸款，唐紹儀暗中支持鐵路總局一把手梁士詒拒絕載洵的提議，載洵向攝政王控告郵傳部成了獨立王國，一直意欲清除袁世凱黨羽的攝政王火冒三丈。唐紹儀「知勢弗敵」，沒有袁世凱的北洋集團豈能跟攝政王兄弟和載澤一黨抗衡？唐紹儀「籲請開缺，絕不再回該部以避賢路」。

1911年1月6日，在載澤的運作下，盛宣懷走馬上任郵傳部尚書。盛宣懷一直覬覦郵傳部之位，因為早在大清鐵路總公司成立之初，盛宣懷執之牛耳長達十年之久。1908年，光緒皇帝去世，攝政王同袁世凱勢同水火，盛宣懷依附鎮國公載澤成功晉升郵傳部右侍郎，袁世凱擔心盛宣懷重掌鐵路、航運、金融等北洋產業，以「國家之公事」之名將盛宣懷派赴上海同各國修訂商約，將盛宣懷調離郵傳部核心圈。載澤將政治盟友盛宣懷推向了他夢寐以求的郵傳部一把手位置，沒想到盛宣懷的一場政治狙殺計劃將滿清王朝推向

最初的國會
晚清精英救國之謀 1910～1911（修訂版）

了死亡深淵。

亡國的股災（五）

盛宣懷走進了郵傳部尚書的辦公室，死亡氣息撲面而來。

鐵路總局局長梁士詒如坐針氈，因為 1906 年滿清裁撤鐵路總公司時，梁士詒佐時任郵傳部侍郎負責鐵路交通的唐紹儀「鉤核清釐，欲掃除蕩滌一切」，結怨於盛宣懷。唐紹儀病休期間，攝政王和載澤為首的皇族少壯派精英們對北洋勢力越來越厭惡，圖謀責任內閣總理的慶親王奕劻是袁世凱的政治盟友，意欲維持北洋集團在政壇的勢力，在「（盛）宣懷謀擢尚書」時，「（梁）士詒為（沈）雲沛畫策」，沈雲沛得到首席軍機大臣慶親王的支持，開始代理郵傳部尚書。

擁有度支部尚書載澤的支持，盛宣懷對沈雲沛同自己競爭郵傳部尚書嗤之以鼻。進士及第的沈雲沛一直醉心於醫學，曾靠給光緒皇帝針灸而躋身於鐵路系統。梁士詒出謀劃策讓奕劻成為沈雲沛的支持者後，盛宣懷的幕僚提醒，郵傳部在拆撤驛站問題上同陸軍部關係緊張，攝政王的弟弟、陸軍部大臣載濤深得太福晉寵愛，盛宣懷現在「不能不結交者，濤公一人」。盛宣懷「介府中管人事」者「通殷勤」，沈雲沛相形見絀，盛宣懷捷足先登郵傳部尚書寶座。

曾經「服闋還朝，遍交權貴皆不得歡心」的盛宣懷，豈能忘記梁士詒奪鐵路管理大權，導致自己「臥病僧舍」的不堪？盛宣懷進入郵傳部才發現一個問題，梁士詒已經將郵傳部建立成自己的獨立王國，「在鐵路和郵傳部裡的空缺，只要能撈到手的都安插了自己的親屬和姻親，或者他的廣東同鄉」，梁士詒「在郵傳部任職期間所任命的四百個人中，有三百五十個是他安插進來的」。梁士詒網路了一大批行政和技術官僚，他們有著敏銳的政治洞察力和豐

最初的國會
晚清精英救國之謀 1910～1911（修訂版）

富的行政經驗，他們對梁士詒忠誠，群奉梁氏為首領。

在同沈雲沛競爭郵傳部尚書期間，在載澤的支持下，盛宣懷就開始上演了「七煞除五路」的政治攻殺遊戲。盛宣懷聯絡各部給事中及御史七人，彈劾給沈雲沛出謀劃策的梁士詒「把持路政，任用私人，虛糜公款」。盛宣懷上任郵傳部尚書後的第一件事就是親自彈劾梁士詒：「平時任勇事往，款項悉歸其動撥，路員聽命於一人，遂不免有把持之名，致煩聖廑，應請撤銷鐵路總局局長差使及交通銀行兼差，其經手路局、銀行款項通盤徹查。」

「虧挪路款」成了盛宣懷專案調查梁士詒的理由。

可是盛宣懷很快發現梁士詒才是真正的郵傳部大佬，梁士詒擔任局長的鐵路總局專管借款及各路行政事宜，同時還提供著郵傳部百分之九十五的經費，成為郵傳部最重要的官僚機構。在主政鐵路總局期間，梁士詒還建議設立交通銀行，成為交通銀行的實際控制人。梁士詒的權力從鐵路向金融擴張的過程中，不斷在重要部門安插親信，這一批行政和技術官僚相互支持合作，形成了一張錯綜複雜的關係網，「無數粵閩同鄉，勾結一氣，上下把持，內部事無巨細，非閩粵兩省人不能預聞」。

梁士詒的身後是北洋集團，儘管在洹上村垂釣的袁世凱已經遠離了紫禁城，可是北洋集團強大的政治聯盟還相當的穩固，袁世凱身後的以英國為首的國際勢力警告攝政王不要誅殺袁世凱，美國也提醒北京的清廷少壯派別失去袁世凱，否則會帶來不可估量的損失。儘管資政院的議員們三番五次彈劾軍機處，逼宮攝政王要裁撤軍機處，可是攝政王面對貪劣的慶親王奕劻總是那麼軟弱無力，坐在首席軍機大臣位置上的奕劻拒絕同攝政王兄弟的軍機盟友商定國事。奕劻在沒有袁世凱的日子裡，他必須保持北洋集團的整體實力，否則他將死無葬身之地。

盛宣懷希望調查組能夠找到梁士詒貪墨的把柄，可是調查組面對龐大的梁氏網路無能為力，交涉、計程、稽核各科皆有梁士詒的黨人，調查組歷經月餘毫無進展。盛宣懷決定在梁士詒擔任幫辦的交通銀行做文章，因為銀行每天都有數萬兩的流水，一旦出現虧短，就可以將罪責推到梁士詒頭上，梁

亡國的股災（五）

士詒的關係網就可以撕開一個口子。

李經楚，兩廣總督李瀚章的二兒子，淮軍領袖李鴻章的侄兒，曾經以參贊官的身分遊歷歐洲，在官二代圈子裡堪稱「才學廣博、融通中西」，早在江蘇官場就是三品官。1907年，梁士詒謀劃組建交通銀行時，力薦李經楚出任銀行總理。李經楚向郵傳部提交了一份龐大的海內外發展計劃，立即引起了官場商場的震動，攝政王總攝朝政時，有官員向攝政王建議將與政體不合的交通銀行合併到大清銀行。梁士詒、李經楚為代表的交通系勢力抬出度支部釐定的銀行則例堅決反對，那時威脅壓力最大的莫過於盛宣懷。

郵傳部以四成國有股成為交通銀行的大股東，壟斷了鐵路、航運為首的交通系資金。而此前中國鐵路款項均走大清銀行和通商銀行，盛宣懷控股的通商銀行能夠獲得五分之一的額度。盛宣懷的幕僚提醒：「今則大清、通商俱系交通勁敵，恐將來縱分得存款若干，少則無濟於事，多則大清必思分潤。」尤其是川、粵、漢鐵路所經之地，「於交通銀行大有利益」。盛宣懷豈能眼睜睜看著交通銀行做大？一度謀劃分三期收購交通銀行。

梁士詒在郵傳部經手借款「凡二萬萬餘元」，無論官款民資，「取之盡錙銖，用之如泥沙」。一直覬覦交通銀行的盛宣懷堅信梁士詒和李經楚問題很嚴重。盛宣懷派出的專案組很快就呈上一份重磅報告，李經楚在出任交通銀行總理期間，還持有義善源錢莊七成股份，寧波巨賈嚴義彬的源豐潤錢莊破產時，同時破產的錢莊虧欠義善源百萬兩之多，加之上海道台蔡乃煌從義善源提走了數百萬兩的海關款項，無奈之下李經楚從交通銀行貸款二百八十七萬兩，其中二百三十萬兩有抵押物，五十六萬兩沒有提供任何的抵押物。

蔡乃煌潛逃後，新任上海道台劉燕冀到上海後，李經楚還獲得了六十萬兩的地方財政存款。劉燕冀聽聞郵傳部調查李經楚，立即提走了在義善源的財政存款。盛宣懷看完調查報告後，勒令義善源提前歸還交通銀行的貸款。李經楚只得「將義善源所借交通款，悉數移往交通」，整個錢莊只有現銀七千餘兩。同時，盛宣懷下令「將交通銀行與義善源往來款斷絕」，義善源全國二十七家分號「遂失周轉之運用」。李經楚決定將票號中抵押的各個廠礦股

最初的國會
晚清精英救國之謀 1910 ～ 1911（修訂版）

票進行再抵押，希望地方長官劉燕冀能夠給義善源提供十萬元的財政貸款支持，劉燕冀拒絕了。

一千四百萬兩的負債將義善源逼到懸崖，李經楚只有宣布破產一條路。當初從蔡乃煌處領取財政款，並接受蔡乃煌「擅自」所借洋債「維持市面」的錢莊，在義善源倒閉之後全部破產，整個上海金融系統拆借總額只有六十萬兩，整個上海金融界「銀根奇緊」，百分之五十的錢莊關門了。英國公使朱爾典照會外務部，要求 1910 年底張人駿主導的匯豐銀行貸款中二百萬兩用於優先償還華商欠款。而各地官員擔心重蹈蔡乃煌覆轍，勒令錢莊提前歸還官款，拒絕再向當地金融機構提供財政貸款救市，猶如驚弓之鳥的地方官們「以重公款而保前途」。

義善源的破產加劇了金融風潮的擴散，兩江總督張人駿向攝政王上書，匯報整個兩江至少需要一千萬兩白銀救濟市面，蔡乃煌潛逃後兩江財庫如洗，希望度支部和郵傳部能夠各撥二百萬兩抒困兩江市面。度支部尚書載澤一心欲打擊攝政王兄弟的勢力，沒想到上海的金融風潮越鬧越大，當即拒絕了張人駿的請求，「庫款支絀異常，無力指撥」。郵傳部也拒絕了張人駿，「京張、京漢兩路餘利挹注，尚屬不敷應付」，交通銀行也「無力籌撥」。風潮席捲北京後，攝政王勒令鐵路總局劃撥五十萬兩救濟市面。

曾經欲對盛宣懷「掃除蕩滌一切」的梁士詒被推到了風口浪尖，全國的金融風潮將攝政王的改革推向了毀滅之路，湖廣總督瑞澂在載澤的默許下開鑄舊式銀元，破壞了攝政王的財政、貨幣整體改革計劃。盛宣懷「痛下殺手，發縱指示，參揭益厲」，誓要將梁士詒整成金融風潮的替罪羔羊。短短一段時間內，鐵路總局的圖書局、測繪處、交通研究所、官報處疑慮裁撤，梁士詒為首的交通系勢力被裁掉一百三十多人。

盛宣懷清除北洋集團在郵傳部勢力之時，鄭孝胥突然進京。

鄭孝胥曾經在李鴻章、劉坤一、張之洞、岑春煊等大佬處充任幕僚，這位福建解元在官場有「諸葛」之譽，理財能力被大佬們推崇備至。1897 年 2 月，盛宣懷在上海同鄭孝胥相遇，一見鄭孝胥就「極相傾倒」，當晚召集一幫

亡國的股災（五）

賓朋同鄭孝胥夜飲。盛宣懷同鄭孝胥一直保持著書信往來，甚至在官場抉擇之時兩人會書信相商。鄭孝胥在出任湖南布政使之前，一度出任過錦璦鐵路督辦。鄭孝胥進京後，立即祕密會晤了盛宣懷。

在會晤的過程中，盛宣懷感嘆川漢鐵路股款倒款的一連串問題，鄭孝胥侃侃而談：「國力之強，全在鐵路，交通幹路之外，各省支路皆須同時並舉。今之辦鐵路者多以省份為界，爭竟多則用人不公，財力薄則假貸無門，半途而輟，訟獄滋興。」鄭孝胥建議盛宣懷在郵傳部推動「鐵路國有」改革，針對川漢、粵漢等一批地方政府官員搞的政績工程，郵傳部「宜一併收為國有，大借外債，用西人包辦，十年之後，全國鐵路交通，兵機迅速，百貨流通，如此始可言富國」。

鄭孝胥的一番話說到盛宣懷及度支部尚書載澤的心坎兒上了，大清設立郵傳部的宗旨是館合路、輪、郵、電四政，鐵路是郵傳部重中之重，當時鐵路每年收入超過四千萬元，電政七百五十萬元，郵政只有二十八萬元。郵傳部一直長時間掌控在北洋集團手中，一把手們對梁士詒相當的信任，鐵路總局成為郵傳部第一大政局，而梁士詒主政鐵路總局期間，經手借款「凡兩萬萬餘元」。無論是從全國軍事、經濟的發展，還是郵傳部的中央集權謀劃，鐵路收歸國有都是整體改革至關重要的一步。

度支部尚書載澤一直覬覦郵傳部的大宗收入。北洋大佬徐世昌主政郵傳部期間，注意到交通事業之發達，「欲將各路餘利盡歸郵部，以為推廣新路之用」，「而澤公之意以該部綜核度支，所有各路餘利應歸該部支配，不能全歸郵部支出」。袁世凱遭遇罷黜時，載澤意欲接管郵傳部的財務，徐世昌再三向攝政王請辭，攝政王溫諭挽留。留下的徐世昌自然希望做大郵傳部，在給載澤的回信中強調，鐵路盈利狀況各異，貨運和客運相差甚遠。

郵傳部擔心度支部一統收支財權後會限制鐵路的發展，拒絕讓度支部查收郵傳部財務。滿清政府的財政已經處於破產狀態，載澤一度欲將郵傳部的財務納入度支部統一規劃之中。在給徐世昌的信函中，載澤並不關心鐵路的長遠發展：「但求目前可以支持，十年以後之事，非我所知。」載澤剝奪郵傳

最初的國會
晚清精英救國之謀 1910～1911（修訂版）

部財權的短視行為令徐世昌「大為不快」，掌權郵傳部的北洋集團勢力形成了一個潛規則，「凡與度支部往來公牘，一律延擱，即該部統計表亦尚未送度支部」。

載澤力挺盛宣懷執掌郵傳部，一方面是攝政王有清理北洋集團勢力的考量，度支部可藉機控制郵傳部財權；二方面度支部正在祕密同美國洽談貨幣改革計劃，度支部需要巨額的財政來保證貨幣改革的順利推進；三方面是度支部為了完成整合財政中央集權，正在同英美德法四國洽談一筆巨額的借款，四國銀團希望用清朝的鐵路資產進行抵押，令載澤頭疼的是日俄正在密謀破壞這一貸款計劃，俄國在伊犁和東三省陳兵示威，日本的關東軍虎視京畿，度支部需要在日俄軍隊沒有準備好戰爭的情況之下同四國銀團簽署貸款協議。

川漢鐵路一直是滿清政府西南政局穩定的最大隱患。1903年四川總督錫良推行了官辦，公司成立後一直沒有動靜，到了1905年改為官商合辦，商人們對地方官的招股策略嗤之以鼻，到了1907年無奈將川漢鐵路公司改為商辦。公司在上海、北京、漢口和四川四地招股，四川的股東主要系「抽租之股」，凡是對抗招股之民，地方政府都會對其「鞭撻笞楚，監禁鎖押」，不少人家為了繳納股金只能「賣妻鬻子」，鐵路「涸澤而漁」的招股將四川搞得暗無天日，民眾視「官吏為豺狼，胥役為鷹犬」，數百萬股款被倒，憤怒的川民豈能善罷甘休？

盛宣懷接掌郵傳部伊始，郵傳部派出專案組調查川漢鐵路倒款案，令四川的士紳們一陣高興，沒想到只是將施典章監禁三年，罰款30萬了事，對股民的賠償隻字未提，川民對郵傳部的行為相當不滿。盛宣懷一旦立即採納鄭孝胥的鐵路國有之策，四川的士紳們一定會煽動川民同國家對抗。可是在美國人看來，攝政王政府已經別無選擇，虛弱的中央政府只有透過修建鐵路來重振它的權威，如果中央政府向地方勢力讓步，那麼，這將是一個莫大的政治錯誤。無論是盛宣懷還是載澤，都需要輿論支持。

在盛宣懷他們的運作下，都察院給事中石長信給郵傳部提交了一份長篇

亡國的股災（五）

報告，批評以川漢鐵路為首的這種已辦未辦鐵路在資金、盈虧問題上導致民間集股不能踴躍，各省紳民狹隘的鄉土觀念讓鐵路支線未能全盤考慮，建議郵傳部對鐵路進行國有化，因為在一個時局艱難的時期，人民生計困難，商務衰退，軍事、實業、財政、民生都要受到交通的影響，因為當務之急是邊防需要：「若國家不盡快將東西南北的主幹鐵路次第興築，那麼，一旦強鄰四逼，就會出現無所措手的情況，人民不足責，其如大局何？」因此，鐵路國有勢在必行。

在盛宣懷的授意下，曾經留學日本的郵傳部路政司低級官員、《郵傳公報》編輯張嘉璈更是在郵傳部的機關刊物上系統地鼓吹鐵路統一的必要性：「凡百行政賴有交通機關以普及全國。交通不便，絕不能行政之普及。行政既不能普及，更遑論統一哉？是以欲求國家政治之統一，不可不先謀交通行政之統一。」張嘉璈提醒攝政王政府，現在全國各大鐵路的管理章程不一，帳目容易混亂，其後果就是客貨往來不便，公司聯絡困難，營業將會衰落。因此，鐵路之統一是當今急務中的急務。

當時的鐵路成為地方督撫同中央分權的重要籌碼，全國十六個省成立了鐵路公司，可是只有一個公司按照預期完成了資金募集，完成率不到百分之七；只有兩個公司完成預期集股的百分之七十五，其他的十三個公司都未能完成預期的一半，甚至還有六個省的根本就沒推行過。在石長信公開提議鐵路收歸國有時，湖北路段僅築路基數里；湖南路段僅修成一百多公里；四川路段在經歷了鐵路銀行虧損三百多萬元後，僅完成土方七十至八十里，按照四川段的進展，川漢鐵路至少要修築百年以上。

盛宣懷抓住機會向攝政王提交鐵路國有的報告，攝政王看到報告後異常激動，在盛宣懷的報告上批示：「中國幅員廣闊，邊疆遼遠，綿延數萬里程途，動需數閱月之久。朝廷每念邊防，輒勞宵旰，欲資控御，唯有速造鐵路之一策。況憲政之諸謀，軍務之徵調，土產之運輸，胥賴交通便利，大局始有轉機。熟籌再四，國家必待有縱橫四境諸大幹路，方足以資行政而握中央之樞紐。」攝政王對「全國路政錯亂紛歧」的現狀相當不滿，點名批評了廣

最初的國會
晚清精英救國之謀 1910～1911（修訂版）

東、四川、湖北「竭萬民之膏」,「上下交受其害,貽誤何堪設想」?

　　德國皇帝威廉二世的鐵路國有政策大大地刺激了年輕的攝政王。石長信的報告是 5 月 5 日提交,攝政王在 5 月 9 日就昭告天下。在批示中,攝政王強調:「特明白曉諭,昭示天下,幹路均歸國有,定為政策。所有宣統三年以前各省分設公司集股商辦之幹路,延誤已久,應即由國家收回,趕緊興築。除支路仍準商民量力酌行外,其從前批准幹路各案,一律取消。」各地督撫一直把鐵路當作地方政府的小金庫,攝政王警告封疆大吏們:「無得依違瞻顧,一誤再誤,如有不顧大局,故意擾亂路政,煽惑抵抗,即照違制論。」

　　攝政王急迫簽署鐵路國有化的上諭背後,載澤和盛宣懷領銜的四國貸款遭遇了日俄的阻撓,俄國在伊犁進行大規模的軍事演習,同時還聯合日本在滿洲地區集結軍隊。德國皇帝威廉二世警告俄國,一旦日本聯手俄國將中國同歐美的借款攪黃,日本接下來就會與中國一道在「亞洲是亞洲人」的口號下把俄國人驅逐出去,到時候日本領導中國,「這是俄國與歐洲最大的威脅」。威廉二世詛咒俄國:「這些俄國傻子不透過與中國保持友好親睦的關係來阻止這個可能,反而用愚笨政策一再更重地給中國人當頭打擊,並把他們推向日本方面。」

　　盛宣懷向攝政王建議,俄國正在祕密聯絡法國,希望法國能夠退出四國銀團,一旦日本同俄國的聯盟穩固性加強,他們很容易影響法國人的決策,如果北京方面拉攏日本,可以化解日俄在滿洲地區的同盟穩固性,進而可以透過日本的借款來箝制四國銀團的漫天要價。在攝政王簽署鐵路國有之前,盛宣懷同日本橫濱銀行簽署了一千萬日元的貸款合約,華盛頓方面覺得盛宣懷「這樣做是為了給東京一點甜頭」,不過他們擔心一旦日本人掌管了郵傳部,四國銀團「做任何事情來支援中國是完全無望的」。

　　四國銀團在同載澤、盛宣懷的談判過程中發現,攝政王政府的改革簡直就是一個笑話。度支部尚書載澤竭力使混亂的財政制度集中在中央,可是各省的統治者消極抵抗,地方長官們為了自私的理由「寧欲財政混亂」。德國駐北京公使雷克司在給德國皇帝威廉二世的報告中擔心,攝政王推動的「幣制

亡國的股災（五）

改革仍是個神話」，「一個帝國銀行是個可悲的醜劇」，教育改革越出常軌，國家的司法和行政沒有改進，反而更加敗壞，新的法律不斷引起不正常的混亂，沒有人知道哪一種法律是現行有效的。

威廉二世對北京的朝廷相當擔憂。

攝政王的改革受到了歐洲報紙和集會的頌揚，可是在雷克司的報告中嘲笑那只是「對世界的一種虛偽的騙局」，北京出現的對外國借款的反對是完全愚笨的，因為現在攝政王「得到任何現款來改進它的經濟狀況已是很幸運了」。令人匪夷所思的是，「中國報紙老是轉載外國人對新政的讚頌並且自鳴得意，這只能助長中國人的驕傲。雷克司提醒威廉二世：「這將為中國人民導致更大的黑暗，他們將以為不再需要外國人的意見和忠告了，只有一次不可避免的災禍，才能使盲目的中國人最終覺醒，知道他們自己是走著怎樣錯誤的道路。」

雷克司向威廉二世報告後一個月，廣州將軍孚琦在諮議局附近遭遇革命黨人溫生才暗殺，已經升任兩廣總督的張鳴岐親自審理溫生才，溫生才嘲笑自己一個人就嚇跑了廣州將軍的衛隊。廣州將軍是兩廣地區軍隊的司令官，孚琦的死震驚了正在洽談貸款的四國銀團政府，他們擔心攝政王的「官員和士兵能有什麼用處和他們同外人打仗時是否可靠」？中文報紙登載著極厲害的咒罵，他們在嘲笑皇室軟弱的同時還預測英、日、德、法、俄五國將瓜分中國。攝政王對革命黨的煽動和陰謀無可奈何。

1911年4月27日，革命黨領袖黃興在廣州發動起義，率領上百名起義軍試圖攻占兩廣總督府。攝政王對這「一次嚴重的政治起義」感到了恐懼，儘管「久已為人們擔心的革命」被鎮壓了，可是武器私自從外國運入，甚至新式軍隊也對政府感到不滿，似欲加入反清起義，整個華南「處於一種危險的心理狀態」。輿論不斷地警告歐美正在密謀瓜分中國，革命黨傾向於這種結論，「如果瓜分是不可避免的，則他們要自己先動手」。攝政王已經到了別無選擇的地步，他需要向民眾釋放改革的誠意和紅利。

責任內閣是各省代表在資政院提出的三大要求之一，攝政王希望透過實

最初的國會
晚清精英救國之謀 1910～1911（修訂版）

行責任內閣來緩解華南地區的危險局勢。1911年5月8日，攝政王批准了《新訂內閣官制》的上諭，下令裁撤舊內閣及軍機處，成立由十三名國務大臣組成的責任內閣。慶親王、首席軍機大臣奕劻最終出任總理大臣，軍機大臣那桐、徐世昌為協理大臣，下設十大部委。奕劻內閣中滿洲貴族有九人，皇族少壯派成為內閣主力，度支部大臣載澤、郵傳部大臣盛宣懷成為內閣成員。攝政王希望透過責任內閣來穩步推動政治結構的轉型。

攝政王設法使輿論對國內政治改革、責任政府以及區域局勢安心的時候，他需要一筆大的財政資金來讓責任政府有效地實行他的改革計劃，讓民眾重建對紫禁城的信任，同時透過鐵路國有政策來取悅四國銀團背後的政府信任。責任內閣成立的第二天，攝政王在盛宣懷的鐵路國有報告上進行了長篇批示，措詞非常嚴厲地要求地方官員們必須按照郵傳部的計劃推進鐵路國有政策。德國皇帝威廉二世很快收到北京的報告，攝政王接受四國借款「已成為當前最重要的問題」，攝政王需要四國協助北京加強他的權威。

1911年5月20日，盛宣懷同美、英、法、德四國銀團在北京簽訂了粵漢、川漢鐵路借款合約，總金額為六百萬英鎊，以兩湖釐金、鹽稅作為擔保，允許四國銀團享有優先借款權。美國借款談判代表司戴德曾經提醒美國總統：「為了將來，我們要極穩極穩地坐守以待那必然要來的一天，像埃及一樣由一個國際委員會來共管中國的財政。」無論是華盛頓、柏林、倫敦還是巴黎，長達三年的鐵路借款談判，還有橡膠股票風潮、革命黨的起義不斷，這些都無疑是摧毀了攝政王的改革成果和脆弱的心理防線，也終於讓他們等到了共管北京財政的這一天。

憲政領袖張謇看完四國借款合約，立即聯合各省諮議局和已經休會的資政院議員，他們給攝政王撰寫了措詞激烈的抗議信：「借債政策，關係國家存亡大計，一日無確當之解決，即國家大計，日陷於杌隉之危境，此議員等所以倉皇呼籲，不能遽息者也。」中國之貧窮達於極點，借債簡直就是「飲鴆自斃」。議員們警告攝政王：「埃及、波斯之覆轍，稍治歷史者皆能言之。」更何況「立憲各國，慎舉國債，必經國會之議決」，光緒皇帝「欽定資政院章

亡國的股災（五）

程，亦以議決公債之職權，畀諸資政院」。議員們提出：「不經資政院議決而起之國債，遵先朝之法律，原應歸於無效。」

四國借款的抵押條款令湖南人憤怒不已，長沙舉行了各階層人士參加的萬人大會，決議拒外債、保路權；長沙、株洲一萬多鐵路工人遊行示威，倡議商人罷市、學生罷課、人民抗租稅；湖南各界人士聚集在巡撫衙門前，抗議賣國的「鐵路國有」政策。在湖北宜昌到萬縣的築路工人和商人立即聚集起來與之抗爭。兩湖的民眾譴責盛宣懷為了自己在長江流域的私人利益而推動借款，他們揚言要開會舉代表赴攝政王府第，泣求收回成命。

兩湖的局勢超出了攝政王的預期，盛宣懷希望攝政王能夠對湖南人的不安分採取強硬的措施。攝政王下令調兵鎮壓，數千築路工人掄起鐵錘，揮動棍棒，同前來鎮壓的清軍展開激烈搏鬥，當場打死清軍20多人。令四川人意想不到的是，盛宣懷在壓制湖南人的同時致電新任四川總督王人文，郵傳部拒絕對因橡膠股票風潮造成倒款的股款負責。德國皇帝威廉二世收到北京的電報感到情況不妙，因為日本人的陰謀和北京的宮廷暗鬥可能會讓湖南、四川的局勢複雜化，柏林建議攝政王政府安撫一下「激動的湖南人」。

湖南人還沒有安撫好，四川猶如火山爆發了。因為盛宣懷作為漢陽鐵廠的大股東，卻在借款合約之中明確漢陽鐵廠為川漢鐵路以及粵漢鐵路的鐵軌供應商，這顯然是運用公權為私人謀利。1911年6月17日，四川保路同志會成立，推舉諮議局議長蒲殿俊為會長，副議長羅綸為副會長。二千人的成立大會一致推舉八十五歲的翰林院編修伍肇齡為帶隊人，遊行到四川總督府，群情激憤批駁四國借款合約，散發《保路同志會宣言書》。

四川總督王人文一聽老編修伍肇齡來了，嚇壞了，這個伍肇林是道光皇帝一朝的進士，門生故吏滿天下，有「天下翰林皆後輩，蜀中名士半門生」的美譽。王人文接下了伍肇齡呈遞的四川保路同志會的抗議書。當晚，王人文向攝政王寫了一份彈劾盛宣懷的報告——《粵漢、川漢鐵路借款合約喪權辱國並請治郵傳部尚書盛宣懷誤國治罪摺》。王人文的支持令川民極度興奮，四川一百四十二個州縣的工人、農民、學生和市民紛紛投身於保路運動之

217

最初的國會
晚清精英救國之謀 1910～1911（修訂版）

中，保路同志會的會員不到十天就發展到十萬人。四川的危險局勢開始給攝政王政府的生命倒計時了。

彈劾軍機案（一）

楊文鼎在湖南巡撫衙門如坐針氈。

「湖南巡撫不遵守諮議局章程，既是不尊重欽定的法律，既是無目居上的舉動。」1910年10月31日，北京資政院預備國會現場，湖南湘潭籍議員易宗夔義憤填膺，彈劾楊文鼎發行一百二十萬公債「違法侵權」。楊文鼎辦理公債時未交湖南省諮議局臨時會議決，事後也未通知常駐議員，諮議局常年會期間也不提交追議，易宗夔覺得楊文鼎不是個案，大清的「督撫大臣往往不能遵守」各省欽定的諮議局章程，這種違背欽定憲法的行為，「就是違旨欺君」。

楊文鼎給攝政王提交了一份報告，非常委屈地說，湖南亂後「既不能請撥部款，又不能剝削商民，除了發行公債，並無別的辦法」。湖南諮議局的議員們對楊文鼎發行公債的利息提出了彈劾，高利息問題一直鬧到了資政院。湖南資政院將同楊文鼎往來的公函電稟北京，楊文鼎自辯湖南發行公債仿照湖北、安徽的辦法，第一年年息七釐，之後每年增加一釐。楊文鼎振振有詞：發行公債是各省通行，並不是湖南一省擔任。

資政院議員許鼎霖彈劾楊文鼎狡辯，因為湖北、安徽發債之時還沒有諮議局，湖南公債是在諮議局成立之後，「若說亂事以後，時勢倉促，不能交議」，湖南諮議局開臨時會議時，「何以仍不交議？」許鼎霖對地方督撫無視法律已經失望，「向來外省督撫拿著上諭，就沒有放在心裡，一經發布後即如取消」，「所以外國人說我們中國為無法律之國」。楊文鼎擔心：「現在預備立憲之時，諮議局是立法機關，資政院也是立法機關，所定之章程若是不能遵守，則將來開了國會，亦是一個無法律之國。」

最初的國會
晚清精英救國之謀 1910～1911（修訂版）

　　楊文鼎堅信資政院的彈劾是湖南地方精英對他的一種報復行動。

　　1909年夏天，辰州、永順等府縣淫雨兼旬，山洪暴發，沅澧諸水同時並漲，導致洞庭湖水位劇升，常德、沅江、益陽等濱湖地區均罹巨災，水災至秋不退，饑民超過數十萬人，楊文鼎的前任岑春蓂向攝政王報告，除了濱湖地區的水災，長沙、衡州、永州等府縣遭遇旱災和蟲災，整個湖南的災情為「二百年未有之奇災」。整個湖南糧食歉收，「省城糧棧存數僅九百餘石」，「綜計公私存穀不滿三十萬石」。全省十萬饑民「鳩形鵠面」，「每日餓殍死亡相繼」。不少地方出現了「生人相食」的慘劇。

　　湖南的十萬饑民湧進長沙之時，湖北的災荒蔓延，地方長官擔心缺糧引發民變，下令進入湖北的稻米免交釐稅。一時間，華洋商人紛紛搶購湘米運往湖北販賣，不少湖南士紳夥同洋商，將湖南稻米透過湖北轉運他省牟取暴利。岑春蓂向湖北和外務部提出交涉，強調湖南災荒人心惶惶：「值此歲歉米貴，濟鄂尚虞不足，何能再任他運？」湖北往年從湖南進口一百五十萬石稻米，經過談判湖南連四萬石都無法向湖北調運。岑春蓂準備下達禁湘米外運令，在給外務部的電報中哀求道，「全省人心甚為惶惑，目下情形如是，自顧不遑，何能從井救人？」

　　武漢是湖廣總督駐蹕重地，北京在給岑春蓂的回答是「保鄂為要」，漢口是英國人的勢力範圍，英國駐漢口領事拉木塞（H.E.Ramsay）則以1902年與北京簽訂的《續議通商行船條約》為藉口，阻撓岑春蓂的禁運令。更為關鍵的是，通商條約規定中國地方政府禁止稻米出口，在禁令發布三週後才能生效。洋商們決定利用三週時間大肆搶運，湖北地方政府以「武漢無湘米接濟，立召變亂」，「鄂危則患在腹心，天下均被其影響」為由，對外省糧食運輸比照非常時期的政策，以軍糧辦法繼續從湖南運糧。

　　湖南的饑民熬過漫長的冬天，澧州、安鄉為首的災區「室如懸磬，衣食俱無」。岑春蓂在給攝政王的報告中憂心忡忡，「湘中民情素稱浮動，伏莽尤多」，政府不能撫輯災黎，饑民「流而為匪」，「借災搶劫，滋擾閭閻」。攝政王同意從北京撥款十六萬兩白銀給湖南賑災，時任湖廣總督陳夔龍同意岑春

彈劾軍機案（一）

蕚動用地方財政救濟災民，很快民眾發現巡撫的賑糶委員會「引用私人，濫費上款，肆意中飽，不知國法之有在」，饑民們譴責巡撫的賑糶委員會，「遑問天理之何存？」

1910年4月12日，憤怒的饑民圍住了善化知縣郭中廣，郭知縣欺騙民眾承諾開倉賑災。第二天，當饑民們不見官府開倉放糧，開始大罵縣令是「狗官」，縣令立即調派巡警鎮壓。饑民將親自率隊的巡警道團團圍住，摘了官帽和花翎，捆吊到樹上進行暴打。隨後，饑民們捆著巡警道浩浩蕩蕩遊行到巡撫衙門，岑春蕚閉門不見。天色漸黑之時，忍無可忍的饑民們打砸轅門，搗毀照壁，鋸斷旗杆，掀翻石獅。當有人向巡撫衙門內堂衝擊時，岑春蕚下令開槍，死傷十多人。憤恨之極的饑民湧向街頭，一夜之間，長沙八百多家米店搶掠一空，軍警崗哨搗毀殆盡。

4月14日，湖南巡撫衙門前圍聚的饑民越來越多，不少人衝進署衙大堂，岑春蕚再次下令巡警向民眾開槍，當場打死民眾二十多人。巡撫的魯莽進一步激怒了饑民，饑民們放火焚燒巡撫衙門，頓時整個巡撫衙門濃煙滾滾，大火燒到了當天下午，餘燼猶熾。饑民中有人鼓動糧荒跟洋商販運湖南稻米有密切關係，憤怒的民眾湧向了美資美孚洋行、英資怡和洋行、日資三井洋行、教堂、領事館，搗毀焚燒了洋行、教堂以及躉船。整個長沙陷入混亂之中。

湖南諮議局的議員彈劾岑春蕚治下「城關警察林立」，一個多月竟然未能完成「貧民戶口清查」，賑糶委員會無法設局賑災，「致令弱者僵臥於家，狂夫鋌而走險，因循釀亂」。失控的社會治安管理和失敗的賑濟行動，身為湖南省的行政長官，巡撫岑春蕚難辭其咎。諮議局彈劾岑春蕚跟當地士紳設套有關。在饑民圍困巡撫衙門之時，岑春蕚同當地士紳在後堂祕密開會，士紳們鼓動岑春煊，「撫台何不將建築諮議局巨資，並諮議局經費，及鐵路股款、各學堂耗費，移緩救急。下等社會聞之，鼓掌歡迎，讚美之聲，填街塞巷」。

鎮壓太平軍後，湘軍將校衣錦還鄉，僅湘鄉一縣二品以上軍工的官僚士紳就超過二千家，這批還鄉的文臣武將逐漸形成一個龐雜的基層精英集團，

最初的國會
晚清精英救國之謀 1910～1911（修訂版）

他們「性情狂妄，武斷鄉曲」，他們意圖左右地方公共行政管理。新任湖廣總督瑞澂向攝政王奏稟：「咸同以來，紳權大張」，「地方官籌辦各事，借紳力以為輔助，始則官與紳固能和衷共濟，繼則官於紳遂多遇事優容，馴致積習成弊，紳亦忘其分際，動輒挾持，民間熟視官紳之間，如此侵越，亦遂借端聚眾，肆其要求。御史哄堂圍署，時有所聞。」

岑春蓂病急亂投醫，諮議局是皇帝下令組建，為地方立法機關，諮議局的議員都是湖南全省的精英，一旦岑春蓂將諮議局的資金挪用，岑春蓂就是違旨欺君，更可怕的是身為地方行政長官將站到全省精英的對立面。岑春蓂賑耀失利跟士紳們的陽奉陰違有密切關係，岑春蓂一開始希望士紳們成為賑濟災民的慈善楷模，沒想到士紳們「遷延」推諉，岑春蓂兩次發布了措辭強硬的通令，要強行對紳富豪族「據實驗明倉囤」，留足家用外，餘糧全部用於賑耀，士紳們對岑春蓂咬牙切齒，他們給岑春蓂出謀劃策只是將他推向諮議局的火坑。

當饑民們衝進巡撫衙門之時，湖南布政使莊賡良的家宴上正是高朋滿座，國子監祭酒王先謙、吏部主事葉德輝、候補道孔憲教、知州楊鞏等嘲笑岑春蓂「無識無才，本難勝疆寄」，「倚父（雲貴總督岑毓英）兄（兩廣總督岑春煊）勢，濫膺封疆」。岑春蓂「性多疑忌，胸無涇渭」，在湖南巡撫任上「思欲閉門臥治，一律深閉固拒，於是官紳之隔閡由此愈深，其君子皆望然而去之，其小人則以怨望而生惡意」。在官場混了四十年始終未能爬上巡撫位置的莊賡良對岑春蓂「不無嫉憤」，士紳們鼓噪莊賡良在民亂之際取岑春蓂代之。

莊賡良很快被士紳們包裝成了青天大人，民眾「每於來去時輒讓道致敬，且皆以莊青天呼之，相戒勿驚犯憲駕」。王先謙一干人等在饑民焚燒巡撫衙門後，找到岑春蓂警告其「撫臣信用已失，迫令藩司示諭」，「岑春蓂見眾怨萃於一人，似專與撫臣為難，遂電奏自請治罪，懇恩飭藩司護篆」。士紳們的逼宮大戲終於到了高潮，莊賡良在爆竹聲中接受巡撫大印。莊賡良第一道命令就是一反岑春蓂的「剿道」而行撫策。王先謙為首的士紳們聯名致電湖廣總

督，企圖迫使朝廷承認莊賡良李代桃僵的事實。

王先謙們「其實並非真有愛於藩司，實欲藉此以排陷撫臣，即亂民亦非實欲得撫臣而甘心，因紳士既倡此議，遂亦群相附和」。莊賡良假戲真做，天真地以為可借士紳和亂民之力取岑春蓂而代之。莊賡良在接撫臣大印當天，為了匯報饑民擁護他護理巡撫之功，命人高腳牌大書「眾紳會議，平糶申冤，藩台擔保，諸君請退」，並「往觀受傷之良民，給傷費四十金，死者給撫卹金二百金」，承認民眾搶米的合法性。

莊賡良混了四十年官場對政治一竅不通，岑春蓂的哥哥岑春煊在1907年試圖透過慈禧太后之手清除袁世凱及其政治盟友慶親王奕劻，沒想到袁世凱夥同上海道台蔡乃煌偽造了一張岑春煊同康有為的合影照，慈禧太后對岑春煊同死敵合謀極度失望，岑春煊淡出了權力中樞。攝政王執政後，皇族少壯派結黨爭權，鎮國公、度支部尚書載澤同垂簾聽政的隆裕太后結成政治同盟，載澤覬覦未來責任內閣總理之位，一心欲把控湖廣官場。載澤的姻親盟友瑞澂坐上了湖廣總督的位子，瑞澂向攝政王舉薦了楊文鼎。

瑞澂出面推舉楊文鼎，意在鞏固載澤一黨在地方的控制權。楊文鼎早年鄉試南歸路過直隸，以鄉誼謁見直隸總督李鴻章，李鴻章頗重其才，留他在總督府做幕僚。軍機大臣榮祿與剛毅、閩浙總督許應騤、直隸總督袁世凱、兩江總督端方都對楊文鼎相當器重，慈禧太后特意召見這位眾人口中的奇才。瑞澂舉薦楊文鼎之時，楊文鼎正在湖北布政使任上。莊賡良的撫策在當天就失效了，「眾人恣橫，如入無人之境，到處火起，竟夜焚掠，城內外之學堂、教堂，及外人商店、居宅，咸被焚劫」。

整個長沙陷入一片混亂，電報線遭到破壞，電信通訊一度中斷，整個城市謠言四起，岑春蓂身亡之說甚囂塵上，日本駐長沙領事、外國商民紛紛逃奔武漢。1910年4月14日晚，英國公使朱爾典照會外務部：長沙因米案滋事，官署被圍，教士房產被毀三處，擬派兵輪前往，並電請該省官吏切實保護。當時，外務部尚未接到湖南電報，意識到長沙問題嚴重，一面與朱爾典商洽外國軍艦毋進入長沙，一方面不斷致電岑春蓂，要求認真彈壓，從速解散，

最初的國會
晚清精英救國之謀 1910～1911（修訂版）

查拿首要，並切實保護外人。

饑民焚劫了洋商猶如踩到國際外交地雷，朱爾典同外務部交涉之時，英、美、日、德等國家已經從上海、廈門、武漢調派數十艘軍艦開赴湖南，攝政王聽聞湖南亂成一團的消息，擔心列強借此將駐軍權深入帝國腹地，電令湖廣總督瑞澂調集大軍赴長沙維穩。湖北巡防營二營、新軍第八鎮第二十九標及砲兵隊迅即趕到長沙，長沙水師營也調來二十多艘軍艦向城裡開炮示威。總督的軍隊在長沙城揚起沾滿鮮血的馬刀，提著血淋淋的人頭，在大街小巷殺氣騰騰地對民眾進行恐嚇，連日「無辜受戮者，時有所聞」。

北京對長沙局勢的惡化相當震怒，罷黜了岑春蓂巡撫之職，不同意由莊賡良護理撫篆。4月17日，楊文鼎已經接到了北京的任命，當天由副將黎元洪率領楚材艦護衛到長沙。詭異的是，湖南的新舊士紳對楊文鼎的到來不歡迎，同一天「御史黃瑞麒接湘紳王先謙、龍璋等電謂，湘撫調新軍槍斃饑民激變，乞聯名奏懇易一巡撫」的聯名信，湘「紳譚延闓、胡壁、龍璋、陳文瑋致電湖南京官，懇請諸公呈奏，並謁樞邸，請旨簡任莊賡良署理湖南巡撫」。

民亂成了湖南士紳精英擴權的契機，莊賡良由於在政壇毫無背景，在湖南官場從知縣到布政使花了四十年時間，士紳精英們試圖透過控制莊賡良來操控湖南地方行政管理之權。湖南士紳們一方面透過北京的湘籍京官運作巡撫人選，一方面爭取湖廣總督瑞澂的支持。4月19日，瑞澂接到了湖南諮議局議長譚延闓領銜的士紳聯名陳請電：「岑撫因莊藩司久得民心，堅請署篆，業經電奏，時當萬急，不得已即刻從權交卸，以安民心，現當弭亂，撫民尤為吃緊，唯兩日未奉電旨，人心惶惶，紳等目擊斯情，未敢緘默，務求俯念大局，即日據情電奏。」

湖南士紳們反對楊文鼎的巡撫任命。在長沙民亂之前，楊文鼎出任湖北布政司，一直同岑春蓂商洽湘米運往湖北：「此次湘省釀禍，實由米價騰貴而起。米貴緣由，實因岑撫徇楊護督乞糴之請，湘米出境過多，遂至米價驟增，釀成大禍。故特命楊署理湘撫，責以料理此事。」在給瑞澂的陳請電中，

彈劾軍機案（一）

以譚延闓為首的湖南士紳們將長沙民亂的責任推到楊文鼎身上，他們對這位鎮國公黨羽的厭惡之情溢於言表，在陳請電中毫不客氣地說：「楊文鼎與湘人毫無感情，現擢署湘撫，恐難懾服。」

載澤志在謀取未來責任內閣總理之位，豈容他人染指湖廣官場任命之權？

楊文鼎從湖北啟程後，瑞澂才接到譚延闓他們的陳請電，瑞澂對湖南士紳干政行為「殊堪詫異」，在給攝政王的報告中對湖南士紳大張撻伐：「伏念地方官吏之委任無不遵守朝廷之命令，巡撫乃系疆臣，用捨尤應欽定。況湘省民氣素囂，紳權頗重，若不防微杜漸，竊虞政柄下移，且查岑撫迭次來電，只稱請旨飭派莊藩司接署撫篆，並無從權交印之說，該紳等竟數以藩署撫，冒昧請為電奏，縱無他意，已屬跡近干預，當經正詞電復，以明權限。」

無論是王先謙還是譚延闓都曾是翰林院的飽學之士，內閣學士王先謙素有「湘紳領袖」之名，譚延闓更是湖南省諮議局議長，瑞澂擔心楊文鼎到長沙難孚眾望。「唯查公電聯名各紳中多曾列仕籍，豈於朝章國典一無聞見，而謬妄若此，瑞澂初六日（4月15日）電奏，曾以劣紳倡和為慮，此次公電，難保無捏名冒遞之人，其中有無別情，亟應確查核辦，用肅綱紀。」瑞澂為了給湖南士紳一個下馬威，樹立楊文鼎在湖南官場的威望，希望攝政王「飭下署理湖南巡撫楊文鼎，歸案一併嚴密查辦」。

1910年4月21日，攝政王下令瑞澂、楊文鼎調查士紳們的公電「有無捏名冒遞」。瑞澂很快就給攝政王提交了調查結論，「湘亂之始，固由地方官辦理不善，而肇亂之源，實由於劣紳隱釀而成」。瑞澂為打擊王先謙為首的守舊士紳，建議將有內閣學士身分的「湘紳領袖」王先謙「交部從嚴議處」。更令瑞澂頭疼的是掌握立法權的諮議局議員們，他在報告中提醒攝政王：「現值朝野籌備憲政之際，正官紳協合進行之時，如任聽此等劣紳把持阻撓，則地方自治恐無實現之望。」

瑞澂的指控令湖南的開明士紳精英們如芒在背，他們在給楊文鼎的私信中不無委屈地寫道：「近年以來，小人道長而君子道消，黠者挾其文章學術欺

最初的國會
晚清精英救國之謀 1910～1911（修訂版）

世盜名，愚者蠅營蟻附以助其惡。於是向之所謂紳權者，遂盡歸諸小人之掌握、把持、壟斷，官民皆受其害。而不知者遂以湖南之紳權為詬病，乃不探其根源之所在也。夫吏治固在得人矣，而有所以補吏治之不及者，則唯引用正紳。」信中讚譽諮議局議長譚延闓為首的開明士紳精英「公正明達，眾望素孚，足以仰贊鴻猷」，希望政府不要與所有士紳精英為敵。

4月24日，湖南諮議局的常駐議員們聯名致電湘籍京官，希望湘籍京官能夠向樞廷聯合彈劾瑞澂的調查結論：「瑞督袒庇岑撫，歸咎士紳，顛倒事實，預為抵制官賠地步，且恐外人藉口要挾，即電樞府請旨複查，乞聯名參奏。」譚延闓聯合諮議局同仁向軍機處彈劾瑞澂：「湘亂由官釀成，久在洞鑒」，「岑撫始則偏執成見，玩忽遷延，臨事畏葸無能，但思卸責，巡撫為一省政權所出，貽誤至此，咎何可辭？鄂督分罪士紳，為岑曲脫，殊失情理之平，業經奉旨，本不應冒昧瀆陳，唯諮議局為代表輿論機關，事實昭然，不敢緘默。」

湖南諮議局在彈劾瑞澂的時候預料到總督和巡撫為岑春蓂開脫背後的玄機，英國為首的列強開著戰艦到長沙保護各國官、商、教士，可是焚燬的洋商產業和教堂的賠償已經成了國際外交問題。賠款由度支部撥款？還是由肇禍的湖南官吏賠償呢？歐美的報紙一直鼓噪中國仇洋，攝政王擔心重蹈1900年的悲劇，電令駐海外公使闢謠，同時下令慶親王奕劻主持了外務部會議，為了安撫激動的列強，外務部會議決定：「所有應賠湘亂英、日兩國之款，仍請度支部預先籌備，俟該兩國查明損失確數復京後，本部再向度支部諮商撥款辦法。」

瑞澂將湘亂推給士紳精英，意在弱化外交問題，為度支部賠償列強卸包袱。因為楊文鼎赴湘路過岳州遇到赴長沙的英國駐漢口領事拉木塞，拉木塞登上楊文鼎的楚材艦，要求比照《辛丑條約》賠款懲官。在交涉的過程中，拉木塞辭色激烈，楊文鼎擔心一旦滿足拉木塞的無理要求，會給外交部留下棘手的外交問題。更緊要的是，如果答應了拉木塞的條件，列強干涉中國內政成了外交的潛規則，八國聯軍進京屠官的悲劇將再次重演。

彈劾軍機案（一）

財政問題一直困擾著瑞澂的政治盟友載澤，載澤一直同歐美國家祕密談判財政借款，希望歐美的資金能夠幫助度支部完成財政和貨幣該給，那樣載澤就有了謀取責任內閣總理的最大籌碼。載澤可不希望這個時候的湘亂上升為外交問題，他在第一時間申明：「此項賠款不得由部擔任，應責成湘撫自行籌畫。」當載澤聽聞外務部的決定後，立即提醒攝政王：「部款支絀，不暇他顧。此次賠款，若由部中擔任，各省必任意廢弛，有所恃而不恐。況湘亂系由該省大吏不善撫卹釀成，與部毫無干涉。且部中即使出而擔認，無非責令各省攤認，不特無濟於事，且貽笑外人。不若責成湘省大吏自行籌劃，較為正當。政府皆韙其言。」

湘省大吏到底怎麼自行籌劃？

就在這個時候，攝政王突然下了一道極度震怒的諭旨，對諮議局密謀聯合在京湘籍官員彈劾瑞澂，以及諮議局議長譚延闓冒天下之大不韙攻訐總督的行為進行譴責：「諮議局權限載在章程，不容踰越，乃於朝廷處分官紳，督臣查辦奏案亦欲借端干預，希圖翻異，措詞謬妄，殊屬不安本分，著傳旨嚴行申飭。」更令諮議局議員們失望的是，攝政王在譴責諮議局的同時，授權楊文鼎「隨時查察該局議長譚延闓等，如借諮議局之名，於不應與聞之地方公事，藉詞抗阻，即著從嚴參撤。」

有攝政王的諭旨，曾經說服瑞澂彈劾「挾私釀亂之紳士」的楊文鼎立即派出專案組調查洋商產業和教堂損失情況，經過調查估計賠款約需一百餘萬兩。楊文鼎向北京提交了賠償方案，奏請由大清銀行暫借一百二十萬兩，由湖南分三年本息歸還。經過與英國為首的六國談判，最終賠款銀八十餘萬兩。湖南諮議局沒有忌憚攝政王的譴責，臨時會議狙擊了楊文鼎的賠償方案，拒絕由湘省承擔外交賠償，認為「應由肇禍官吏分賠，無累湘人」。譚延闓跟楊文鼎萬萬沒有想到，湖南民亂猶如一隻亞馬遜蝴蝶，最終引發了一場不可收拾的樞廷較量。

最初的國會
晚清精英救國之謀 1910～1911（修訂版）

彈劾軍機案（二）

　　湖南籍議員易宗夔彈劾楊文鼎藐視君主：「憲法大綱十二條所定君主大權有云，一在議院開會之時，得以詔令籌措必需之財用，唯至次年會期，須交議院協議等語，楊撫當此預備立憲之時，膽敢僭用君主大全，尤為不合適。」易宗夔對「督撫大臣往往不能遵守」已經頒布的法律相當失望，楊文鼎侵權違法試辦國債一案不能歸入稅法公債股審查，他建議資政院議長指定特任股員組成特別小組審查楊文鼎試辦公債案，將審查結果上奏攝政王。

　　易宗夔在縣學讀書時就在《湘報》上鼓吹民主，提出中國的禍患在於「君權太重，民權不伸」，中國應該仿效英國君民共主之法，「利之所在，聽民自主之；害之所在，聽民自去之」。湖廣總督張之洞讀完易宗夔的文章，痛斥易宗夔為「匪人邪士，倡為亂階」。張之洞憤怒之時大罵「悖謬」的易宗夔為「雜種」。易宗夔後來在日本學習法政歸來，成為湖南憲政改革的飽學之士，資政院成立後，易宗夔成為湖南諮議局在北京的核心代表，他希望能夠將楊文鼎試辦公債的行為推到「違旨欺君」的法律高度。

　　議員籍忠寅覺得楊文鼎不會擔心資政院彈劾他「侵權違法」的，在此之前，廣西巡撫張鳴岐因禁煙期限問題同諮議局鬧僵，資政院議決張鳴岐侵權違法，可是張鳴岐反而擢升為兩廣總督。籍忠寅提醒議員們：「督撫在各省辦事，向來是唯我獨尊，除卻幾個幕府，都要聽他們的指揮，並沒有第二個人可以說話，他並不曉得有監督的機關，所以肆然甘冒侵權違法之法令。」張鳴岐的前車之鑒是「徒有侵權違法的名目，而不能懲罰，亦屬無益」，籍忠寅提議，對於湖南巡撫「然既侵法，必須有相當處分，方可懲警其餘」。

　　籍忠寅最後放出狠話，如果不對楊文鼎「稍加處分」，「將來各省督撫更

最初的國會
晚清精英救國之謀 1910～1911（修訂版）

不以諮議局為意，這個事情我們資政院若是辦不好，以後督撫侵權違法的事情可以不必交資政院核議」。遺憾的是作為立法機關的資政院沒有處分權，籍忠寅提議：「資政院不能侵奪君上之大權，若在奏摺上加上『應如何處分之處，恭候聖裁』兩句。」籍忠寅的建議將球踢給了攝政王，一旦楊文鼎沒有遭遇處罰，證明攝政王不遵循欽定憲法，憲政改革毫無誠意，如果攝政王懲罰楊文鼎，那麼督撫的行政行為將受到諮議局和資政院的約束，這將是一場法律的勝利。

北京的指控令楊文鼎相當失望，長沙饑民之亂割裂了地方政府同士紳的紐帶，新上任的巡撫不僅沒有得到湖南士紳精英的支持，相反「紳士經此挫折遷怒於鼎，時思報復，以拽其怨」，新舊士紳把持的諮議局「因公債事未交議，遂大起風潮，痛加排斥」。楊文鼎在給資政院的電報中毫不示弱，再三強調湖南發行公債已「奉旨允准」。在給資政院的電報中，楊文鼎反問，「諮議局是否有更改奏案之效力」？資政院是否能取消奉旨允准的奏案？

楊文鼎抬出攝政王諭旨以示發行公債的行為是合法的，諮議局沒有權利詰責。諮議局的議員們對楊文鼎巡撫湖南一直處於對抗狀態，攝政王譴責諮議局局長譚延闓後，楊文鼎同諮議局的矛盾進一步激化，議員們豈能在公債問題上放過楊文鼎？面對楊文鼎的反擊，諮議局譴責楊文鼎：「楊撫受任封疆，有協贊憲政的責任，煌煌領章，豈容不知，知之而故認一奏嘗試，其欺罔朝廷，蔑棄憲典。」

「上侵君權，下壓輿論，湘撫罪名不止違旨背法而已。」議員胡柏年專門查詢了湖南諮議局和楊文鼎提交的證據，楊文鼎「恃其已經奏準，而欲加諮議局以更改奏案之罪名」，胡柏年彈劾楊文鼎「不知《諮議局章程》亦是欽定的章程，不交局議」，「已顯然違旨更改奏案」。胡柏年質問楊文鼎，在湖南諮議局召開臨時會議的情況下，「政府中焉知其未交該省諮議局議決的」？「如其交諮議局決過的，自應照准」，楊文鼎擔心諮議局否決政府創辦公債，所以越過諮議局直接向攝政王提交創辦公債案，「正是湘撫蒙蔽朝廷，巧行私意之處」。

彈劾軍機案（二）

資政院議決湖南公債案期間，東三省總督錫良將發行公債問題交諮議局審議，資政院的議員們抓住錫良案，進一步證明楊文鼎違憲侵權，建議朝廷懲處楊文鼎，因為「向來各省督撫唯我獨尊，任意自由，已成習慣，故對中央機關的命令，往往視為具文」，「在官者個個皆有違法侵權之思想」。在湖南公債案之前，廣西諮議局全體議員辭職以維護《諮議局章程》，可是當事巡撫「不唯不加以相當之處罰，反因此而升署兩廣總督」。籍忠寅警告說：「若是再不加懲處，資政院對於各省督撫毫無權力了。」

督撫唯我獨尊的問題令攝政王頭痛不已。

雍正皇帝時期西北戰事頻繁，雍正皇帝進行政治框架改革，設立直接向自己匯報的軍機處。凌駕於內閣和六部之上的軍機處成為大清最高政務機構，軍機大臣均由皇帝的親信組成，直接秉承皇帝意旨，中央各部首長和地方督撫互不統屬，都直接接受皇帝的命令。當洪秀全的農民起義軍席捲江南時，以湘、淮為首的漢族武裝集團崛起，地方督撫權力坐大，逐漸形成了實際政治架構「內輕外重」的局面。八國聯軍侵華期間，以李鴻章為首的督撫聯合實行「東南互保」，進一步削弱了朝廷的威信。

1901年逃亡西安的慈禧太后幡然醒悟，通電全國宣布改革，派出多路高級官員到歐美考察憲政，宣布「預備立憲」。憲政改革首當其衝的是官制問題，日本提醒清執政精英們：「欲解決清國之立憲問題，不可不先解決督撫制度的存廢。今之督撫，事實上為副主。此制不廢，中央集權制度不得告謂成功，則不外模仿聯邦制度而已。」可是北京樞廷既無實力，也沒有能力解決督撫問題，在預備立憲時期需要設立代表輿論的資政院，清執政精英試圖透過資政院借輿論的力量幫助朝廷解決該問題。

「庶政公諸輿論」的憲政改革精神一度令資政院的議員們振奮，攝政王透過湖南公債案給督撫一個警告，是朝廷重塑權威的良機。一直在封疆大臣幕下的楊文鼎深諳帝國政治潛規則，攝政王意圖透過諮議局削弱地方督撫的權力，而諮議局則欲抓住地方公共行政事務的議決權，只要自己向朝廷請旨，就不會落得藐視皇上權威的把柄，相反諮議局否決奏準奉旨的行為就是

最初的國會
晚清精英救國之謀 1910～1911（修訂版）

蔑視皇權。資政院本是皇上收天下之權於中央的工具，如果朝廷反過來支持資政院的決議，無異助長了資政院擴權的氣勢，攝政王豈能顧此失彼開罪天下督撫？

資政院的精英們對楊文鼎的心思洞若觀火。「工於演說，剖析毫芒」的議員雷奮突然站起來說：「我們資政院要認清楚，此事不僅關係湖南一省，中國二十二行省，凡有諮議局的省份都有關係。為議決的正當，各省都受其福；如不正當，各省都被其害。在諮議局的章程明明定好的，湖南此事應當交議，巡撫不交議就出奏，是明明用奏案以取消諮議局章程。」憲法起草者議員汪榮寶更是痛心疾首地提醒資政院的諸公：「不是湖南一省的事，也不是諮議局的事，是中國全國的事。」

楊文鼎和諮議局對峙之後，廣西、四川、江蘇諮議局紛紛致電資政院，諮議局和資政院的精英們一樣擔心，現在國會未開，地方財政大權掌握在巡撫手上，財政監督處於盲區，這個敏感的時刻巡撫豈可隨便借用外債？地方精英們在給資政院的電報中憂心忡忡：「此案名為湖南公債案，實則各省攸關。倘湖南巡撫可以侵權違法，湖南諮議局放棄不問是壞先例，先例若壞各省隨之。」汪榮寶警告說，「若各督撫相率傚尤，則國家法律將同虛設」，給楊文鼎一定的處分「實為維持國家法律之必要」。

資政院的議員們對雷奮和汪榮寶的發言「多次拍手贊成」，「各民選議員因湖南公債案，楊撫無處分一事，多主張停議力爭者，一時大局潰決，資政院幾有解散之勢」。副議長沈家本及二十多名議員仿效西方議會形式，假座財政學堂會議開一次議員談話會，談話會上民選議員批評君主命令變更法律，非立憲原則。欽選議員大聲喝斥民選議員「輕蔑朝廷」，雙方「隨聲喝打，議場秩序大亂」，部分民選議員憤然退場，只留下雷奮、易宗夔一干議員同欽選議員相互辯駁，最終雙方不歡而散。

溥倫向攝政王提交一份措詞嚴厲的彈劾報告，彈劾楊文鼎在創辦湖南國債的行為「侵奪權限、違背法律、輕蔑朝廷」。溥倫的報告送抵攝政王案頭時，各省的速開國會請願團正在攝政王府門前割股血書，錫良、趙爾巽為首

彈劾軍機案（二）

的封疆大吏們電報猶如雪片般飛抵北京，速開國會浪潮越來越高，攝政王主持召開的御前會議上，垂簾聽政的隆裕太后訓斥攝政王毫無主見。經過激烈的討論，攝政王最終決定宣統五年召開國會。資政院的議員們三呼萬歲之時，更關心湖南公債案的「聖裁」，攝政王對楊文鼎的態度將是資政院精英們眼中憲政改革的標尺。

1910 年 11 月 9 日，攝政王簽發對湖南公債案的上諭：「此次湖南發行公債系奏經度支部議準之件，該撫未先交諮議局議決系屬『疏漏』，即經部議奉旨允准，著仍遵前旨辦理。嗣後各省有應交諮議局議決之安民，仍著照章交議。」上諭既沒有提出處分楊文鼎，又沒有叫停公債發行，只是以「疏漏」二字敷衍。在為楊文鼎回護同時，上諭警告督撫們要警遵法度。清廷欲「調停兩面，而卒出於兩歧，用心良苦」。

攝政王的上諭在同一天召開的資政院會議上宣讀後，整個議場大嘩。

上諭剛一宣讀完，易宗夔第一個站出來說：「這回湖南公債事件請旨裁奪，現在已經奉旨，一點處分都沒有。既有軍機大臣署名，應該處分而不加處分，我們須請軍機大臣出席說明理由。」易宗夔的情緒相當激動，他突然話鋒一轉：「就是一個御史參一個督撫，亦不致如此無效。資政院全體議決之件如此無效，何必設立資政院？」易宗夔話還沒有說完，整個議場掌聲雷動，易宗夔義憤填膺地說：「既然如此，資政院何必設立？諮議局又何必設立？」

日本政法大學畢業的光緒年進士李榘提醒資政院的同僚們：「湖南發行公債案，湖南巡撫處分不處分，本出自君王大權，資政院不能過問。不過這件事當初湘撫不交諮議局議，以具奏箝制人口，是湘撫蔑視《諮議局章程》欺罔朝廷。至於度支部，就應據《諮議局章程》議駁，度支部率為議準，是度支部蔑視《諮議局章程》，欺罔朝廷。」李榘站到易宗夔一邊，擔心「如果朝廷可以欺罔，不但我們資政院議決之案都可取消，近今朝廷所定新法律都可以取消」，「將來資政院所議決之事件皆失效力」，希望軍機大臣能夠給資政院一個理由。

議員們將怒火燒向軍機大臣。

最初的國會
晚清精英救國之謀 1910～1911（修訂版）

　　清執政精英們推動憲政改革，意圖借鑑立憲國的治國方略救大清於危亡。議員于邦華翻遍各國律令，發現西方國家儘管有法律和命令二者，「若非緊急時候，則命令不能變更法律，此各國立法之通例」，大清在頒布了憲法和《諮議局章程》後卻出現了命令變更法律的怪事，「疏漏」二字的背後到底是誰在對抗法律庇佑楊文鼎？于邦華將矛頭對準了操持權柄的軍機大臣：「我皇上尚在沖齡，我監國攝政王虛心採納各事，多注重於軍機大臣，而軍機大臣何以以命令變更法律，致乖我皇上、我監國攝政王法治之盛意？」

　　憲政官制改革一度提議解散軍機處，成立對資政院負責的責任內閣，國家一切行政大權均受法律約束，皇帝就真正成為天下寡人。作為皇帝親信的軍機大臣在責任內閣問題上已經和資政院有了隔閡，資政院試圖以憲政之國的責任制度約束軍機處，軍機處一直同資政院處於對抗狀態，資政院任何權力的擴張都會引起軍機處的高度警惕，軍機處的態度自然會影響諭旨的內容。攝政王還有更深層次的用意，朝廷回護楊文鼎是要給資政院敲警鐘，大權統於朝廷，絕不允許資政院肆意擴張權力。

　　湖南諮議局對楊文鼎侵權違法「很憤激」，「各省諮議局很注目」，對資政院的議決寄予厚望。1910 年 11 月 8 日才從湖南趕赴京城的議員黎尚雯第一次參會就遇到上諭僅以「疏漏」二字了之。黎尚雯對清執政精英們推動的憲政改革極度失望：「天天說立憲，亦是假立憲，何救於亡？最可恨者，行政大臣任意蹂躪資政院、諮議局章程，萬一人心解體，何以立國？現在國家救亡之法，好在人心未死，不避刀斧，敢於直言。」黎尚雯覺得湖南公債案「是軍機大臣有意隔閡上下，危害國家」，「豈是朝廷立憲之初心」？「豈是實行立憲之辦法」？

　　易宗夔提議資政院議長溥倫請軍機大臣出席答辯，此時議長溥倫正躺在病床上。

　　溥倫真的病了嗎？1908 年 10 月，慈禧太后已經病入膏肓，祕密下令各地督撫召天下名醫進京，袁世凱和政治盟友、慶親王奕劻在這期間一起面見慈禧太后，強烈支持道光皇帝的曾長孫溥倫為皇位繼承人，「儘管慈禧太后自

彈劾軍機案（二）

己保守祕密，大多數觀察者都認為她會選擇溥倫」，可慈禧太后在生命的最後時刻將皇位送給了攝政王的幼子，將資政院議長的位置給了溥倫。攝政王試圖透過資政院加強中央集權，卻一直提防溥倫執資政院之民權操控樞廷。攝政王的上諭在資政院宣讀之時，溥倫病了。

議員們現在已經熱血沸騰，易宗夔非常失望地告誡主持議會的副議長沈家本，「別項事情暫刻可以不議，就議決也是無效」。沈家本無奈，立即聯繫軍機處，軍機處告知公務繁忙不能到院。易宗夔嘲諷說，從廣西諮議局集體請辭和湖南公債案看：「資政院全可不要，且御史以個人之資格隨便上一摺奏或可有效，至於全體議決的事情反為無效，可見中國立憲到底是靠不住的。」議員陶鎔建議議員們「靜坐以待」。議員們紛紛站起來，大聲要求沈家本「從速打電話請軍機大臣趕緊來院」。

一直沉默不語的清朝最後一位狀元劉春霖突然站起來發言：「我皇上、攝政王對於臣民一視同仁，毫無成見，所以『庶政公諸輿論』一語屢見於上諭，今資政院所議決的，不能不算輿論，現在何以忽然不公諸輿論呢？」劉春霖覺得造成這個原因的根源就在軍機大臣，「軍機大臣所以要使資政院議決的事無效力，因為軍機大臣有意侵資政院權，違資政院法，借此議案以為嘗試」，「推軍機大臣的本意，不過借此稍示其端，且看資政院權之可以侵不可以侵，資政院之法可以違不可以違」。

資政院是皇上欽定的預備國會，激進的憲政改革派為了保持人民代表地位，同軍機大臣發生齟齬不可避免。樞廷高高在上的權威受到了嚴重的挑戰，當資政院議員要求軍機處對資政院負責之時，這已經觸及到政治架構的敏感神經，軍機處領銜的政府遂感到有裁抑資政院權威的必要。劉春霖一語道破湖南公債案背後軍機處的深意：「若本院不復質問，便是默示承認，默示承認之後，恐軍機大臣對於資政院侵權違法之事必相逼而來。」

議員們在資政院肅坐三十分鐘。

主持會議的沈家本看了看表，非常無奈地徵詢議員們的意見：「軍機大臣現已散值，我們於下次開議時再請軍機大臣到院如何？」易宗夔突然站起來

最初的國會
晚清精英救國之謀 1910～1911（修訂版）

回應：「請軍機大臣首座慶親王來院，軍機大臣首座我們認他當作立憲國內閣總理大臣。」許鼎霖也欲登台發言，立即有議員打斷：「現在靜候軍機大臣，請不必發言。」許鼎霖以「言論自由」依然登台演說。

「我們中國向來無有法律，所以才貧弱到如此。自皇上設立資政院、諮議局，方有個立法機關，我們要再不好好保守法律，危亡就在旦夕了，所以本院議員言語激烈，並不是為一身一家之計，實為中國大局存亡之計。」許鼎霖將楊文鼎的侵權違法行為由之前的欺君罔上，上升到國家存亡的高度，「看中國歷史所載，歷代諸侯尾大不掉，都是不遵守法律之故，誠足為前車之鑒。這樣看來，朝廷甚願督撫遵守法律，現在我們中國民不聊生，全由督撫不遵守法律所致。」

「中國內政不修，外患日迫，都是由軍機大臣及各省督撫違背法律所致，就是軍機大臣、各省督撫不怕對先朝不住，我們人民還恐無以對皇上及先朝，所以不能任行政大臣違背法律以危國家。」黎尚雯建議沈家本再電請軍機大臣。「為尊崇皇上起見，為安靖國家起見」，議員們靜坐在資政院等候軍機大臣的到來，議員們警告軍機大臣們，「若不顧大局商量，政府抵制議員，致生衝突，恐不唯無以對天下人民，亦無以對我皇上也。」

突然這個時候有人提議議長宣告散會，理由是不少議員都出場喝茶去了，在場人數不到三分之二。議員們群起辯駁，議場騷然。易宗夔勃然大怒：「現在靜候軍機大臣，到時開議，何得倡說散會？汝畏軍機大臣嗎？恐怕軍機大臣來時無話可說嗎？」有欽定議員突然冒出一句：「無議過一事，這個光陰甚屬可惜。」羅傑議員譴責冷嘲熱諷的欽定議員，資政院的立法之權是皇上賦予的，法律是欽定，「議員所爭是尊重皇上、尊重民權、尊重法律」。

吳賜齡準備好了一份質問軍機大臣的說帖：「自古聖帝明王都以納諫容直為盛德，此次上諭即使出於我皇上獨斷之明，苟未盡善，猶必樂聞讜議，況我皇上正在沖齡，頒布一切法令皆軍機大臣議決事件，所以必須質問軍機大臣。」于邦華覺得現在督撫把法律和命令混為一談，大家要遵守法律，所以要質問軍機大臣，無論軍機大臣哪天出席答辯，都是希望資政院議決的具有

彈劾軍機案（二）

法律效力的案件生一效力。

登台演說的議員李摺榮搬出了光緒皇帝的遺訓：「現值國勢積弱，事變紛乘，非朝野通信，不足以圖存立。朝野同心者，同此尊重法律之心也。」光緒皇帝在身前昭告天下預備立憲，警告天下臣民：「非紀綱整肅，不足以保治安。紀綱整肅者，上下同處於法律範圍之內也；非官民交勉，互相匡正，不足以促進行而收實效。交勉者，官民以遵守法律交勉，有踰越者，則互相匡正也。」李摺榮演說中一聲長嘆：「國之有法律，如人之有精神，人無精神則死，國無法律，其危殆不可勝言。」

資政院群情激奮之時，軍機大臣們已經回到府上喝茶。于邦華憤怒地責問軍機大臣們：「腦袋中所貯何物？」整個議場再次譁然，不少欽定議員紛紛離場。汪榮寶和沈家本見狀，立即召集十多人成立維持會，打算以維持會為基礎，「陰備組織入政黨」，汪榮寶和雷奮就組織政黨問題進行了深入的商討，為了達到制衡政府的目標，維持會祕密組織院外同志會，同議員們聯絡一氣，為議員們進行輿論聲援。議員們萬萬沒有想到，資政院的靜坐和祕密行動已經刺痛了樞廷最敏感的政治神經。

最初的國會
晚清精英救國之謀 1910～1911（修訂版）

彈劾軍機案（三）

議員們在資政院枯坐，議長不斷給軍機處電話，苦等不見軍機大臣們的身影，更聽不到他們的一句回音。議場群情激奮之時，軍機大臣們正在府邸端著茶杯，同一幫幕僚高談闊論，面對激動的議員們要向攝政王提交彈劾報告這一看上去非常麻煩的問題，軍機大臣們不屑地拋出一句話，「不過借彈劾政府以邀譽也。」

「署名之制必須與組織完備之責任內閣相依而始顯其用。」軍機大臣們拒絕到資政院就湖南公債案接受議員們質詢，一旦軍機大臣站到資政院的講台上接受議員們質詢，那麼意味著資政院顛覆了大清的政治框架。副署制度是乾隆年間加重軍機處權力，防止洩露樞廷機密而制定的政策。軍機大臣們向資政院傳遞一個明確的信號：軍機處只是奉旨辦事而已，無能力承擔責任，更妄談具有憲政體制國家的國務大臣拒絕副署、駁斥上諭的權力。

議員們認定在責任內閣沒有成立之前，「攝政王虛心採納各事，多注重於軍機大臣」。軍機大臣副署制度在清執政集團的權力框架內是個極度敏感的問題。1906年，中央改革官制期間，權勢熏炙的直隸總督袁世凱提倡仿西方體制設立內閣，以及與此相適應的軍機大臣副署制度，關係機密事件，由總理大臣、左右副大臣書名，「內閣各大臣奉旨，皆有署名之責」。袁世凱此議一出，京城官場一片譁然。

「我朝名分最嚴，天澤之分，冠履之辨，斷無臣下署名諭旨之理，應仍舊稱某衙門奉上諭為正。此則名義所在，亦即預防專政之萌者。若夫用人之柄尤為君上之特權，非臣下所敢暗干。」御史趙炳麟對袁世凱的副署制度反對強烈，他在報告中提醒慈禧太后：「立憲精神全在議院，今不籌召議院，徒將

最初的國會
晚清精英救國之謀 1910～1911（修訂版）

君主大權移諸內閣,此何心哉?」趙炳麟警告樞廷提防袁世凱「欲以立憲為名,先設內閣,將君主大權潛移內閣,己居閣位,君同贅慶,不徒免禍,且可暗移神器」。趙炳麟甚至擔心「太后一旦升遐,必禍生不測」。

直隸總督是天下總督之首,肩負拱衛京畿之重責,卻成為天子腳下的權力盲腸。北洋領袖李鴻章拒絕做權力的盲腸,成了令清執政集團頭疼的河豚,食之鮮美卻致命。李鴻章死後,袁世凱繼承了李鴻章的政治衣缽,慈禧太后發現袁世凱「入議官制氣凌朝貴,搖動樞臣,頗有唐室藩鎮朱溫」之風。朱溫曾經是李唐王朝的殿下之臣,最後卻成了李唐王朝的終結者,慈禧太后自然不希望愛新覺羅王朝終結在袁世凱手上。言官們抓住機會彈劾袁世凱,「時言者蠭起,率以攻項城」。副署制度也隨著袁世凱離京負責「彰德秋操」無疾而終。

歷史是一齣幽默劇。

1908年11月15日,「精神崩潰」的慈禧太后走完了自己的一生,醇親王載灃出任監國攝政王,各國駐華公使不看好年輕的攝政王,認為他不是「一位強有力的人物」,「所接受的教育和訓練」不能「推動大清帝國沿積極的道路向前發展」,駐華公使們發回國內的密電中非常擔心北京發生政變。在光緒皇帝的典禮儀式上,群臣跪聽恭讀祭文時,「前列諸臣,竟笑語喧譁,焚化衣冠時,並有轎伕多台橫絕擁擠」。面對「殊不成事體」的現象,駐華公使搖頭嘆息,士大夫精英們相當失望,只能惆悵「監國闇弱,不足鎮壓政府」。

樞廷諸臣的無禮令年輕的攝政王怒火中燒時,內廷暗流湧動,「懿親意氣甚盛,在內廷時有喝斥從官,責打太監」的狂逆之舉。恭親王奕訢的孫子小恭親王溥偉在光緒皇帝大喪期間「忽傳旨詣內務府,有所指揮,自言太后令己總理內外喪事」,「內務府大臣奎俊疑之,密啟監國。監國聞有口傳懿旨,大懼。急邀奕劻入見隆裕,言溥偉悖狀」。垂簾聽政的隆裕太后身為皇權的捍衛者,豈容親王亂朝,立即發懿旨昭告天下:「自皇帝以下,皆當服從攝政王命令。」跋扈的親王被震懾住後,內廷方歸平靜。

軍機處是清廷全國政務中樞,袁世凱的政治盟友、慶親王奕劻一直壟斷

彈劾軍機案（三）

著首席軍機大臣的位子，滿洲鑲黃旗「三才子」之一的內閣大學士那桐是奕劻的同盟，「慶、那皆狂呆橫肆」，時人譏笑兩人把持的軍機處為「那慶公司」。兩人暗嘲毫無政治經驗的攝政王無經邦濟世之才，攝政王「雖惡之，而格於隆裕，無如何也」。身為樞廷重臣，奕劻外結北洋領袖袁世凱，「朝有大政，每由軍機處問諸北洋」，攝政王相當擔心「朝權移集」。

面對朝廷的內憂外患，期冀強化自己權力，抬高自己監國地位的攝政王，決定利用「朝廷耳目之官」御史大夫們的口舌「首重大權」，「據實指陳」彈劾「糾察行政」，為自己的施政掃清障礙。攝政王很快就「召見江春霖、趙炳麟兩侍御」。「諫垣入對」在清朝「絕跡已三十年」，御史突然成了攝政王的寵臣，一時間整個朝堂「台諫風生，海內動色」，「嘗有七御史同日各遞封奏，稱極盛焉」。

春風得意的趙炳麟立即向攝政王提議恢復乾隆皇帝時期的副署制度。三年前，趙炳麟曾極力反對副署制度。在給攝政王的報告中，趙炳麟提醒攝政王監國後：「傳諭以無考覆，前後不免參差，保人無以責成，而賢佞不免雜進，甚且善則歸己，過則歸君。其弊至於無所底止。」趙炳麟擔心「一諭失當，一人失機貽禍至不堪設想，而求其罪之所在，有泛無歸屬詢可慮」，建議攝政王「凡傳諭之事，無論為明諭，為密諭，皆署擬旨大臣銜名，以備考覆」。

趙炳麟的一番話讓攝政王茅塞頓開，光緒皇帝賓天之前已經昭告天下宣布預備立憲，乾隆時期的副署制度「亦有立憲之性質」，現在自己恢復副署制度，清廷就有了與立憲政體國務大臣副署體制相匹配的制度，可以向天下臣民昭示自己憲政改革的決心，收天下士庶之心。同時，攝政王還可以加強自身集權，彰顯攝政王之威權。副署制度一出，輿論興奮異常，樞廷決策都是經過攝政王親自裁決的，「非大臣所專擅，亦非內監之口傳，天下之信用克堅，海內之覬覦自息」。

副署制度推行後，副署攝政王上諭的常為軍機大臣，遇到政治體制改革的重大決策，清廷全國改革總機關會議政務處王大臣也要在會議後共同副

最初的國會
晚清精英救國之謀 1910～1911（修訂版）

署。立憲派的精英們對副署制度有著相當高的期望，因為攝政王推行的副署制度會讓只聽命於皇上的軍機大臣「擔負國家之責任」，讓「我國數百年來之行政方式為之一變」，實為「預備立憲第一年之佳現象也」。立憲派希望攝政王能夠以副署制度為突破口，迅速地推動中國從專制政體走向立憲政體。

「凡君上大權作用，必須內閣副署，猶之制定法律必得國會協贊。」副署制度一出，督撫們譏笑：「照內閣制度，專其措施於總理大臣之身，即使才智殊絕，而求勝位愉快，究恐不易，若仍分責閣臣，則日久又將與舊制無異，應如何通籌妥計？」督撫們並不看好尸位素餐的樞廷大臣們，可是攝政王在推行副署制度的同時，將一直令清執政精英們夜不能寐的地方軍權和財政權收歸中央，「軍政、鹽政厚集中央，督撫權削矣」。

攝政王的改革令督撫們牢騷滿腹。

光緒皇帝詔令預備立憲期為九年，北京十一個部門同時推進改革，地方推進自治試點。遺憾的是，改革計劃宣布之時，度支部已經一貧如洗，軍隊的糧餉只能依靠向銀行貸款維持。為了避免清皇族的龍興之地落入日俄之手，北京的高級官員們為東三省的自治改革一直在同歐美銀行家、政治家們商洽貸款。東三省總督錫良在給攝政王的一封信中相當憂慮地寫道：「今日情隔事歧，民窮財盡之狀，欲持兵力以圖強，非五十年不能收效，持政治以自振，非三十年不能見功。」

年輕的攝政王希望透過副署制度讓樞廷閣臣們為整個帝國的改革負責。可是督撫們對以軍機處為首的樞廷重臣們穿上副署制度外衣替代責任內閣而不負責的行為相當不滿，因為憲政國家的政治責任「唯政府負責任」，「故一切籌劃、支配皆在政府酌盈、劑虛亦在政府」。相反，攝政王的國家行政、軍隊等改革各項經費需要督撫籌措，地方行政也要督撫籌劃，「無一非督撫之責，是中央集權而四方負責也」。督撫們怨聲載道：「今日之患，在民窮財盡，新政太繁，各不相謀，無主腦，無秩序，兼營並進。」

「十一部同時經行，各不相謀，財政力挫，情勢日彰，各省同處困難，各部且同時有衝突，於是知非握定主腦為簡單重要辦法無當也，至國會只議決

彈劾軍機案（三）

之權，而執行仍在政府，士大夫有政治思想者日多，國會即可為羈縻之地，且可杜局外之妄倫，淆亂是非。」山東巡撫孫寶琦向攝政王的一通埋怨令風口浪尖上的湖南巡撫楊文鼎感同身受，中央催促地方督撫完成教育、警察、基層政務等等方面的立憲改革任務，可是「監理官與諮議局同時並對峙，對付已屬不易，用人用財之權，漸漸無效果，疆吏更無能無矣」。

楊文鼎聽聞軍機處對湖南公債案不負責相當失望，輿論譴責軍機大臣們「雍容雅步，旅進旅退，僅為天子司傳宣，過則歸君，功則歸己。於是中國官吏自上至下，自尊至卑皆茫然，不知其責任之所在」。督撫們向攝政王提議，一定要剔除弊政，「不能不猛力求進，以冀捷於收效」，改革的頂層設計就是成立責任內閣，「新內閣成立之責任，必先有統一之機關，而後有執轉之能力也」。督撫們警告拖延成立責任內閣只是「後顧茫茫，彌增一巨惶」。

湖廣總督瑞澂、東三省總督錫良為首的十六省督撫聯名上奏攝政王，現在帝國「時事艱難，臣民望治，內閣為行政樞紐」，希望攝政王能夠速設責任內閣，以尊皇權。督撫們在祕密聯合的過程中嘲笑樞廷用人「一個不如一個」，揚言只有重組政府才能拯救大清帝國。攝政王面對督撫們的聯名電如芒在背，中央削弱督撫們的權力相反遭致他們的聯合，攝政王決定調虎離山，將部分性格堅強的督撫調進北京樞廷，排除來自以督撫為首的地方利益集團對中央各項新政的長期抵制。

在推行副署制度的背景下，地方政治強人進京重組政府，責任內閣呼之欲出。鎮國公、度支部尚書載澤因娶了隆裕太后的妹妹為福晉，經常「往來宮中，通外廷消息」，同湖廣總督瑞澂、東三省總督錫良、四川總督趙爾巽「引為同志」，覬覦內閣總理之位，甚至以隆裕太后「挾制監國」。肅親王善耆「促立憲，開國會，凡諸新政，皆極贊助」，為謀得內閣總理之位，在取得梁啟超為首的立憲派支持的情況下，暗中聯絡同盟會，同盟會大佬章太炎都讚響善耆「營州貴冑，首推賢王」。

北京的官員提醒攝政王，地方督撫們聯名通電組建責任內閣背後，是「督撫既因諮議局譸迫於下，又因各部箝制於上」，地方政治強人們擔心權力遲早

最初的國會
晚清精英救國之謀 1910～1911（修訂版）

被削弱,在「中央政府顯無統一機關」之時,藉機進京陰附皇族親貴們「以集政黨」,操控樞廷。兩江總督張人駿也突然警告攝政王,「內閣全權,必持國會為對督」,在選舉制度不完善的情況下,「政黨從違,道謀取捨,既鮮的平,善者因執毀之,歌而即去,措理無從,不善者出其權位、資財,勾結黨援,勢傾主人,蕭牆之禍,曷以御之?」

攝政王寵信的御史們更是刀刀見血,批評憲政改革以來,「刑罰不中,賄賂公廳,內外私相指目,無可知何,窮民轉死溝壑」,而官吏們「恣為淫侈,權歸私室,政出多門」,無論是責任內閣還是國會,都只是皇族權貴和政治強人們維護私人利益集團的工具。憲政改革已經成為滿清王朝最後的救命稻草,別無選擇的攝政王希望血緣親貴們能夠透過內閣維護皇權獨尊,可是清朝的權貴們分列門戶,相互傾軋,一個可怕的現實正在走向年輕的攝政王,「樞府久不屬於人心,革命心理乘之,固意在推翻政府,另組內閣也。而熱衷者更慫恿之,暗中佳持,思睨而代之」。

副署制度一度被憲政改革派視為責任內閣的預演,可是位居樞廷的皇族親貴們除了結黨弄權外,心中毫無副署責任可言。而那些掌握著憲政改革大權的政務處大臣「承某老之鼻息,唯唯諾諾而已」,在商討軍國大事之時「各不敢多言,偶發數語,率視慶王意旨而定,常無決議,唯自主稿者揣摩附會,擬稿奏復」,政務處會議簡直就是形同虛設。更令人失望的是,整個樞廷從各部尚書到政務處會議要政,儘管改革的大政方針「已交政務處王大臣共同閱看」,可是決定權最終以首席軍機大臣奕劻為主。

奕劻一直覬覦責任內閣總理的交椅,面對載澤、善耆為首的皇族精英,奕劻一直團結政治盟友袁世凱的北洋勢力,同時交結皇權捍衛者隆裕太后。攝政王試圖重組軍機處以削弱奕劻的勢力,沒想到在隆裕太后的干預下,攝政王在軍機處的代言人毓朗不能出席有奕劻在場的決策會議。資政院的議員們在副署制度推行後,一直視奕劻為未來責任內閣總理,沒想到湖南公債案一出,奕劻只是淡淡的一句「敬奉君命,列明敕尾」將責任推給了攝政王。推動副署制度的趙炳麟一怒之下,彈劾慶親王奕劻「貪庸亡道,負國背君,

彈劾軍機案（三）

罪大惡極，天怒人怨」。

軍機大臣們的冷漠令資政院的議員們怒火中燒，這時候廣西和雲南諮議局送來兩件議案。廣西籌辦高等警察學校，廣西巡撫向北京奏請在本省舉貢生員和曾經在中學堂畢業者外，可以在外省招收具有同等學歷的學生，廣西諮議局提出要限制外省學生名額為百分之三十，巡撫和議員們堅持己見，電請資政院核議。雲貴總督在鹽價加價問題上鬧得水火不容，總督以鹽務屬於國家行政範疇，拒絕將加價問題提交諮議局審核。

警校已經劃歸肅親王善耆執掌的民政部主管，資政院派出專人參照民政部的《奏定高等巡警學堂章程》進行審查，發現巡撫以桂省生員蒐羅殆盡的擴招理由牽強，而「中學同等之程度」的擴招標準難定，不易區分，民政部的章程規定不能招收外籍學生，資政院的審查小組議員們提請裁決此案應該最終交諮議局議決。在預備國會現場，議員們對廣西巡警學堂招生案分歧不大，擬稿具奏，請旨裁奪。

雲南的鹽價問題更為敏感。在給攝政王的報告中，雲貴總督抱怨禁煙之後雲南「財源困涸，生計奇窘」，加上雲南同緬甸交界邊境私鹽猖獗，馬腳（運費）低賤，鹽價漸落，總督決定每運百斤鹽加價白銀5錢。總督同諮議局最終將問題鬧到了資政院，總督向資政院提交了憲政改革總機關憲政館於一千九百零九通電全國的電報為依據：「凡屬國家行政，皆由督撫照常奏咨，非議局所能置議，毋庸交局議決。」諮議局批評鹽價上漲增加了人民負擔，加之滇省鹽務官員營私舞弊，鹽價陡漲導致群情惶恐，已經成為地方「政體之汙點」。

鹽稅是國稅大宗，資政院審查股的議員們認定將鹽稅變名為馬腳就不能歸國家行政之內。議員們嘲笑雲貴總督巧立名目，陽避加價之名，陰收加價之利，因為馬腳是運鹽者的酬勞，漲落無常，身為地方行政長官，應該「減輕成本，恤商恤民，以期抵制交緬私鹽之不暇，此時若加收馬腳，銀兩多取，為虐地方，更何以堪」？議員們議決雲貴總督「侵權違法」，應該將議案提交諮議局議決，雲南籍議員張之霖建議攝政王「將總督命令立即取消」。

最初的國會
晚清精英救國之謀 1910～1911（修訂版）

資政院按照議事規則向攝政王具奏議決案。1910年11月18日，資政院議長溥倫在會議開始「出臨議台」，恭讀了攝政王的一道上諭，議員們落座後，許鼎霖議員突然站起來問溥倫：「前天的上諭是三道，現在議長只宣讀一道，還有兩道，請議長宣讀。」溥倫連忙解釋說，兩道未宣讀的攝政王上諭是因為關於廣西巡警學堂招生案和雲南鹽價加價案系閣抄，不是對資政院交旨，所以沒有宣讀。議員們一聽溥倫此說，議場大嘩。

攝政王將廣西巡警招生案交民政部察核具奏，雲南鹽價加價案交督辦鹽政處察核具奏。湖南公債案已經讓議員們對行政官僚侵權違法的行為深惡痛絕，對軍機大臣不負責任怒火中燒，現在資政院議決的地方案件竟然讓行政衙門察核，「隱然視資政院為鹽政處和民政部的下級官廳」，第一個站起來的議員易宗夔情緒激動，無論是廣西還是雲南案，「既是軍機大臣擬旨、軍機大臣副署，則軍機大臣有應負之責。軍機大臣豈不知道這個立法機關（資政院）是獨立的麼？既然知道為獨立的機關，就不能將立法機關所議決的案子交行政衙門去察核。可見軍機大臣是侵資政院的權，違資政院的法了」。

易宗夔提議直接彈劾軍機大臣。議員陶鎔更是淚如雨下：「前次於議員演說速開國會之事痛哭，今天更不能不哭了。軍機大臣敢侵權違法不負責任，我們資政院還成個立法機關麼？我國之國計民生現在如此困苦，而資政院每年費去數十萬金，我們議決的毫無效力，要我們做什麼呢？」軍機大臣們只是輕描淡寫地說副署制度是仿乾隆年間舊制，陶鎔質問乾隆年間軍機大臣能不負責任？《詩》云「袞職有闕」，攝政王日理萬機，奕劻為首的軍機大臣們卻「蔑視先朝法令，置國家危急存亡於不顧」，彈劾軍機大臣已經刻不容緩。

陶峻議員對軍機大臣將資政院決議推到無效的尷尬境地很不理解：「軍機大臣把資政院推倒之後，試問軍機大臣能否把中國鬧到不亡？試問中國亡了，軍機大臣身家何在？富貴何在？明朝將亡之時，那一班圖富貴的臣子，到了李闖來的時候，個個身家都不能保。」陶峻警告高高在上的軍機大臣們：「若是保不住國家，保不住百姓，則自己的身家亦是萬萬不能保的，

何況富貴？到那時候，除非是走到美、日等國去，但試問人家能否留你這樣的人？」

「現在中國國計民生鬧到如此，而軍機大臣尚醉生夢死，用上諭的名義運自己的私意，舞文弄墨，有何益處？」陶峻對軍機大臣們不負責任的行為相當失望，一聲長嘆，「試問天下事還怎麼辦？」議員牟琳警告軍機大臣們：「我國自秦而下，君民隔閡數千年，朝廷設立資政院，是君民接近的地方，而軍機大臣直要推而遠之，是使全國的人民、全國的輿論都歸過於皇上。」

整個議場言辭激烈，軍機大臣儼然已經成了亡國罪人，皇帝已經成了負謗天下的昏君。令人意想不到的是身為皇族的議長溥倫沒有譴責言語過激的議員，只是提醒：「方才有位議員說為君上結怨於天下，這句話似欠檢點，以後請諸位議員說話，特別注意。」江辛議員不以為然：「凡隆盛之朝，王聖臣直，斷沒有唯唯諾諾者。若是諱而不言，深恐國將瓦解。」議員們揚言不彈劾「不負責任」而有責任內閣之制度的軍機處，憲政改革就斷了出路。

最初的國會
晚清精英救國之謀 1910～1911（修訂版）

彈劾軍機案（四）

資政院預備國會現場群情大憤，首席軍機大臣奕劻聽聞怒不可遏。

奕劻同袁世凱一度欲將溥倫推向龍椅，慈禧太后在最後一刻選擇了溥儀。坐上資政院議長的溥倫迅速站到了憲政改革精英們一邊，挾輿論欲圖樞廷顯位，令奕劻和他的政治盟友們經常陷入輿論的暴風口。湖南公債案中，軍機大臣們拒絕了靜坐議員們的逼宮，沒想到廣西和雲南兩案將軍機大臣們醜化成亡國佞臣。奕劻將溥倫叫到軍機處每日起坐的板房內「痛加申斥」，「嗔其不將此案壓置」。一直沉默的溥倫最終「無法申辯而退，回至南書房太監屋」。

溥倫帶著一肚子委屈回到資政院，找了一干皇族親貴在會議休息期訴苦，貴冑學堂大臣、皇族議員載潤為首的皇族親貴們聽聞溥倫「受奕劻申斥之事，眾人默然無語」。載潤對皇叔奕劻的跋扈與無知非常驚訝：「奕劻不知立法機關程序，提議即經多數議員贊成，既成定案，議長無權可否。」樞廷的親貴們沒有因為奕劻訓斥溥倫而結束對資政院的積憤，相反有大員揚言要把全體議員「逮捕繫獄」。

奕劻訓斥溥倫的消息很快在議員間傳開，議員們「莫不憤憤」，不少議員對憲政改革極度失望，建議攝政王解散資政院，更多的民選議員希望大家團結起來彈劾軍機大臣，陳請速組責任內閣。民選議員們在全蜀會館祕密集會，商討對付樞廷的方法。奕劻很快得到情報，資政院將有更大的風潮。參會的議員許鼎霖擔心激進的議員激化資政院同樞廷的矛盾，那樣一來很容易將憲政改革扼殺於搖籃之中，於是將當日全蜀會館祕密會議的情形告知曾經在民政部任職的議員汪榮寶，希望政府「預籌平和了結之法」。

最初的國會
晚清精英救國之謀 1910～1911（修訂版）

　　軍機處派駐資政院的特派員李家駒試圖為軍機大臣們辯護，資政院是獨立機關，朝廷也有自由諮詢之權，無論是湖南公債案，還是廣西、雲南案，軍機大臣讓行政衙門察核「斷不至把資政院議決的話再加置議之詞」。議員吳賜齡立即反駁了李家駒的說辭，「現在既經表決，又要民政部、鹽政處察核，就是不信任資政院」，軍機大臣在給資政院的回覆中「不負責任」一句就該彈劾，「既然大臣不負責任，國家要此軍機大臣做什麼事？」

　　李家駒很快陷入議員們的口水之中，易宗夔「滔滔作數萬語，聽者神往，記者腕疲」，他讓李家駒給軍機大臣們帶口信：「軍機大臣自己見得不是，就應自己辭職，若以資政院為不是，就應奏請解散資政院，斷無調和之理。」黎尚雯議員接著易宗夔的話很直接地說：「這樣看來我們與軍機大臣勢不兩立。」雷奮議員擔憂，一旦廣西、雲南兩案開了行政衙門察核資政院決議先例，「照此解說起來，以後資政院所有一切議決具奏案都要交行政衙門察核了」。

　　資政院的議員們最終「眾決參劾樞臣」，到會的一百三十四名議員中，有一百一十二人起立贊成彈劾軍機大臣。彈劾軍機案透過後，無論是欽選還是民選，議員們激昂慷慨，言論一致，「大有氣吞雲夢之慨，不可謂非豪舉」。軍機大臣們聽聞議員們「駁辭鋒利，受窘殊深」，一方面暗中籠絡幾名議員援助，一面發布了廣西、雲南兩案「著依議」的上諭。而一心圖謀責任內閣總理之位的督辦鹽政處大臣載澤、民政部尚書善耆同意資政院的處理方法。

　　軍機大臣和行政長官們向資政院示好意在化解彈劾危機。在軍機大臣副署的兩道依資政院議的上諭在資政院宣讀的當天，陳懋鼎提議取消彈劾軍機大臣的決定：「情形已經改變，具奏案自然可以取消。」陳懋鼎出生於官宦之家，他的叔父是「清流派」名士、宣統皇帝老師陳寶琛。陳懋鼎這位官二代在擔任駐英公使期間，第一個將《基督山恩仇記》翻譯成中文本。在彈劾軍機大臣決定透過之後，陳懋鼎成了樞臣們拉攏的對象，他的取消彈劾案之說一出，立即陷入了民選議員們的舌劍之中。

　　遭遇奕劻訓斥過的溥倫也希望給自己同軍機處修復關係的台階，在議員

彈劾軍機案（四）

們爭論不休之時突然宣布：「我們現在表決，應否將這個奏稿取消？」慌亂之中，多數議員起立。議員閔荷生就在溥倫欲宣布取消彈劾軍機大臣之時高聲抗議：「不能說全部取消！」整個混亂的議場瞬間凝固一般，易宗夔擔心有人魚目混珠，立即登台演說：「今天不過是取消奏稿，而彈劾軍機還沒有取消的。」易宗夔提議再行起草彈劾軍機大臣的奏稿，新的奏稿中可以取消「違背法律」四個字，但是不能取消「不負責任」四個字。

　　黎尚雯抓住易宗夔提出的軍機大臣不負責任的問題，慷慨陳詞：「我國近年來內政、外交弄得這樣壞，皆由於軍機大臣不得其人，現在軍機大臣既然不負責任，就不應用不負責任的軍機大臣主持國事，應趕緊組織負責任內閣，並不得用現在不負責任之軍機組織之。」黎尚雯提議在新的彈劾軍機奏章中：「應羅列近年內政外交之種種失敗，皆由於軍機大臣不負責任所致，危而不持，顛而不扶，此等不負責之軍機尚可容留而不去之耶？」

　　陶峻議員擔心彈劾軍機大臣不負責任的提案在資政院通不過，因為資政院有兩派，一派是民選的，一派是欽選的。陶峻提醒議員們：「議院責任在於維持國家的安寧，軍機大臣不負責任，置國家安寧於不問，我們百姓就危險得很，所以民選議員要彈劾他。但如果國家亡了的時候，試問欽選議員還能坐在這個地方嗎？現在我國家到這個地步，大家想一想，是誰之咎？」陶峻立即意識到自己的話有分裂議員的危險，馬上補充道：「本議員想起來，我們議員之中絕沒有人為軍機大臣袒護，而置國家之危亡於不顧的。」

　　陶峻的一番話立即讓整個議場空氣緊張起來，曾經在彈劾軍機大臣議決時同心協力的欽選議員們立即跳出來反對。憲政改革中樞憲政編查館欽選的陸宗輿反駁說：「這個話是不對的，本院議員無論欽選、民選，對於國家都是一樣的責任，願大家都平心靜氣把國家各種機關日求改良。」陸宗輿擔心：「今若彈劾軍機大臣，就將乾隆以來的制度不合說起，不但代遠年湮，就是彈劾上去，恐皇上也沒有辦法。」陸宗輿提醒同僚們不要輕用資政院的彈劾權，建議「從實際有益著想，奏請即行組織內閣，而內閣未成以前，則請明定軍機大臣責任」。

最初的國會
晚清精英救國之謀 1910～1911（修訂版）

　　陸宗輿也成了民選議員口水的對象。雷奮議員的不斷追問令陸宗輿如坐針氈，他對軍機處制度不善相當失望，提議「裁撤軍機處，趕緊組織責任內閣以代軍機處」。最終會議決議以「不負責任」為題，指定易宗夔等六人為彈劾奏章起草員。因為會上發言議員太多，之前擬定的奏稿大量內容要變更，六位起草員草擬好初稿後，約請雷奮為首的精英共商彈劾奏稿的措詞，希望更加完美，直擊要害。

　　聽聞資政院的議員們情緒激動，樞廷的親貴大臣怒拍桌子：「資政院議各議員如此囂張，斷難再事優容，且此次交旨，業經政府特派員解釋明白，何以該院復無理取鬧若此，將來彈劾案後，只有二法可以解決，一立時解散，一則置之不理。」站在旁邊的一位顯貴磕了磕煙袋，惡狠狠地說了一句話：「他們如此胡鬧，解散不足以敝辜，非嚴加禁錮不足以儆後來而挽囂風。」首席軍機大臣奕劻「寧見義和拳匪，也不願見資政院」。軍機大臣那桐私下拜訪了議長溥倫以及六名議員代表，試圖取消彈劾奏稿，未果。

　　1910年12月10日，彈劾軍機大臣的奏稿呈資政院議決。議會祕書長金邦平朗讀奏稿時滿腔憤恨：今日危急存亡之際，內憂外患相迫而來，民窮財盡，不可終日，軍機大臣受國家莫大之恩，居人臣最高之位，謂宜懼惕厲，殫竭忠誠，共濟艱難，稍圖報稱，乃以不負責任則如彼，不知行政又如此，旅進旅退，虛與委蛇。上無效忠皇室之思，下鮮顧畏民喦之意。持祿保位，背公營私，視國計之安危，民生之休戚，若秦人視越人之肥瘠，漠然無動於其心，坐令我監國攝政王憂勞感嘆於上，四萬萬人民憔悴困苦於下。

　　彈劾奏稿尖銳指出攝政王經常以諭旨「責以警覺沉迷，勉以掃除積習」，可是樞廷「諸臣蹈常襲故，置若罔聞，前後相師，如出一轍」。在議員們看來，攝政王和皇上「以天廣地厚之恩優加倚任」，「而諸臣以陽奉陰違之習，坐致危亡」。這份以議長溥倫之名上的彈劾奏章建議攝政王「迅即組織內閣，並於內閣未經成立以前，明降諭旨，將軍機大臣必應擔負責任之處宣示天下，俾無諉卸，以清政本而聳群僚，實於憲政前途不無裨益」。

　　金邦平在朗讀的過程中，整個會場掌聲不斷。資政院的議員們代表的是

彈劾軍機案（四）

全國人民，彈劾軍機大臣是在《資政院章程》和《憲法》的法律框架範圍之內，以全國立法總機關身分對最高行政衙門不負責任的彈劾。作為資政院彈劾軍機大臣第一案，也是「吾國有史以來第一案」，情緒激動的議員孟昭常在朗讀一結束就登台演說，彈劾案「宜莊重不可浮泛，宜博大不可瑣碎，宜顧全大局不可落邊際」。令樞廷失望的是欽選議員在「輕躁者雖欲妄為建議」時未能發揮「老成者必不漫為雷同」的作用，彈劾奏稿最終以一百二十九人高票透過。

資政院的彈劾奏稿透過決議後，輿論界沸騰了，「軍機之在中國政界視為其權至高莫敢或犯者也，而資政院乃一再要其到會，甚而至於彈劾，於是軍機處之威信掃地，而資政院之價值亦由此而起」。樞廷的親貴大臣們突然意識到，資政院可以透過立法權、財政預決算審核權來監督政府，國家的行政權力已經隨著彈劾、議決而逐步脫離上千年的皇權軌道，潛移資政院獨立運行，立憲派將透過資政院的立法、監督之權來全面制衡行政衙門。

「無權而負責，誰肯為之？」軍機大臣們突然意識到資政院不是士大夫精英們的輿論場所，他們以人民的名義正在一步步顛覆清朝的政治結構。可是清朝的軍機處同國外的內閣總理有著天壤之別，國外的「內閣總理者，於用人行政上皆有身使臂」，憲政國家的各部行政大臣皆由總理組閣，而軍機處「軍機大臣聚四五人於一室，人各一意」，無論是北京的各部行政大臣，還是地方的督撫均聽命於皇帝，內外均請旨辦事的軍機大臣「實則朝廷一書吏耳」。軍機大臣們揚言，「無論何人為之者，皆不肯負責任」。

議員們同軍機大臣交惡之時，一直圖謀內閣總理的鎮國公、度支部尚書加緊同歐美銀行家談判，期冀國際巨款推動財政改革和貨幣改革，為角逐總理之位增添籌碼。同時，載澤向議員們釋放友好信號，全面推動財政預決算制度，親自到資政院演講，不斷跟議員們私下接觸。為了成功上位，載澤向慶親王奕劻示好，支持奕劻出任元老院領袖，承諾「遇有國家大事」，隨時諮詢元老院領袖。肅親王善耆祕密同易宗夔、雷奮為首的憲政激進派聯絡，御史們提醒攝政王，善耆在私邸設宴招待彈劾軍機的憲政活躍分子，「欲收為

最初的國會
晚清精英救國之謀 1910～1911（修訂版）

己有」。

皇族少壯派們蠢蠢欲動之時，軍機大臣徐世昌到慶親王府同奕劻密商對策，兩人決定由徐世昌出面「求計於項城（袁世凱）」。遭遇攝政王罷黜的袁世凱在洹上村指點江山，最終由徐世昌秉筆的辭職報告非常謙卑地寫道：「臣等奉命先後入贊樞廷，適值國家多故，內憂外患，迭起交乘。臣等仰秉宸謨，殫精闓畫，從不敢少遺餘力，竊冀補救萬一，稍解岌危，乃日兢兢致力於富強」，非常遺憾的是庶政「迄無起色，非唯鮮成效之可言，危迫情形轉日甚一日。此皆由臣等才庸時闇，施措乖方，上無以分宵旰之憂，下無以盡輔弼之責。」

「國步艱難，正人臣效用之時」，議員們彈劾軍機，軍機大臣自請開缺，讓勵精圖治的攝政王和尚在沖齡的皇帝情何以堪？軍機大臣們在辭職報告中很無奈地說，「非萬不得已，何敢以引退為卸責之地？無如智盡能索，力不從心」，如果「長此素餐，不但於政治前途毫無裨益，竊恐貽誤有甚焉。臣等再四焦思，已辭職而辜恩其罪小，以溺職而辜恩其罪大」。在辭職報告最後，軍機大臣們建議攝政王在內閣沒有成立之前遴選洞明政體、精通學理的干臣「以資歷練」，「較之臨時接替，更當措置如一進退間，即可隱收無形之效」。

攝政王看完軍機大臣們的辭職報告欲罷黜奕劻，奕劻聽聞內廷訊息「大驚」，立即重金賄賂太監總管小德張，希望小德張能夠在隆裕太后面前美言。隆裕太后身為皇權捍衛者享皇太后尊榮，奕劻功不可沒。光緒皇帝死後，奕劻強請慈禧太后在皇帝遺詔中加入「承繼穆宗，並兼祧大行皇帝」這麼一段話，讓隆裕太后享有了慈禧太后那樣可垂簾聽政的合法身分。攝政王擔心一旦罷黜奕劻，奕劻同北洋勢力聯手反擊，推隆裕太后垂簾聽政，將威脅到攝政王的監國之權。

鎮國公載澤嗅到了內廷不同尋常的政治氣氛，頻繁「往來宮中」，因為載澤的福晉是隆裕太后的妹妹，妹妹希望太后姐姐能夠襄助載澤坐上責任內閣總理的位子。幕僚們鼓動載澤同地方督撫們結盟，加強中央和地方官僚的互動，降低地方行政衙門對北京改革的阻力。幕僚們建議載澤首選東三省總督

彈劾軍機案（四）

錫良、湖廣總督瑞澂結盟，東三省作為清朝龍興之地，日俄成為皇族最大的外來威脅，擁有地方自治權的錫良在憲政改革中擁有絕對的威望。而湖廣總督握瑞澂是載澤的妹夫，這樣的「三角聯盟成，必甚有力量」。

攝政王一度想讓載澤取代奕劻，很快就聽聞「澤勢大張，澤遍布私人」，憲政改革的領袖人物張謇、鄭孝胥之流「皆為之鷹犬」。同時，載澤祕密同奕劻、袁世凱談判政治結盟，奕劻出面擁護載澤出任內閣總理，載澤恭推奕劻為元老院領袖，內閣向其諮詢，而袁世凱的北洋取代攝政王的弟弟載濤重掌軍事，「務欲則濤於絕地」。攝政王為加強中央集權，削弱北洋的軍方勢力，令兄弟載濤、載洵掌管陸軍和海軍，可是載澤一直在軍費方面進行掣肘，現在欲聯手袁世凱將攝政王兄弟擠出軍界，攝政王的槍桿子計劃到了流產的邊沿。

更讓攝政王夜不能寐的是一旦載澤坐上總理位子，勢必會進一步同隆裕太后合作來確保自己的位子，載澤同隆裕太后交換的政治籌碼就是驅趕攝政王，讓隆裕太后垂簾聽政。作為帝國最高權力擁有者，攝政王自然不允許隱性威脅的存在，更要考慮其子溥儀將來的皇權獨尊問題。1862年辛酉政變之後，慈禧太后一直透過垂簾聽政獨柄皇權，甚至一度欲廢掉親政的光緒皇帝，扶持羸弱的君主以利於自己長期掌權，攝政王絕不希望隆裕太后垂簾，導致宣統皇帝重蹈光緒皇帝的悲劇。

攝政王的御史寵臣們站到議員們一邊，他們在彈劾軍機大臣之時卻無法洞悉攝政王的憂慮，奕劻在軍機處和總理衙門數年，門生故吏遍天下，無論是北京、地方還是國際上，都已形成一張龐大的權力、外交網路，加之有袁世凱的幕後襄助，「該邸一人之進退，恐致動搖者甚多」。讓攝政王失望的是，樞廷沒有任何皇親貴冑可以替代奕劻讓整個國家機器正常運轉，更為重要的是，防止隆裕太后聯合載澤壟斷樞廷，只有首席軍機大臣奕劻是最好的毒藥。

攝政王焦頭爛額之時，突然有人推舉軍機大臣毓朗出任內閣總理。

毓朗進入軍機之前同載灃的弟弟、海軍大臣載洵結成了政治同盟，在載洵的幫助下進入軍機處，成為皇族少壯派在軍機處的代言人。奕劻對這位宗

最初的國會
晚清精英救國之謀 1910～1911（修訂版）

室精英很不喜歡，兩人經常在辦公室爭吵，奕劻揚言只要有毓朗參加的決策會議，自己就不參加。最後隆裕太后出面干涉，毓朗只參加每日的早朝晨會，不參與有奕劻在的政治決策會議。攝政王兄弟在軍機處的釘子成了廢物，毓朗一度建議攝政王「裁撤舊軍機，速設責任內閣」。

在沒有袁世凱的日子裡，慶親王府通向河南洹上村的驛道上駿馬飛馳，衣冠蔽日。一旦成立責任內閣，誰是奕劻的朋友，誰是奕劻的敵人？袁世凱垂釣洹上村，遙持樞廷，他留給奕劻的盟友是軍機大臣徐世昌，以及郵傳部一干掌握經濟命脈的北洋精英。奕劻希望在一個新的權力框架之下推動責任內閣，他向攝政王提出在保留軍機處和政務處的前提下增設責任內閣。奕劻的設計將資政院、內閣置於軍機處和政務處之下，同憲政制度相背離，毓朗立即站出來反對：「國是要題不可私斷，既有責任內閣，即不能再有多數同一性質之衙門。」

毓朗熱切地希望自己坐上內閣總理的位子，一旦毓朗夢想成真，意味著攝政王兄弟站到了奕劻、載澤、善耆、隆裕太后為首的皇族精英對面，整個執政集團內部的分裂將進一步加劇。攝政王對軍方的兄弟們語重心長地說了一番話：「毓朗雖敏銳有為，然求進心太速，恐多貽誤，且於政治閱歷尚淺，非再經驗三五年斷難倚任。」誰出任內閣總理呢？攝政王要保住自己的權力，很無奈地說：「新內閣仍要慶親王。」攝政王對奕劻「欲倚之以防隆裕，倍加優禮」，遇到重大問題，「監國仍多商諸該邸而後決」。

1910 年 12 月 18 日，攝政王連發兩道諭旨進行公開抉擇。

攝政王拒絕批准軍機大臣的辭職，「該大臣等盡心輔弼，朝廷自能洞鑒，既屬受恩深重，不應瀆請所請，開去軍機大臣之處，著不准性」。對資政院的答覆則是：「朕維設官制祿及黜陟百司之權，為朝廷大權載在先朝欽定憲法大綱，是軍機大臣負責任與不負責任，暨設立責任內閣事宜，朝廷自有權衡，非該院總裁等所得擅預，所請毋庸議。」諭旨一到資政院，憲政改革精英們期待「一旨取消當日崩騰澎湃之怒濤」，沒想到「轉瞬即煙消雲散」。

諭旨一宣讀，軍機大臣毓朗第一個站出來，「自陳才力菲薄，閱歷尚淺，

恐不免於貽誤，仍力推慶邸」。載澤、善耆為首的皇族親貴一看奕劻在樞廷的地位無法撼動，連攝政王的心腹都推薦奕劻，自己再一意孤行，到時候落得個助長議員「氣焰囂張」的謀亂罪名，那可是誅滅九族的大罪。那些「回蒙各王被選入院者」，「大都呆若木雞」，以汪榮寶為首的一批曾經贊成彈劾的欽選議員開始默不出聲，「親貴柄權專擅如故，溽王充塞饕冒如故」。

攝政王犯下了一個致命的錯誤。

光緒皇帝昭告天下宣布「大權統於朝廷，庶政公諸輿論」的預備立憲，資政院成為日益高漲的憲政改革「輿論之衝」。攝政王的諭旨無視資政院的立法、彈劾之權，將全國最高的立法機關當成了自己的諮詢顧問御用機關，憲政改革只是皇族少壯派們集權的工具，資政院只是皇權專制的僕從。攝政王為了鞏固自己的權力，以奕劻「受賄尚循資格，更變多持重，不敢生事」為由，用皇權袒護了議員們彈劾的對象，違背了光緒皇帝預備立憲詔書承諾，踐踏了民主權利，破壞了君主立憲的遊戲規則。

君主立憲的原則是君主神聖不可侵犯，但是君主必須在憲法的約束之下，超然於政府和議會至上，國家庶政由內閣負責，直接對民意機關和輿論。資政院作為大清全國民意機關，擁有立法和監督政府的權力。當內閣和資政院發生衝突時，要麼是內閣下台，要麼是內閣解散議會。當議員們聽聞攝政王的諭旨，「皆有憂憤之色」，不少議員提出「請旨解散資政院」。圖謀集權的攝政王不諳政治規則，直接袒護軍機大臣，將自己推到了輿論的對面，無異於昭告天下，憲政改革只是權貴收攬民心的把戲，絕不可能削弱君上大權。

攝政王的上諭一出，輿論譁然，整個國家「舊貫叢挫，散漫之弊，皆在不免起天下猜狙之心，疑政府之有心保持專制」，民眾「為資政院諸公羞而深恨，吾民當日選舉議員，不能為吾民推翻此腐朽之政府，不唯失信於國民，亦見輕於軍機諸老」。議員們擔心攝政王這種「棄絕於人民」的愚蠢行為給革命黨、哥老會煽惑民心鼓噪暴動的機會，一味地用皇權私庇尸位素餐的樞廷親貴，「恐有不能保憲政成立者」，議員們決定再次彈劾軍機大臣。

最初的國會
晚清精英救國之謀 1910～1911（修訂版）

彈劾軍機案（五）

「昨日朱諭想俱已見過，請議長今日不必開議，請旨解散資政院就是了。」1910年12月19日，議員們剛一落座，議長還沒有發話，對攝政王譴責資政院相當憤怒的山西籍議員李素突然登台演說，「現在內政、外交種種失敗，都是軍機大臣不負責任之故，而軍機大臣中握權最久者，孰逾過慶親王（奕劻）、那中堂（那桐）。」李素情緒激動：「看昨天朱諭的意思，似乎以本院不知大體，擅行干預，我們何必自取其辱。況此諭一出，外洋各國愈知我國立憲是假的，反與國體有礙。還是請議長諮詢本院，請旨解散，倒覺痛快。」

議長溥倫一聽李素的話嚇壞了，馬上制止李素的演說：「此案重大，不可倉促付議。」易宗夔發現攝政王兩道上諭背後的問題，彈劾軍機大臣的奏摺和軍機大臣辭職報告是同日送到攝政王案頭的，「攝政王看了這個事情，不好判斷，對於我們彈劾不得不敷衍，對於全體要挾辭職的不能不慰留。」在易宗夔看來，既不許軍機辭職，又不將資政院解散，是個相當危險的問題，因為將來資政院以後關於立法、預算一類的決議，只要各省督撫、各部行政大臣向攝政王提交一份辭職報告，朱諭出來說不行，資政院就可以不用說話了。

易宗夔提議再次彈劾首席軍機大臣奕劻：「我們現在不要再對於機關說話，要對於他個人說話。種種不負責任，種種誤國殃民，以致東三省為祖宗發祥之地差不多都不能保守了，我們把這個種種事實據實彈劾他。」于邦華附議繼續彈劾軍機大臣，只是第一回是法律上的彈劾，「這回是政治上的彈劾」。不過汪光龍議員擔心，「現軍機大臣一經責難，對於上則以辭職為要挾，對於下則挾天子以令諸侯」，議員們誰敢跟皇上相對？資政院將來必至無事敢議，無口可開，「勢必由立憲復返於專制，憲政前途非常危險」。

最初的國會
晚清精英救國之謀 1910～1911（修訂版）

　　末代狀元劉春霖看到攝政王的朱諭「非常惶恐」，沒想到攝政王以「君王大權」私庇不負責任的軍機大臣，「是與預備立憲很不合的」。劉春霖的話還沒說完，官二代欽選議員陳懋鼎就突然打斷劉春霖的話，警告狀元公「對於朱諭說話稍為留意」。兩人開始打口水戰，劉春霖很是憤怒，如果議員們都敷衍，「於資政院前途非常危險的」，軍機大臣輔弼「真無狀已極」卻斷不理睬資政院，「這就不得不歸咎我們議員說話之無價值」，因為很多議員實在「不能為國民的代表」。

　　劉春霖譴責部分議員「純以趨附政府為宗旨」，「會場之上發出議論不敢公然反對，每每用調停主義，出了會場之外，昏夜叩權貴之門」。劉春霖情緒越來越激動，他羞辱趨附權貴的議員「奴顏婢膝」，在樞廷親貴眼中是瞧不起資政院議員的，「覺得這一般人就可以拿著勢力壓倒他的，並可以拿著利祿羈縻他的」。劉春霖的話音一落，會場叱聲四起，愛新覺羅宗室、鎮國公載鎧突然站起來大聲喊道：「請議長維持秩序，現在秩序太亂。」

　　載鎧的一嗓子，騷亂的會場瞬間沉寂。

　　短暫沉寂之後，立即有議員反對繼續彈劾：「雖再彈劾仍為效力，唯須將設立責任內閣期限，公同詳慎議決，明白宣諭，俾息群椽，而安重心。」當部分民選議員覺得責任內閣不久應可以成立，繼續彈劾軍機大臣反而可能影響資政院其他事情的進展時，嚴復議員突然冒出一句陰陽怪氣的話：「大家討論的意思，無非與要求變法的意思一樣，從前軍機大臣本是對皇上負責任的，現在大家要變法，使軍機大臣對於資政院負責任，這個問題無非是要求皇上規定該大臣等實在的責任，並無所謂彈劾。」

　　劉春霖毫不客氣地反駁嚴復：「昨日朱諭於將來君主地位非常危險」，「似攝政王於立憲政體沒有十分研究，而軍機大臣宜詳為說明，乃軍機大臣不為說明，可見軍機大臣輔弼無狀，不然，何以朱諭不叫軍機大臣負責任而自己出來負責任呢？」劉春霖暗諷攝政王不懂憲政，大清帝國是由專制政體改為立憲政體，怎麼能說出「軍機負責任與不負責任，非資政院所能擅預」的這樣愚蠢的話呢？劉春霖建議攝政王收回成命，明定出軍機大臣負責任為是。

彈劾軍機案（五）

　　許鼎霖議員提醒劉春霖，不要在會場說議員奴顏婢膝一類的話。劉春霖是慈禧太后欽點的最後一名狀元，在士大夫精英階層中那是無上的榮耀，在國家命運、憲政改革的大是大非面前，劉春霖猶如一桿火槍，時常有驚人之語。有人私下提醒劉春霖言調過激是危險的，因為「有人在政府獻議，說議員胡鬧，非照戊戌那年辦幾個人不可」。嚴復將彈劾軍機與變法等同，樞廷有人揚言要向戊戌變法那樣殺議員，劉春霖越發鄙視嚴復，提醒議員們作為國民代表，「斷不敢作諂諛的話貽誤全局」。

　　劉狀元話中有話，不少議員奔走於度支部尚書載澤、議長溥倫門下，在六國飯店、石橋別業一帶經常聽聞樞廷親貴打賞部分議員京堂差使。歷史總是充滿黑色幽默，被世人譽為中國近代啟蒙思想家、翻譯家和教育家的嚴復正是劉春霖嘲諷的奴顏婢膝之輩。議員們醞釀第二次彈劾軍機大臣期間，嚴復給軍機大臣毓朗寫密信「上乞煦援」，說家裡快揭不開鍋了，希望攝政王的政治盟友能夠推薦自己到外務部游美留學公所中任職。毓朗還沒有回信，急不可待的嚴復馬上又給奕劻的政治盟友、軍機大臣那桐寫信，希望那桐能夠助其一臂之力。

　　樞廷親貴們正欲分化瓦解激動的議員們，沒想到嚴復主動寫信求賞，那桐同奕劻密商後欲打賞嚴復，沒想到「各報揭載」，將樞廷收買議員的祕密交易公之於眾。儘管報紙沒有點嚴復的名字，劉春霖在大庭廣眾之下的嘲諷令嚴復顏面掃地，向朋友們抱怨資政院議員們「不容立異，同為言論自己如此，此幫人之尚可與為正論篤言也」？提起資政院的同僚們，嚴復的憤怒溢於言表：「今歲秋問必將辭職，盡年老氣衰，不能復入是非之禍。」

　　劉春霖的言論讓很多議員面有愧色，不少人開始搶著發言，試圖證明自己同樞廷交往是清白的，頓時整個會場「聲浪錯雜」。眼見會場秩序失控，不少議員提出對再次彈劾軍機大臣進行表決。當議長溥倫宣布討論終局表決時，議員們紛紛站起來。正在祕書官清點人數時，律學家崇芳議員突然大聲詢問，溥倫立即打斷崇芳的話，讓祕書官繼續清點人數。議員們因有人發言，旋即「坐下者甚多」。

最初的國會
晚清精英救國之謀 1910～1911（修訂版）

　　詭異的是崇芳沒有繼續演說，學部衙門官議員顧棟臣突然站起來討論開會時間問題，一番口水後，溥倫打斷議員們的演說，詢問祕書官有沒有計算剛才起立的人數，具體數據是多少，祕書官沒數完，只能重新表決。按照資政院章程，表決由記名和不記名投票，立憲派激進精英們提出站立表決，試圖透過輿論壓力迫使那些不贊成的議員贊成。當祕書官第二次清點完站立人數時，一百二十七位到場議員只有六十三人起立，議長溥倫宣布：「差一個人，少數。」

　　當溥倫報出人數之時，會場再次大嘩，立憲派精英無法面對表決沒透過的現實，尤其是看到「前席王公世爵唯敬子爵（敬昌）與胡男爵（胡祖蔭）起立，其餘王公或做俯腰欲起狀，而終未見其直立」的可悲場景，議員們傷心欲絕。汪龍光、易宗夔、籍忠寅為首的一批議員開始鼓動大家，「如果政府不負責任，資政院就應該有監督的權力，不能緘默不言的」，籍忠寅甚至警告那些首鼠兩端的議員們，如果軍機大臣們以攝政王的朱諭為藉口，「以後更不負責任了，豈不是於將來立憲前途非常之危險嗎」？

　　表決失敗的根源還在議員們內部發生了嚴重的分歧，到底是請旨解散資政院？還是直接彈劾軍機大臣個人？抑或是奏請速設責任內閣？在三種選擇的情況下，欽選議員站到樞廷一邊，拒絕三選一。同時各部行政衙門不斷收買、分化民選議員，江蘇籍議員、實業家周廷弼就在這個敏感時期被朝廷以興辦實業卓有成效授予四品京堂候補。周廷弼的烏紗坐實了劉春霖的指控，樞廷親貴們聽聞資政院群情激憤後相當不滿，擔心「驟突叫囂」的議員「復共迫議長指參政府」。

　　在易宗夔、籍忠寅一幫人的努力下，彈劾軍機大臣奏案最終變成了速設責任內閣案，修改的奏稿獲得了透過。經過不斷地討論最終一百二十七人中有八十六人贊成。奕劻為首的樞廷親貴們預料到第二次彈劾無法避免，在收買、分化議員的同時，飭令憲政編查館趕緊編制內閣官制，讓議員們第二次彈劾計劃落空。1910年12月23日，也就是周廷弼獲得四品京堂候補的當天，溥倫已經呈遞了彈劾軍機大臣的奏稿，一聽樞廷的行動，擔心奏稿上去不但

彈劾軍機案（五）

彈劾落空，還會開罪奕劻，連夜追回了彈劾奏稿。

1910年12月25日，會議剛一開始，溥倫就向議員們說明追回奏稿的原因：「昨日奉了上諭，已飭憲政編查館趕緊編訂內閣官制，具奏既然有這個上諭，就是與這個奏摺所說的不符，所以昨晚又將奏摺撤回。」吳賜齡議員扼腕長嘆：「現在奉天請願國會四次代表驅逐回籍，軍機大臣已經釀成亡國的禍根，有這個上諭下來，中國是非常之危險的。軍機大臣越不負責任的，就是責任內閣成立了，這一班軍機大臣還是內閣總理大臣，我們現在若不彈劾他，恐亡國的禍胎更不堪設想了。」

議員們同樞廷親貴對抗之時，奉天組織了第四次速開國會請願團進京，請願代表一路鼓動天津、河北等地的憲政改革精英進京請願。代表們進京後在攝政王府等重地散發傳單，高喊口號。攝政王下令驅逐進京請願團四次代表，民政部的巡警們強行將代表押送出京，勒令不准請願者再次進京，否則嚴懲。吳賜齡提醒在場的議員們，「現在東北鬧到這個樣子，不是軍機大臣不負責任的緣故，又是什麼緣故呢？」吳賜齡提議繼續彈劾軍機。

朝廷禁止立憲派進京請願與資政院彈劾軍機有密切關係，樞廷親貴們「積憤於資政院，而又因該院為先朝所特設，未便任意摧挫，故特於此次冬至人民之請願痛加侮辱，為鼓瑟使聞之舉，殺雞給猴看，而後乃安得其祿位。」輿論譏笑溥倫連夜追回奏稿「為資政院永不可洗之恥辱。」《公論時報》更是發表「群狗競爭圖」譏笑議員們的言論概不能取信於朝廷，又不肯辭職，主要是貪百元之薪旅費，「情願做政府的走狗，禽獸不如，狗澴之不食」。

《公論時報》的「群狗競爭圖」猶如烈火烹油，立即點燃了憋了一肚子火的議員們的憤怒。易宗夔攥著一份《公論時報》登台：「我們資政院是一國的輿論機關，報館亦是一部分的輿論機關，現在《公論時報》把我們資政院議員二百多人都比作狗」，易宗夔認為資政院是代表民意之最高機關，報館評論員有言論自由，可以批評，「至於恣意辱罵是萬不行的」，「請議長諮詢民政部，取締報館才好。因為報館亦是一部分輿論機關，萬不能以一部分輿論機關辱罵全國輿論機關」。

最初的國會
晚清精英救國之謀 1910～1911（修訂版）

　　在《公論時報》的輿論刺激下，資政院頓時空前團結，一致高喊「贊成」取締報館。就在這個時候，川漢鐵路的三百多萬兩白銀挪用炒股，遭遇上海橡膠股票崩盤，四川商民三番五次陳請郵傳部追責，軍機大臣徐世昌一直力保的郵傳部鐵路局局長梁士詒拒絕負責，案子鬧到資政院，議員們指控郵傳部「玩視路政、破壞商律」。川漢鐵路在德國皇帝威廉二世看來就是個火藥桶，一旦中央行政衙門不作為將火藥桶點燃，那將是帝國的災難。議員們覺得這都是軍機大臣們不負責任造成的，決定再次彈劾軍機大臣。

　　面對議員們咄咄逼人的彈劾，奕劻再度問計遠在河南洹上村的袁世凱，袁世凱建議奕劻再次向攝政王提交辭呈，給資政院一個下馬威。在溥倫呈遞彈劾奏稿的同時，奕劻給攝政王呈遞了辭職報告。攝政王沒有收到資政院的彈劾奏稿，卻收到了奕劻的辭職報告，奕劻的一再辭職令攝政王惴惴不安，擔心奕劻辭職後樞廷動盪，隆裕太后乘機垂簾。1910 年 12 月 26 日，攝政王拒絕了奕劻的辭職，「當此提前辦理憲政，籌設內閣，庶務繁頤，力求進行之時」，身為懿親的奕劻在非議中「任勞任怨，勉濟時艱，毋在辭職」。

　　聽聞攝政王再拒奕劻的辭職，議員們憤怒了：「現在內政、外交種種失敗，此等軍機大臣豈能輔弼朝廷，實行憲政？」議員們對軍機大臣所保用的兩江總督張人駿、湖南巡撫楊文鼎是忍無可忍。上海橡膠股票崩盤爆發金融危機，川漢鐵路數百萬股款在股票崩盤後灰飛煙滅，身為兩江總督張人駿應變乖張，一步步激怒了德國皇帝威廉二世都恐懼的四川人。而長沙搶米民亂禍起湖北布政使楊文鼎強運湘米，楊文鼎最終成了湖南巡撫。督撫將「地方弄得太壞」，軍機大臣們「記不過問」，「且為袒庇」。議員們擔心，軍機大臣如神聖不可侵犯，而君主反為軍機大臣受過，神聖的皇帝將成為人民的敵人。

　　攝政王拒絕奕劻辭職的第二天，大學堂監督劉廷琛突然向攝政王提交了一份彈劾資政院的報告。劉廷琛給資政院羅織了一大堆罪名：輕更國體、只為私利、溝通報館、惑亂人心，彈劾軍機大臣更是輕蔑執政，議員行專政之實。地方督撫們一看北京城政治風氣大變，只要有軍機大臣庇護，攝政王削督撫之權的計劃將流產。一時間，「樞府接各省督撫樞臣自彈劾案起後，惑亂

彈劾軍機案（五）

監國，借施其催壓之手段」。立憲派的精英們相當失望，現在「國民已怨朝廷之無能，朝廷猶以國民為無知」。

劉廷琛的彈劾令議員們怒火中燒。

「我們資政院人人都被他辱罵了。」易宗夔對劉廷琛以個人資格彈劾資政院二百多代表感到很奇怪，劉廷琛在彈劾報告中指控資政院有邪惡勢力，「持重者不敢異同，無識者隨聲附和，始而輕蔑執政，繼而指斥乘輿，並有包藏禍心」。易宗夔痛斥劉廷琛「是無恥小人，國民公敵」，他的彈劾報告本是可以置之不理的無價值的東西，沒想到「居然交旨下來」，「著憲政編查館知道」，「可見朝廷儼然以憲政編查館為資政院上級機關」。

「資政院是個立法機關，劉廷琛並未將立法機關的性質弄清楚，朝廷反信任劉廷琛這個無價值的奏摺，交憲政編查館知道，而不信任我們二百人的立法機關。」易宗夔對攝政王失望透頂。極少發言的陳命官議員相當憂慮，此前有樞廷親貴揚言要照戊戌那年一樣殺幾個，「劉廷琛果然參的對，則指斥乘輿、公倡邪謀，便是大逆不道，我們二百人參照舊刑律、新刑律都是應擬最重的罪名」，樞廷到時候真的可以殺幾個議員以儆傚尤，所以「應請皇上明降諭旨辦理」，當然，「如果參的不對，也應該請旨處劉廷琛誣告反坐之罪」。

劉廷琛為什麼突然彈劾資政院？

甲午海戰那一年，劉廷琛考中進士，入翰林院，後來一直在教育系統工作，官至學部副大臣。這位副部級的高級官員在宣統皇帝登基後，經常進入內廷給小皇帝上課，成了士大夫敬仰的帝師。羅傑議員毫不留情地揭了帝師劉廷琛的小人行為：「一種是挾資政院核減大學堂經費八萬兩銀子之嫌；一種是有奸慝在外唆聳洩憤；一種是暗中有權力人指使，不然劉廷琛沒有這大的膽子。」因為資政院削減了經費，劉廷琛在權貴的指使下彈劾最高立法機關洩憤，搞得資政院空前團結，再次彈劾軍機大臣「眾莫敢反對」。

溥倫在向攝政王提交的彈劾報告中批評軍機大臣「素工趨避，不知仰體宸衷」，甚至將皇帝「陰侍為保障之資，益馳其輔弼之責」。溥倫「披瀝陳之」東西方君主專制與立憲各國的政體，「以君主與人民對待，而君主負責任，凡

最初的國會
晚清精英救國之謀 1910～1911（修訂版）

政治之失敗，恆叢怨於君主一人之身，必至釀危亡之結果」。君主立憲國「以內閣與國會相待，而內閣負責任，君主則超然而治，以保持神聖不可侵犯之尊嚴」。

大清在沒有開國會之前，資政院成為全國立法總機關，在副署制度之下的軍機大臣應對資政院負責。溥倫彈劾奕劻身為軍機大臣領袖，資政院開會以來就沒有到資政院「說明大政之方針」，令議員們「至今尚多迷惑」，「而溯諸平日該大臣等入值廷樞則毫無建白，出宣政令，則坐誤機宜，以致內政外交著著失敗，宗廟社稷息息堪虞，謀國不臧，誰屍其咎」。軍機大臣的輔弼制度已經不適宜現在的政治改革了，攝政王「聖謨默運，早已燭照無遺」，在國事艱難內閣未成立之前將朝政托命於不負責任的樞臣，「至險極危」。

資政院的彈劾直指政治體制紅線，議員們警告攝政王不要跟資政院對峙，在皇權不能完全獨立承擔政治責任的情況下，攝政王不願意將政治權力移交責任內閣，執政集團精英們還不能承擔領導責任，攝政王反而透過皇權冒險地庇護不負責任的樞臣，那麼皇帝將成為天下人的公敵。在議員們看來，愛新覺羅家族龍興之地的東三省淪為日俄保護區，是「所有樞臣失職不勝輔弼」，現在執政集團需要團結各派勢力的精英階層共度時艱，速設責任內閣是攝政王守護愛新覺羅江山的最佳選擇。

溥倫的彈劾報告呈到攝政王的案頭，立即有人再度彈劾資政院，「彈劾軍機大臣忽而提議，忽而返銷，視朝廷用人之權有如兒戲」。有行政官員開始攻擊憲政改革，批評議員們「呈意狂談，箝制當道」，甚至有議員「借籌款為名，魚肉鄉里，竊自治之號，私樹黨援」。保守派更是攻擊議員們在議場「戟手謾罵，藐視朝廷」。甚至有人警告攝政王，內閣總理「若不得其人，必將植黨營私，附和唯議員之名是聽」。

攝政王拒絕了奕劻的第二次辭職，對於資政院的再次彈劾乾脆留中不發。1911 年 1 月 2 日，李素議員追問議長溥倫攝政王諭旨怎麼沒有下來？溥倫只是模糊地會回答：「大概就是留中了。」李素憤怒地詛咒道：「如果朝廷以資政院彈劾為是，即須準軍機大臣辭職；如果以資政院彈劾為非，即須著

資政院解散。若模棱兩可,壞議院之基礎,恐中國不亡於軍機大臣而亡於資政院。」

為了限制資政院擴權,在法律上提高責任內閣的地位,憲政編查館在制定《新內閣官制摺》時規定:「參仿德日兩國國務大臣所負責任,用對於君上主義,任免黜陟,君上皆得自由,與英法之注重議院者不同。」一旦議院不信任內閣,內閣可依君主以自固。攝政王的智囊們獻策,在法律擴大內閣權力、鞏固內閣地位的同時,責任內閣還要掌握在自己人手上,「親貴重臣賢能大員充之,可以不慮專擅,才智聚亦得互為輔助」。

湖南巡撫楊文鼎做夢都沒有想到,長沙城的一場騷亂攪亂了樞廷。攝政王反覆調和資政院同軍機處的關係,終於於1911年5月8日推行了責任內閣制。大清責任內閣由十三名國務大臣組成,慶親王奕劻為總理大臣,新內閣中,滿洲貴族九人,其中皇族七人,漢族官僚只有四人。曾經激情四溢的立憲派失望了,責任內閣豈容「以行政之地位,褻皇族之尊嚴」?滿清執政集團的預備立憲只是憲政改革的幻影,革命黨乘機鼓噪種族革命,「現政府之所謂立憲,偽也,不過欲假之以實現專制者也」,在中國只有武裝革命一途才能實現真正的憲政。

禮學館總裁陳寶琛曾經問策病榻上的張之洞,張之洞只說了一句話:完了。責任內閣一公布,身為宣統皇帝老師的陳寶琛對清執政集團歧視漢族官僚勢力深感失望,提筆給攝政王寫下了一段泣血文字:「以內閣雖新,尚襲承旨,書諭之日,加以事權歧出,究結無從,星門竟開,各無忌憚,福新貴與政,不獨為立憲政體所宜,即徵之往史,揆諸祖制亦不常見,督促朝廷改組內閣,以與民更始者,見改革之真心,即以至公無私者,破種族之謬說。」

清流名士陳寶琛乞求攝政王改組責任內閣時卻沒有發現晚清憲政的制度陷阱。憲政是透過分權以實現權力之間的制約,將國家強制性權力關進法律的籠子裡,同壟斷性的權力運作是對立的。晚清執政集團希望透過憲政改革拯救垂亡的江山,前提卻是穩固皇權,保持皇權的至高無上。一旦救亡的憲政威脅到了壟斷的皇權,對於晚清執政集團來說那就是自取滅亡。在專制或

最初的國會
晚清精英救國之謀 1910～1911（修訂版）

者專制餘孽存在的政權之中，壟斷的權力恣意妄為，所以執政集團不可能透過約束權力進行真正的憲政改革，只是希望借憲政改革收攬民心。

　　責任內閣成立後，立憲派絕望了，那些曾經飽含激情的改革派心灰意冷，清祖制規定不允許親貴任軍機大臣，更何況憲政制度下的責任內閣？清執政集團的精英們的憲政改革只是對失去權力的恐懼，他們從未真誠地要透過法律來約束權力，將權力關進籠子裡只是他們收買人心的口號，他們以皇權獨尊的名義破壞了憲政秩序，同他們談憲政改革無異於與虎謀皮。輿論一片譁然：「夫我國今日所謀之新政，固行之東西文明諸國，致治安而著大效也；然移用於我國，則反以速亡而招亂。」

　　攝政王沒有撤換奕劻的總理職務，倒是讓曾經的軍機大臣世續坐上了資政院議長的位子。世續到了資政院才發現，那幫藐視朝廷的議員們「以辯給為通才，以橫議為輿論，蜩螗沸羹，莫可究詰」，驚恐萬分的世續給攝政王遞交一份辭呈溜之大吉。袁世凱的政治盟友、山東巡撫孫寶琦聽聞陳寶琛的泣血上書後搖了搖頭：「慶內閣不久將辭職，繼任必仍屬皇族。」辛亥革命的槍炮聲中，內閣成員、郵傳部大臣盛宣懷出逃美國公使館，皇族內閣轟然坍塌，袁世凱接替奕劻成為清廷責任內閣最後一任總理。

天朝的預算（上）

「最可笑者莫如綠營、旗營及各省駐防。蓋綠營、旗營、各省駐防兵額，俱有定數，必待老死而後出缺，故其兵之老弱殘疾者多，此等經費，以社會上之眼光觀之，直可謂一種慈善費而已，以一月的錢糧數兩，足以為一家之生活也。」度支部候補主事、各部院衙門官欽選議員劉澤熙向資政院預備國會報告預算股審查1911年總預算案，當說明軍方提交的預算時情緒突然激動起來：「若以國家眼光觀之，此等兵丁既不能捍衛地方，復不能恢張國力，國家歲用千萬，豈非糜費？」

1910年12月26日，劉澤熙登台報告1911年總預算案。一登台的劉澤熙就感慨：「這部預算最為繁難，審查之時，將中國政治腐敗情形及財政危險情形都已看出。」政府下令推行預算制時，政府提出的預算案總計四十二冊八十一本，後來不斷追加，預算帳冊達到三千二百八十多本，資政院預算股組織了四十八人，花費四十天，「逐日鉤稽」，才將大清帝國的財政預算「稍稍得其端緒」，令人震驚的是，按照政府提出的預算案，民國收入二點九億兩，大清財政赤字卻高達五千四百多萬兩。軍費的可笑只是預算案的冰山一角。

「其表面上之體例，固然與東西各國預算冊無甚區別，但精神上不無缺點。」劉澤熙領銜審查了三千二百八十多本政府預算，儘管預算如東西各國那樣有收入和支出兩門，有國家和地方兩部行政經費，但是汗牛充棟的預算案「一則無財政上之計劃，一則無政治上之計劃」。從預算性質看，「則為全國財政之照相片，故編制預算不可不有財政上之計劃」。但是從全體看，「則又為政治之照相片，故編制預算不可不有政治上之計劃」。

最初的國會
晚清精英救國之謀 1910～1911（修訂版）

　　曾經出任過大清駐日本公使館參贊的黃遵憲在 1895 年出版的《日本國志》，系統地介紹了西方的預算制度：「泰西理財之法，預計一歲之入，某物課稅若干，某事課稅若干，——普告於眾，名曰預算，及其支用已畢，又計一歲之出，某項費若干，某款費若干，亦一一普告於眾，名曰決算，其徵斂有制，其出納有程，其支銷各有實數，於預計之數無所增，於實用之數不能濫，取之於民，布之於民；既公且明，上下平信。」

　　日本法政大學留學歸來的劉澤熙面對堆積如山的預算帳本迷茫了，「今政府所提出之預算案，果有財政上之計劃？果有政治上之計劃？」預算案中五千萬的赤字，各衙門「究無何等彌補之方法」，同各國預算原則、原理大相逕庭，國外預算「必審查本國現狀、外觀各國趨勢，以定大政之方針」，可是大清預算案中軍事、教育、經濟行政，「果注重何事，實不能得其要領」。劉澤熙「推其意，幾欲皮貌各國文明政治，於一二年內悉舉而推行於我國」。

　　鴉片戰爭終結了四夷臣服的天朝上國神話，馬背上的韃靼王朝成了西方國家槍口下的唐僧肉，甚至連蕞爾小國日本都令清廷顏面掃地。1887 年，當黃遵憲將皇皇巨著呈遞給李鴻章時，希望李鴻章能夠向皇帝提出財政預算改革，讓國家財稅真正「取之於民，布之於民」，「承平則國帑未匱，勢不極，法不變故也」，現在中國「值多事之秋，履至艱之會，則不變其何待」？黃遵憲提醒清執政集團的精英們，財政公開透明，才能「君民相親，上下樂和」，醉心於亞洲第一海軍——北洋艦隊建設的北洋領袖李鴻章拒絕看《日本國志》。

　　預算制看上去是財政制度改革，在農耕的專制制度社會，普天之下莫非王土，皇帝的財產、生活收支同國家財政沒有嚴格的區分，國家的財政收支和監督之權全在皇帝手上，皇帝的一道聖旨，或者內閣的一個建議，稅賦可能被減免，或者直接劃入皇室內庫，國家財政的收入和支出沒有嚴格的程序和手續，更沒有專門的審批機關。加之農耕社會的商品經濟不夠發達，貨幣功能單一，天災人禍無法控制，國家不可能拿出一個事先制定的財政預算來。

　　黃遵憲提出的預算制意味著讓天下人監督皇帝的錢袋子，李鴻章沒有理

天朝的預算（上）

會黃遵憲。黃遵憲將巨著呈遞給兩廣總督張之洞，以及總理衙門大臣。送出去的巨著沒有任何回音。甲午海戰前夕，廣東儒商鄭觀應公開呼籲國家仿效東西方國家的預算制，將整個國家的收入、支出「布告天下，以示大眾」。樞廷對細化官僚和民間的鼓吹毫無響應，到了1898年，康有為為首的士大夫鼓動年輕的光緒皇帝變法改革，預算製成為財政改革關注的焦點。康有為在《日本變政考》中主張仿效西方，實行預算公開，「今吾戶部出入，百官無得而知焉」，「是益以愚我百官而已，與民共者生愛力，不與民共者生散力」。

黃遵憲早就提醒清執政集團的精英們，財政一定要「徵斂有制，其出納有程，其支銷各有實數，於預計之數無所增，於實用之數不能濫」。康有為的主張同黃遵憲有異曲同工之效。康有為著書立說揚名立萬之時，其政治盟友、翰林院庶吉士丁維魯給光緒皇帝上呈了一份報告，力陳國家推行預算制，「寬籌經費，以備支用」。經過改革士大夫們的再次鼓吹，光緒皇帝決定推行預算制，「著戶部將每年出款、入款。分門別類，列為一表，按月刊報，俾天下咸曉，然於國家出入之大計，以期節用豐財，蔚成康阜。」

戊戌變法的短命令預算制夭折，直到1899年戶部才倒出了執政集團內心的惶恐：「近時泰西各國每年由該國度支大臣將來歲用款開示議政院，以為賦稅準則。說者謂其量入為出，頗得周官王制遺願，而實則泰西之法量出以為入，與中國古先聖王之所謂量入為出者相似乃屬相反，中西政體不能強同，頗如是也。」預算制的改革將觸及清執政集團的政治體制紅線，在沒有推行憲政改革的皇權專制體制內，豈能讓議會民主監督皇權帳本？

1900年，在瀛台泣血的光緒皇帝聽聞噩耗，慈禧太后欲廢黜他。當列強派出的法國醫生進入紫禁城，一心想將兒子溥儁推向皇帝寶座的端郡王載漪已經跟義和團打得火熱。列強拒絕慈禧太后廢黜光緒皇帝，南方的商業精英們通電全國反對溥儁登基，整個北京城猶如一個火藥桶。載漪急於將阻擋兒子登基的列強趕出京城，於1900年6月20日決定鋌而走險，令下屬將德國駐華公使克林德槍殺於大街上。6月21日，激動的慈禧太后向萬國宣戰，八國聯軍的槍炮令清執政集團猶如驚弓之鳥，慈禧太后攜皇帝祕密逃亡西安。

最初的國會
晚清精英救國之謀 1910～1911（修訂版）

　　1901年，慈禧太后終於決定變祖宗之法，在西安昭告天下宣布新政。狀元公張謇立即公開力陳戶部有十二件事要辦，其中最重要的一件就是預算制：「日本維新之初，國之貧蓋甚矣。大隈重信始仿西法，做會計預算表，人猶未信，及決算表出，款明數核，其為用乃大白。」日本明治維新勳臣大隈重信的預算制改革的成功令以張謇為首的中國改革派激動不已，張謇再次試探清執政集團的政治底牌，公開提議「增入之法，議會籌之，要使聚之官，散之民，與天下共見共聞而已」。

　　議會問題的提出沒有立即引起北京政治中心以及全國的改革派共鳴。到了1904年，財政問題已經成為決定清執政集團改革成敗的關鍵問題，「京外各官之所汲汲皇皇者，莫不曰財政、武備、教育、實業，而四者中，尤以財政為最要」，文武百官們突然發現，改革一定要「善理財政，則三則皆可舉，不善理財政，則任舉其一，亦不能實行」。黃遵憲的巨著一時洛陽紙貴，官員突然意識到，「財政之最要者，莫如預算」，在沒有議會的前提下，中國現在「若實行之，則恐不能」，「何以故？以行政機關紊亂故」。

　　清執政集團的精英們也意識到，行政系統的紊亂導致整個國家機器運作效率低下，官僚集團腐敗無能，可是「預算財政不能不委之行政官吏，欲整頓財政，先宜改良行政機關」。改革精英們提出了一整套行政改革方略：「今日中國之行政機關，宜氛圍中央政府與地方政府。其中中央政府之制，宜仿日本，內閣以外，分置各省。其地方政府之制，宜盡裁司道府，使州縣直接督撫，督撫直接內閣。唯督撫之下，宜多設局所，一如中央政府之制。」

　　慈禧太后推行的新政對資金的需求越來越大，負責地方自治改革的督撫們發現，政府新政要籌集資金非先行預算不可，國用之收入自民，「故不能不求民之允諾，不能不示以信用」。國用之支出為民，「故不得不邀民之許可，欲民許可，不得不受其監督」。按照日本模式，預算的發案權屬於政府，定議權屬於議會。在沒有實行憲政之前，輿論建議公推民眾代表監督政府的財政運作情況。地方精英們提醒清執政集團，立憲之前的第一要務是設立以地方士紳精英為主體的省級財政調查局，對地方公共行政支用款項進行詳細調

天朝的預算（上）

查，為預決算之預備。

1906 年 9 月 1 日，光緒皇帝昭告天下，大清帝國預備仿行憲政。御史趙炳麟提醒皇帝，中國財政散漫，朝廷一定要讓「國民知租稅為己用，皆樂盡義務；官吏知國用有糾察，皆不敢侵蝕」，才能真正實現君臣共治。趙御史建議度支部遴選精通計學者制定預決算表，「分遣司員，往各省調查各項租稅及一切行政經費，上自皇室，下至地方，鉤稽綜核，巨細無遺」。度支部給皇帝匯報說，各省款目繁多，第一要務是派財政監理官到各省清理，「通盤籌定」。

民眾對清執政集團的信用極度不信任，預算之事在民權發達國家是國民委任，可是現在的政府，「恐將掩耳駭汗而卻走，非其所樂聞也」。面對民眾的不信任，憲政改革的中樞組織機構憲政編查館立即給皇帝上書，提議在各省設立調查局，專職對各省的商事、民政、財政、行政規章等進行調查。到了 1908 年，度支部和憲政編查館聯手推出了《清理財政章程》，向各省派出財政監理官，對各省收支進行調查編造詳細報告冊，限至 1909 年底由督撫陸續咨送度支部，預備全國財政預決算之事。

1909 年 4 月 4 日，攝政王硃筆向各省派出財政監理官。度支部希望財政監理官們到各省「務使官不生忌，民不滋擾」，財政監理官們不得越俎干涉各省財政。不過財政監理官們擁有令督撫們忌憚的特權，他們可以直接將各省財政問題隨時祕密向度支部報告，對有意刁難攝政王派出的監理官及玩視要公之人員，可直接報告度支部彈劾處分。監理官們還擁有對各省清理財政局有稽查督催之權。度支部希望監理官們監督開辦印花稅、整頓鹽政、關稅等。

度支部尚書載澤圖謀透過財政監理官抓天下督撫的小辮子，在財政集權的背後為將來主政責任內閣掃清地方利益集團的障礙。可是，太平軍席捲南中國期間，帶兵的督撫們乘機獲得了地方財政的自主權，度支部的監理官正是清算督撫們錢包的危險分子。時任兩江總督端方、陝甘總督升允致電度支部，希望「將此項監理官與省派各員所有權限預先劃清，以免遇事齟齬」。端方一度聯名各省督撫向攝政王建議，地方財政困難，請緩派監理官。時任湖廣總督陳夔龍電詢北京，擔心監理官常駐轄區。

最初的國會
晚清精英救國之謀 1910～1911（修訂版）

攝政王的朱諭令督撫們相當失望，財政監理官的下派成了不可更改的事實。不少督撫將目光瞄上了監理官人選上，因為一開始載澤想從度支部派出所有正副監理官，遺憾度支部缺人，決定從各部委抽調，督撫們試圖塞進自己信得過的人當上財政監理官。一時間，度支部揭帖四起，已經選定正副監理官們成為攻擊的對象，河南正監理官唐瑞銅被攻擊「剛愎自用」，安徽副監理官熊正琦「年少氣盛」。遭遇最惡毒攻擊的莫過於甘肅正監理官劉次源，他被貼上了危險的「主張革命」的反動派政治標籤。

洶洶攻擊令樞廷震怒，督撫們很快收到軍機處的諭令：「謹遵諭旨辦理，勿得他圖。」

財政監理官們在攝政王的朱諭庇護下分赴各省，無論是一門心思想榮登責任內閣總理的載澤，還是期冀透過削弱督撫財權而加速中央集權的攝政王，他們對財政監理官寄予厚望，在監理官們離京之時殷殷重任，「國家財政充裕皆諸君是賴」。載澤的財政集權令慶親王奕劻越來越不安，他一邊警告督撫們配合中央清查地方財政，一邊以憲政改革總機構會議政務處的名義提醒度支部和攝政王應該「內外上下相通而不相隔，相信而不相疑」，樞廷應該同地方督撫疆臣開誠布公通力合作。

北洋勢力為首的督撫疆臣有議會政務處的背書，在財政監理官清查地方財政之時因循敷衍、觀望阻撓。輿論對中央清理財政推行預算制越來越擔憂，「各省財政之權在督撫，督撫以下之官吏不過仰承上意，任其調遣。一旦以外來之官而欲調查其財政窺測其內容，雖爵位如何尊崇、才識如何深遠亦不能出其範圍」。財政監理官在受到督撫們掣肘之時，還會受到屬官們的矇混。一直在北京坐等財政監理官密電，試圖抓住督撫疆臣之短的載澤萬萬沒有想到，財政監理官們在地方正面臨各種威逼利誘，督撫們徇情營私如故。

督撫們的對抗令載澤惱羞成怒，他在給攝政王的報告中提出要讓地方督撫按照季度、年度向中央提交預算、決算報告。對拖延一個月者，督撫罰俸三個月，造冊的鹽、糧道台、藩司、運司罰俸六個月；對拖延兩個月者，督撫罰俸六個月，造冊司道罰俸九個月；拖延三個月以上，督撫罰俸九個月，

天朝的預算（上）

造冊司道罰俸一年。如果拖延四五個月，督撫罰俸一年，司道降級留任；拖延半年以上者，司道降級調用，督撫降級留用，俱公罪。對欺飾弊混者，無論是司道屬官，還是督撫疆臣，一律嚴懲不貸。攝政王在載澤的報告上硃批「依議」。

載澤的報告呈遞給攝政王時，剛獲得地方公共政務管理核議權的諮議局議員們正熱血噴湧，權力的滋味讓地方精英們興奮不已，他們以民眾代表的身分，在朝廷提出的「庶政公諸輿論」的口號下，謹慎地審議督撫們提交的每一項財政、行政、司法、教育等議案。廣西巡撫張鳴岐因為財政窘困在禁煙問題上同議員們勢同水火，江西巡撫馮汝騤面對財政監理官清理出來的二百七十多萬兩窟窿叫苦不停。載澤拒絕讓度支部為地方財政窟窿買單，凡是地方呈請削減上繳中央稅款，度支部一律駁回。

馮汝騤就不信邪，他給度支部致電希望能夠每年調度他省的協餉額度。馮汝騤同北洋領袖袁世凱是政治盟友，在袁世凱遭遇罷黜前，袁世凱已經成功將馮汝騤推薦給奕劻。收到馮汝騤的電報，載澤想起奕劻在會議政務處的提醒，意識度支部不給疆臣一點顏色，自己將來坐上內閣總理的位置，一樣受制於京城親貴同疆臣的政治聯盟。度支部立即拒絕了馮汝騤的陳請：倘以該省預算不敷之故，驟準減免，則各省紛紛踵效，應協者必爭，請減緩受協者必呼籲頻來，無補盈虧，徒增紊亂。

度支部的財政清理高壓政策在攝政王的支持下得以有序地推進。資政院開院後，各地預算案陸續送抵，一開始總冊只有四十二本，分冊有八十一本，隨著財政監理官們的不斷催促，最終全國中央和地方的財政預算案總計三千二百八十多本。劉澤熙在同預算股的同仁們在小組審議各種預算案時發現，憲政改革已經如火如荼，可是「舊日腐敗之政治」，無論是樞廷親貴還是督撫疆臣，他們總是「不忍滌盪而廓清之」，「於是新的、舊的、文明的、腐敗的，紛然雜陳於預算案內，毫無損益緩急之區別」。

劉澤熙在審查政府預算案時意識到，無論是中央各部衙門還是地方督撫，在編制預算時並非政府不願為財政、政治上之計劃，在清朝的現實制度

最初的國會
晚清精英救國之謀 1910～1911（修訂版）

之下,「其勢有不能為財政上之計劃者也」,主要是財政與政權皆不統一。因為「我國財務行政本仍襲封建遺意,中央雖有一財政機關,不過擁一稽核之虛名而已」,無論田賦、鹽茶,以及其他課釐一切徵權事項,「皆歸各省督撫管理」,因此乃生出一個現象,「中央政府與地方政府恍為民法關係,互立於債權者與債務者之地位也」。

議員們在拿到政府預算案時,發現清朝中央政府所需之款必向地方政府索取,地方督撫需要分別向民政部、學部、度支部、陸軍部等中央部委解款,地方政府向中央借款猶如封建時代諸侯的一種貢品而已,中央政府立於債權者地位,地方政府立於債務者地位。有時地方政府出現貧窘時,就會向中央政府索取,當然有奏請中央直接撥款,也有奏請截留向北京解送款項,抑或截留協餉,這種關係立即變成了民間的交易,欲反債務者為債權者而已。

太平軍一度讓晚清的督撫們有了財政自主權,晚清執政集團的精英們一直在設法削弱督撫們的財權,可是由湘軍和淮軍兩大軍事武裝集團轉型的文官集團形成一張龐大的政治網路,他們牢牢地掌握著地方的人事、財政、治安和軍事大權。清執政集團的精英們試圖透過立憲將「大權統於朝廷」,讓督撫疆臣們置於輿論監督之下,沒想到督撫們依附親貴,各種勢力結成政治同盟,他們捍衛地方利益集團權益同時,試圖透過重組政治格局遙持朝政。

財權是督撫疆臣們捍衛地方利益重要籌碼,他們豈能將轄區的真實財政實力告知樞廷?不少地方財政「蓄積有款」,度支部的財政監理官下去後,督撫們「唯恐中央政府所知」,「設法以彌其隙」。有一位大膽的總督在諮議局同議員們溝通時,公開提醒議員們,「此款若不作為公債抵款,恐為部所提拔」。在整個交流過程中,總督沒有將財政視為一省的財政,簡直就歸為總督自己的財政,總督對中央索取財政款項,「以盜行相防者也」。

資政院的議員們在設差預算冊時,發現督撫疆臣們在編制預算時,「視為某稅應增若干,某款應減若干」。面對督撫們只想增收,卻不想支出用之於民的怪象,議員們一一電詢督撫,有的督撫回答很乾脆,「以為可加也,則加之;以為可減也,則減之」,有的督撫則很無奈地回覆不加就不加,不減就不

減。有的督撫幹錯就不理會議員們的詢問，於是就出現預算冊內懸而未決的問題，真是「各國預算案內所無，而中國所獨有者也」。

在劉澤熙看來，預算案就是一個滑天下之大稽的笑話，度支部和攝政王在強推預算案時，「欲驟令數十個分離之財政為一個系統之財政」，這是樞廷為解決憲政改革的資金問題進行的「移緩就急」策略，但是國內督撫疆臣壟斷的地方和暗流洶湧的樞廷行政向無系統，「內而各部各立一割據之狀態，政見既不相謀」，「人人有一部分的觀念，而無全局的觀念」，中央「謀收支適合」的理想主義，在複雜的中央弱地方強的政治格局之下是不可能實現的。劉澤熙提醒議員們，國家財政權不統一的情況下，是不能真正推出科學的財政計劃的。

晚清糟糕的政治局勢在呈送資政院的預算冊中躍然紙上，管軍事者，「以為軍事外無他立國之圖」，教育、實業各個領域都一如軍方之想法，「各就所管事務，極力謀其擴張，而不顧國家之現狀究應採用何種政策，國民之負擔力究竟能否勝任？彼此對立，互相矛盾」。各省督撫「握國家行政權，舉軍事、財政、司法及其他各項重要政務，督撫以一身兼而有之」，所以攝政王的政令不出紫禁城。更為要命的是，北京各部衙門直接向督撫發號施令，督撫經常「以其政令之衝突」推宕，以財力不足拒絕，即便勉強照辦，「亦不過敷衍新政門面」。

清執政集團意在透過憲政改革削弱督撫疆臣們的權力，為了鞏固自己在地方的利益，甚至為了影響樞廷的決策，督撫們經常以地方計劃為首，毫不在意中央政策。議員們在審查預算案是發現一個問題，「督撫個人之勢力大，所處之省份財力大，則所劃之政策亦大，所用之經費亦大」。中央擔心督撫們的地方行政權力過大，經常想法掣肘，「致令地方政策亦不能行矣」。皇帝一聲令下，各省督撫們忙著地方自治，曾經的道德士紳成了自治精英，文化、經濟、習俗等等系列問題導致「各省政策各不相謀」。

中央各衙門的各自為政，地方督撫們的各不相謀，「中央與地方不相聯」，最終呈現在預算案中就是「貧富多寡絕無權衡」，送到資政院的三萬萬財政

最初的國會
晚清精英救國之謀 1910～1911（修訂版）

經費就成了「數十個地方主義之政府瓜分之，而非國家主義之政府支配之」的國家財富瓜分遊戲，更是樞臣督撫們擴張權力的機會。更讓議員們失望的是，東西各國皇室經費都在國家預算範圍之內，可是翻遍了三千兩百八十多本預算冊，議員們沒有發現皇室經費的預算，全部混在國家經費之中。皇室預算的糟糕表現更令野心勃勃的軍方勢力和各省督撫們肆意妄為，攝政王只能一聲嘆息。

天朝的預算（下）

　　皇室經費是一個極度敏感的問題。

　　叔嫂共和曾經是晚清執政集團最美妙的一段時光，恭親王奕訢以議政王身分總攝朝政，慈禧太后以皇帝生母之貴垂簾聽政。剿滅太平軍後，慈禧太后對奕訢把持朝政日益不滿，叔嫂猜忌日深，兩人終於在 1865 年的春天鬧翻，慈禧親筆詔書，斥責奕訢驕盈溺職、召對不檢，褫奪了奕訢的議政王、軍機大臣之職，在百官的求情下，慈禧太后才命其在內廷行走。獨柄皇權的慈禧太后開始整頓內廷，明文戶部每年向內務府撥款白銀三十萬兩，粵海關每年向內務府撥款三十萬兩，殺虎口、張家口和淮安三關口每年給內務府上繳稅收若干。

　　清廷內務府主要負責管理宮廷事務，設置的七司三院負責內廷的衣食住行，包括皇族的刑獄。內務府人事編制超過三千人，是戶部的十倍之多。慈禧太后掀起內廷財務整肅不久就發現，龐大的內務府只有幾十萬兩銀子是無法維持正常運轉的，於是下令戶部每年除了給內務府劃撥固定銀兩外，還要以「交進銀」的名義給慈禧和皇帝零用錢。戶部每年端午給慈禧撥款五萬兩，中秋五萬兩，年終八萬兩，皇帝每年一次性撥款二十萬兩。

　　皇室經費經常令戶部頭疼不已。同治皇帝有了戶部的零用錢後花錢更是如流水，曾經多次「手批至戶部取銀」，戶部的官員一看皇帝批的條子，只能「見條付銀，不敢覆也」。鴉片稅曾經是清朝財政進項大宗，每年有一百四十多萬兩，慈禧太后突然要建頤和園，鴉片稅一項「歸戶部撥款者僅三十餘萬，餘均歸頤和園」。慈禧太后搬進頤和園後，「每日須用一萬兩」都由戶部買單。光緒皇帝年間，皇帝的親生父親醇親王薨，「修祠、造墳諸費」五百多萬兩均

最初的國會
晚清精英救國之謀 1910～1911（修訂版）

由戶部劃撥，甚至連祠堂中的九蓮燈桐油錢九萬兩，「戶部接內務府咨，即付，不敢駁詰」。

皇室經費就是一個無底洞，內廷貪腐橫行。戊戌變法那一年，光緒皇帝計劃到天津檢閱新軍，「南苑亦預備大閱，造營房若干，報銷一百六十萬，而李蓮英得七十萬」。內務府也有「異類」。有一次，慈禧太后命一位內務府大臣「購燈數百盞」，這位官員「恃有慈眷，未納賄」。異類官員讓同僚們沒有機會貪腐，大家暗中決定合夥收拾這位「異類」。等百盞燈運到內廷，「內監故汙之」，然後到慈禧太后跟前告狀，慈禧太后大怒：「命毀之，實時數百盞燈狼藉滿地。宣某入，令其拾碎玻璃，拾盡始已。」

廉潔的「異類」官員被清除後，整個內廷陷入了貪腐的狂歡盛宴中。終於有一天，內廷的貪腐令戶部堂官終於忍無可忍，向慈禧太后和光緒皇帝公開彈劾內務府大臣福錕「不能撙節」。戶部的彈劾捅了馬蜂窩，福錕是慈禧太后一手提拔的皇族大學士，在內務府大臣的位置上坐了十年，為了打通內務府與戶部的綠色通道，在任命福錕為內務府大臣不久，慈禧太后任命福錕兼任戶部尚書。彈劾案發，福錕「照例迴避」，為了給天下人一個交代，只能讓福錕退休。正當戶部官員彈冠相慶時，「忽降旨，以後每年再添五十萬兩」。

皇室的烏煙瘴氣讓百官紛紛仿效。「凡京師大工程，必先派勘估大臣，勘估大臣必帶隨員；既勘估後，然後派承修大臣，承修大臣又派監督。其木廠由承修大臣指派，領價時，承修大臣得三成，監督得一成，勘估大臣得一成，其隨員得半成，兩大臣衙門之書吏合得一成，經手又得一成，實到木廠者只二成半。」地方官們更是有恃無恐，直隸淶水縣每年收牛羊稅有六百兩銀子，縣令、知府、道台、布政使層層扒皮，最終進入省級府庫的只有十三兩。

沒有預算制度，國家的財稅流入官員的腰包裡。北京一度欲調查淶水縣的貪腐問題，身為上司的直隸總督裕祿站出來替屬官們說話：「以津地之衝繁，公私各費皆取給於此，胥若悉歸官，將以何給費？」皇室和官員們的貪腐讓清朝極速墜落，光緒皇帝時「度支竭蹶，戶部當時不過存銀二百萬兩，

天朝的預算（下）

每月須放八旗兵餉四十八萬兩，虎神營等一百餘萬兩，而所存之銀，僅足發三月兵餉」，主管財政的「司計之臣」只能「時時仰屋興嗟」。

預算制改革勢必要管住皇帝的錢袋子。錯綜複雜的內廷皇族們抬出了尚方寶劍《欽定憲法大綱》。《欽定憲法大綱》是光緒皇帝在位時昭告天下的國家基本大法。憲法規定：「在議院閉會時，遇有緊急之事，得發代法律之詔令，並得以詔令籌措必需之財用。唯至次年會期，須交議院協議。」憲法賦予議員們審議國家一切費用，令議員們很失望的是，憲法對皇室經費進行了特殊規定：「皇室經費，應由君上制定常額，自國庫提支，議院不得置議。」

憲法對皇室經費的特別規定給國家預算帶來了一系列的問題。負責審查預算案的劉澤熙議員在向全體議員做報告的時候提出：「宮中、府中，經費之未分也。質言之，即國家經費與皇室經費之混合也。」預算案中沒有的皇室經費隱現在各衙門和地方行政費中，「與皇室經費性質相近者，大概包括於行政費中，其分類似為不倫。在編制預算者固屬無可如何之計，且解內務府款、解宗人府款及所謂緞匹、顏料、例貢等名目，散見於各省預算冊內不一而足」。

皇室經費令本已凌亂的各省協撥款項更是一團糟。在劉澤熙看來，中國製度只有行省財政，而無國家財政，清執政集團只能採取恤鄰主義，彼此互相協撥。在天下承平國泰民安之時，各地督撫們會按照中央的命令協撥各項行政款，可是鴉片戰爭後國家財政日益糟糕，各地財政支絀，「無論受協省份、應協省份，同一處於艱窘，故往往解不足數，或竟拖欠數年不解」，導致受協者不斷讓北京催撥，應協者不斷給北京上書希望截留，成為「財政界上一大轇轕之現象，為各國所無，而我中國獨有之特色也」。

光緒皇帝死後，慈禧太后命醇親王載灃攝政監國，攝政王的兩位弟弟載洵、載濤執掌兵權，意欲從北洋及天下督撫手中將軍隊抓到皇室手上。陸軍的擴軍計劃和海軍的新建計劃陸續發表，從度支部無法獲得資金的軍方只能向銀行貸款。預算制度的推行給軍方獲得預算資金的絕佳機會。在整個預算案中，軍費占到總額的三分之一，令議員們頭大的是各省督撫壓根兒就不想

最初的國會
晚清精英救國之謀 1910～1911（修訂版）

將讓攝政王兄弟收走軍權，他們在預算冊中「欲以浮報，故露其虧窘之象」，拒絕向軍方多提交一文銀子。

清八旗入關，執政集團規定綠營兵丁可以營業自由，但是駐防北京的衛戍部隊不能做生意。在議員們看來，那些可笑的綠營兵丁在國家拿著軍餉的同時，有不可勝數的兵丁還幹著其他產業，這樣的軍隊裁撤後是可以自謀生路的。軍方為了擴張權力，以京畿衛戍部隊當擋箭牌，「京旗駐防除服當兵之義務外，別無他項營業所恃以養家贍眷者，唯月得之數金而已，不先為之謀一生活，遽行裁撤，使數百萬旗丁流離失所，其心忍乎？」

衛戍部隊拱衛者愛新覺羅皇族兩百多年的京畿安全，攝政王豈能大筆一揮將其裁撤？國家的三分之一收入都用於軍費開支，數千萬白銀用於那些「既不能捍衛地方，復不能恢張國力」的老弱殘疾兵丁，令議員們憤恨。當預算冊送抵資政院後，議員們立即提出抗議：「預算審查原系國家政治上全體利益，不宜以社會眼光為一部分人留此糜費，至於財政有損，然而國家者，集社會而成者，苟社會上不得其所者太多，亦非國家仁政之所忍出。」

旗兵是滿洲立國根基，解決旗兵制度成為一個政治問題，議員們希望將京畿衛戍部隊問題進行專項議案。但是各省的防務軍費成了焦點問題，督撫們以「保衛地方之必要事」做大軍費預算。預算審查股在審查時覺得「各省消耗此款未免太巨」，提議裁減四成，「改為巡警薪餉，亦與保衛地方本意無背」。至於新軍辦理者們擴張軍事，在國家沒有統一部署的情況下「遽行成立多鎮」，「演出種種奇象」，甚至圖謀充裕的軍餉，但是新軍為國家軍事精神之所在，為國家命脈所繫，議員們只是建議將部分費用劃出來用於軍事教育、武器裝備製造。

排在軍費之後的是行政、財政費，議員們發現督撫們送到京城的預算冊簡直就是一奇觀，各省除了督撫各一官署，司道縣的領導團隊同督撫一樣，整個國家官署林立，經費膨脹。財政費用居高背後，出現十里一卡，百里一局，局卡林立的奇觀，經費自然居高不下。劉澤熙在審查預算冊時跟同僚們感嘆：「他日新官制實行，若能聚數官廳同一官署辦事，則一切衙署費用可

天朝的預算（下）

省，改良徵收機關，廢除重複局所，則一切經徵費用可省。」不過官制問題事關國家政治體制問題，預算股的議員們不能越俎代庖，只能空發感嘆。

整個預算案中，無論是教育、民政、司法、交通、實業，「此數項者結為立國之要圖，既與憲政有密切之關係」，各衙門費用膨脹總是振振有詞，他們提醒激進的議員們，「斷不可持節約主義，以瑟縮其政務也」。議員們要「削其浮濫之費」，立即就有行政官僚出來警告，新政「必賴財力以為後盾，若不顧後盾如何，徒奮往前進，一舉百舉，設一旦財力竭蹶，必至已辦者隳於半途，未辦者不能舉辦，波及政治前途，危險何堪設想」？

易宗夔議員認真閱讀了教育系統的預算案，發現北京大學堂分科學生不夠六百人，可是整個大學堂職員、教員、書記人等一百二十多人，更離譜的是還有雜役一百九十多人，整個大學堂教職員工高達三百一十七人，差不多兩個學生配一個員役。易宗夔提議削減大學堂六萬六千五百萬兩銀子。劉景烈議員覺得易宗夔的提議太過仁慈，應該減他十萬兩，因為殖邊學堂有三百多學生，整個學堂費用才兩萬兩銀子，大學堂六百多學生預算高達二十二萬兩，「實在是糜費」。

大學堂監督劉廷琛同議員們簡直就是水火不容。大學堂的預算冊送到預算股後，預算股審查期間欲裁減大學堂的費用，期間正值資政院彈劾軍機大臣，劉廷琛聽聞預算股要裁減大學堂經費，立即站到軍機大臣一邊彈劾資政院「輕更國體，只為私利，溝通報館，惑亂人心」。劉廷琛在給攝政王的彈劾報告中，提醒攝政王資政院彈劾軍機大臣是「輕蔑執政，議員行專政之實」。劉廷琛的彈劾送抵攝政王之手後，對議員們削減財政經費早已牢騷滿腹的各地督撫們對資政院群起而攻之，給議員們貼上了「惑亂監國」的奸佞政治標籤。

于邦華議員一聽是劉廷琛主導的大學堂，頓時拍案而起：「大學分科人數甚少，糜費甚多，用的監督是什麼人？那樣的人如何能辦得好？如何能辦的分科大學？這個我們是不能承認的。」預算股負責教育經費審查的章宗元議員立即站出來調和：「大會上可以不通過，再付審查，審查之後如果還有糜費

最初的國會
晚清精英救國之謀 1910～1911（修訂版）

的地方，再付表決。」章宗元提醒議員們：「大學分科要請外國教習，這個教習經費是萬不可減的，若將專門教習開除，單用那些無用的人，恐大有損害於學務。」

　　章宗元的話音未落，整個議場騷然，聲浪錯雜，主持會議的副議長沈家本不得不出來維持秩序，希望情緒激動的議員們依次發言，「不可雜亂」。學部特派員范源濂向議員們就大學堂預算進行說明，強調大學堂雖屬學部，但行政運作上是個獨立機關，劉廷琛呈報資政院的預算案是大學堂總監督和學部開會商量核減後的結果，如果再要核減，得由學部商量總監督才行。學部多次就大學堂節省糜費問題進行開會，大學堂屢次答應核減，如果這一次要再減十萬兩，范源濂擔心劉廷琛不答應。

　　劉廷琛同資政院成了敵人，章宗元非常理解同事們對劉廷琛的憤怒，他相當清楚議員們削減大學堂經費，一半是因為糜費太重，一半是用人不當。章宗元希望議員們不要感情用事：「因為辦大學堂不得其人就核減經費，恐怕學生中亦受影響，我們對不起學生。」許鼎霖議員提醒章宗元：「每一個學生每年合銀五百多兩，在東洋留學也不過合洋三百多元。」大學堂一共分七科，有一科只有兩三個學生，許鼎霖很是不解：「如果辦得好，何以中國人不遠千萬里到外國留學，於本國大學堂分科只有幾個學生呢？」

　　最後一位狀元劉春霖議員建議將大學堂的分科、教職員工的人事問題調查清楚，對於很多學科可以合班上課，那樣就能裁減冗員的教職工。立即有學部衙門議員顧棟臣反駁劉春霖的提議，因為各科教育不一樣，不能簡單歸併，也不能因為學生少就簡單裁減教職員工。留學日本早稻田大學的陸宗輿提議，對於劉廷琛可以另行質問，但是對於興辦大學堂以及經費問題，事關預算一定要核實，「不能隨便說減少，就是減三五個錢」。陸宗輿提醒，資政院「不能因為辦得不好就要裁減他的經費，若全國教育不見進步，則將全國教育進行裁去」？

　　經過激烈的辯論後，大學堂的經費減去了八萬兩銀子，削減幅度高達百分之三十六。議員們的大刀闊斧和對劉廷琛能力的嘲諷，也為劉廷琛不斷彈

天朝的預算（下）

劾資政院埋下了仇恨的種子。隨後，議員們對京師法政學堂、順天官立高等學堂、八旗學務處、官立簡易識字學塾及學部衙門費用都進行了裁減。京師法政學堂六萬五千四百兩銀子減去了一萬三千九百兩，削減幅度高達百分之二十一。在對教育系統的預算審查過程中，削減幅度最大的是圖書局，十七萬五千兩的預算直接削減了十二萬兩，削減幅度高達百分之六十八。同時，議員們提議將沒有收入的圖書局機構進行商辦。

學部系統的行政費用讓議員們發現了一個可怕的問題，「我國雖號稱三萬萬入款，然內而各部院各擁一財政主權，外而各行省亦各擁一財政主權」，乃至江北提督、熱河都統、察哈爾都統都擁有財政主權，整個帝國凡是「官廳所設置之地，即財政所分割之地」，「不過預算冊內聚合數十個小財團，為一個大財團之名詞而已」。議員們擔心，各小財團自為收支，「又何能收一個大財團之效力」？

各部衙門和地方督撫在分割財權同時，各部院衙門和地方督撫的公費預算讓議員們大開眼界。預算股負責審查公費的章宗元向議員們進行專題報告，解釋公費跟朝廷規定的廉俸完全是兩回事，廉俸是正當的官員工資，公費是一個新定的名目，「是一種津貼的樣子」，京城的各大部院衙門都是自己定的，各省也沒有一個統一標準，但是外官比京官的公費高，不少人「作了幾年京官，都要運動作外官」。章宗元發現，外官「進款多些，多賺得幾個錢」，那些運動外放的京官們「到了外邊之後，往往操守不定，都是貪財的」。

公費在雍正年間就出現過，勤奮的雍正皇帝最恨官員貪腐，他連最信任的大將軍年羹堯都殺了，最終與天下官吏成了敵人。整個國家機器要運轉，皇帝還需要文武百官們工作，可是官員們的薪水很低，官場上有太多的應酬，最終雍正皇帝向臣工們做出了一個妥協的決定，對官員們發津貼，不過「如奉差離署，其應得公費按日扣除」。苛刻的皇帝的公費策略沒能讓官員們勤勉，經年日久百弊叢生，貪婪的更貪婪，廉潔的家徒四壁。1860年署理福建布政使張集馨辭職的理由之一竟然是「署中用度，無處設法」，需質衣借帳、同僚接濟。

最初的國會
晚清精英救國之謀 1910～1911（修訂版）

　　清執政集團一度推出各種津貼形式的養廉銀，可是到了光緒年間，「道府州縣之養廉，因公費繁多，往往為藩署扣盡。於是道府不得不借資於州縣，謂之津貼。州縣費用尤繁，則於徵收錢糧正額外，亦另有所謂津貼。」一時間，整個官場「上下相蒙，各為彌縫徇隱之計，而吏治遂不可問」。到了1907年各地進行自治改革，督撫衙署因分科治事變成實體，體制外運行已久的各類局所也隨司道改制而逐漸整合進入行政體系，地方政務的範圍擴大，人員成倍擴充，不穩定的規費津貼難以維持地方政府運轉。

　　1909年，度支部向各省派出財政監理官之前，為了消滅督撫疆臣們對財政清理的對抗，提出用公費來統一既往京外司道以下乃至體制內外所有機構的各種行政收支，將各省名目繁多的陋規納入政府的財務監督。度支部在給攝政王的報告中提出：「除督撫公費業由會議政務處議籌外，其餘文武大小各署及局所等處，應由清理財政局調查各處情形，一面稟承督撫及臣部酌定公費，一面提出各款項規費，除津貼各署公費外，概歸入正項收款。」

　　攝政王硃筆下派的財政監理官們的重要任務就是清查地方官們的錢袋子，督撫疆臣們在同北京周旋之際，度支部再給攝政王提交一份措詞更為嚴厲的報告：「嗣後凡有新添之款，必須事前奏咨立案，事後方准報銷。」意味著地方官們的糊塗帳北京不再認帳了。地方官們一門心思想的就是在確保自身利益的前提下透過朝廷公議，至少要透過資政院那一幫挑剔的議員們的法眼。湖北的巡撫衙門燈火通明，司道州府的各色官員坐在一起討論公費，「迭開會議三次，始經議決」，送到北京的數目在原來的基礎上陡增數倍。

　　議員們在審查預算案時，巡警廳正將激進的東北速開國會請願團代表塞進車裡，強行將他們押送回東三省。請願代表們在攝政王府前的割股血書深深地刺痛了議員們的心，他們鄙視那些「貪微末膏火」之輩的八股文士，嘲笑他們難當憲政改革大任。預算案中巨額的公費一旦昭告天下，民眾對官員的惡感將進一步增加。在外務部工作的蒙古進士、各部院衙門議員文溥就譴責各部衙門和地方政府，為了多謀得公費，以前每個司只有十數人，「近來添的人多至四五十人」。

天朝的預算（下）

「這回預算恐怕不能成立，因為度支部預算據財政監理官報告編成，而財政監理官係據藩司的冊子模模糊糊報告進來，度支部交到資政院來議，而資政院就憑一個冊子刪刪減減所列各項，於事實上靠得住靠不住？」身在北京的衙門裡，文溥相當了解「貪微末齎火」的官場同仁們，擔心議員們憑藉預算冊上的數字審核，「將來各衙門行去，有無窒礙」？議員們在審核預算案期間，「各省紛紛來電，都是在行政裡頭說話」，覺得一年幾千兩銀子的公費「未免太寒苦了」，政府沒有存餘，新政搞不去下去了。

山東巡撫孫寶琦是袁世凱的鐵桿盟友，在給攝政王的祕密報告中說，光緒皇帝昭告天下預備立憲，可是現在部院衙門「各不相謀，財政力挫，情勢日彰」，尤其是「財政監理官與諮議局同時並對峙，對付已屬不易，用人用財之權，漸漸無效果」。湖南巡撫楊文鼎在給朋友的信函中抱怨面對地方新政任務深感勞累，不堪重負，「往往對客未終，即昏然睡去，神志恍惚」。楊文鼎初到湖南巡撫任上，同諮議局的地方士紳精英勢同水火，新政主張均遭遇刁難，一筆公債最終都鬧到北京，楊文鼎向攝政王遞交辭呈以獲權限。

直隸總督陳夔龍另闢蹊徑，他致電度支部，希望度支部明確解釋公費的範圍。陳夔龍在度支部尚書載澤的眼中是個頑固分子，他同兩江總督張人駿告誡攝政王，驟開國會將「政黨從違」，出現「勢傾主人，蕭牆之禍」。度支部接到電報立即回電：「以公費二字本兼有辦公經費各義。唯近來京外應支官員公費多與養廉津貼無殊，向不造報。現在官俸章程尚未頒行，驟議正名恐多窒礙。至因公費用範圍甚廓，令分別據實開列，俟查明各項規費，由局酌定。」

度支部的回電令陳夔龍欣喜若狂：「伏查奏定原章，系因規費盈餘既須一律開報，又值官俸未經議定以前，不得不暫給公費以資津貼。是此次所定之公費，本與經費有殊。唯各署所用員司，及因公支款，如果不為核定，是在官之糈祿雖有常經，而因公之開支仍無限制，殊非清理財政實事求是之意。」陳夔龍將公費預算問題按照有利於自己的方向，輕描淡寫地歸為過渡性的財政措施。

287

最初的國會
晚清精英救國之謀 1910～1911（修訂版）

　　令資政院議員們哭笑不得的是陳夔龍居然拿著度支部的回電渾水摸魚。陳夔龍提交給資政院的公費預算冊分為兩項：「一曰公費，凡本官服食僕從車馬及一切私用應酬雜支屬之；一曰經費，凡該衙門因公費用與署內幕僚員司弁勇伕役修理房屋等項皆屬之，海關道交涉上尋常接待贈答經費亦在其內。」按照度支部的要求，官吏的私人用度是不用造報的，因公支出的經費則需要每月詳細造冊送財政清理局，最終歸入決算。陳夔龍將津貼公費與衙門辦公費混在一起，將規費化為公費，公務經費還須另撥，又多了一重官員操弄的空間。

　　陳夔龍的偷梁換柱立即得到江蘇巡撫程德全的響應，在給攝政王的報告中扛出了保體制的政治大旗：「官俸之設，所以保體制上必需之費用，亦即對職事上相當之報酬。今於官俸未定之先，酌定公費，以立始基。固當有因勢利導之方，始克收稱物平施之效。」程德全在陳夔龍的基礎上，更是將「各署幕員薪膳、勇役工食，及一切因公用項屬」化為行政費。載澤的政治盟友、湖廣總督瑞澂胃口更大，將「本官經費」變為「本署經費」。如此一來，督撫疆臣們將化公為私的黑錢越洗越白，越洗金額越大。

　　督撫疆臣們的貪婪激怒了輿論：「明詔煌煌命速定外官經費者，為獎貪乎？為恤官乎？」輿論譴責地方官員們將陋規為首的見不光的收入堂而皇之地納入財政預算：「監司大員竟置詔旨於不顧，而公然開列，視為入款之大宗，是攤捐非唯不免，且將增加負擔也。其貪黷無藝之情固可惡，而其弁髦詔旨之罪尤可誅。乃大府竟不以為非，將如其數以予之，而前此僅得之於曖昧者，後此直可得之於法定。是愈貪則獲利愈多，而清廉者徒自苦矣。豈朝廷之飭定公費固為獎貪起見乎？」

　　度支部派出財政監理官遭遇種種刁難之後，公費預算最終全是地方政府自定，輿論譴責這種不科學的程序「使之各自報告，俾得大開獅口」。劉澤熙議員看出了問題的癥結：「今者電爭政費，其在各主管衙門亦挾一濫費地步，以相揣測也，故對於督撫秦越肥瘠，漠不相關如是，此弊坐在中央各部不能確定主管事務經費，而必須督撫確定之。」一個離奇的現象就出現了，「督撫

天朝的預算（下）

既能確定經費，而不能與聞預算，且又須執行事務，故必以電相爭」。劉澤熙擔心長此以往，「財政權終歸督撫，揆之法理、事實，固屬無一而可」。

預算案前虧空甚巨，預算上報虧空更甚，有議員感嘆：真不知何術可以挽救。

預算案的怪象背後皆因晚清政權出現了不可調和的分裂，中央徒具統一之名，地方行割據之實。議員們敬告攝政王，「假令政治統一，則一切政策皆有系統，何者宜因，何者宜革，何者宜緩，何者宜急，必能權衡至當，無所牽掣於其間，內而各部也不能各自為謀，外而各省也不能各為風氣」，三萬萬的財政收入「伏處於一個政策之下」，一定可以合理地支配。議員們感嘆：「以財政論，何至有捉襟見肘之虞；以政事論，何至有用焉不當之處？」

攝政王的統一財權之法是削弱督撫疆臣們對財政的控制權，沒想到督撫疆臣們在對抗的同時，設法將地方財政的黑錢透過預算進行洗白，數省致電攝政王不能核減上報預算，攝政王只能將糊塗的財政帳本送到資政院。議員們給攝政王獻策：「今欲吸收財權，當速頒布官制，必使財務行政為統一的組織，間接官治一變而為直接官治，而後足以收指臂相聯之效果。」官制改革的根本是政治組織問題，責任內閣是議員們公推的改良政治之根本國策，以責任內閣為財務權力的唯一驅使機關，財政才能聚江河之力為憲政改革護航。

最初的國會
晚清精英救國之謀 1910～1911（修訂版）

參考文獻

一、中文部分

（一）書籍

《碑傳集補》，閔爾昌著，燕京大學國學研究所 1932 年版。
《賓退隨筆》，羅惇曧著，中華書局 1982 年版。
《滄趣樓文存》，陳寶琛著，福建省圖書館 1959 年版。
《長沙搶米風潮資料彙編》，饒懷民編，岳麓書社 2001 年版。
《陳侍御奏稿》，陳善同著，文海出版社 1968 年版。
《乘槎筆記》，（清）斌椿著，湖南人民出版社 1981 年出版。
《澄齋日記》，（清）惲毓鼎著，浙江古籍出版社 2004 年版。
《澄齋奏稿》，（清）惲毓鼎著，浙江古籍出版社 2007 年版。
《籌辦夷務始末》，（清）寶鋆等編，中華書局 2008 年版。
《大清光緒新法令》，韓君玲點校，商務印書館 1910 年版。
《大清教育新法令》續編，政學社石印本 1911 年版。
《道咸宦海見聞錄》，（清）張集馨著，中華書局 1981 年版。
《德國外交文件有關中國交涉史料選譯》，孫瑞芹譯，商務印書館 1960 年版。
《東華錄》，（清）蔣良騏著，中華書局 1980 年版。
《度支部清理財政處檔案》清末鉛印本，中國社科院近代史圖書館藏。
《公車上書記》，滬上哀時老人未還氏著，上海石印書局 1895 年版。
《龔自珍全集》，（清）龔自珍著，上海人民出版社 1975 年版。
《光緒朝東華錄》，朱壽朋編，中華書局 1984 年版。
《光緒宣統兩朝上諭檔》，中國第一歷史檔案館編，廣西師範大學出版社 1996 年版。

最初的國會
晚清精英救國之謀 1910～1911（修訂版）

《光緒政要》，(清)沈桐生輯，江蘇廣陵古籍刻印社 1991 年版。

《廣西禁煙案會鈔》，廣西諮議局編，1910 年排印本。

《國會請願代表第二次呈都察院代奏書匯錄》，中國社會科學院近代史研究所圖書館藏刊本。

《國聞備乘》，(清)胡思敬著，上海書店出版社 1997 年版。

《航海述奇》，張德彝著，湖南人民出版社 1981 年版。

《魂南記》，(清)易順鼎、羅香林撰，臺灣文獻委員會 1993 年版。

《甲午中日戰爭》，陳旭麓等編，上海人民出版社 1980 年版。

《劍橋中國晚清史》，〔美〕費正清等編，中國社會科學院歷史研究所編譯室譯，中國社會科學出版社 1985 年版。

《諫書稀庵筆記》，(清)陳恆慶著，臺灣文海出版社 1969 年版。

《江蘇諮議局第二年度報告》清末鉛印本。

《江陰城守紀》，(清)韓菼著，上海古籍出版社 2007 年版。

《叫魂：1768 年的中國妖術大恐慌》，〔美〕孔飛力著，陳兼、劉昶譯，上海三聯書店 1999 年版。

《傑斐遜選集》，〔美〕托馬斯·傑斐遜著，朱曾汶譯，商務印書館 1999 年版。

《近代稗海》，近代史資料編譯室編，四川人民出版社 1985 年版。

《近代中國社會文化變遷錄》，李長莉等著，浙江人民出版社 1998 年版。

《近現代出版新聞法規彙編》，劉哲民編，學林出版社 1992 年版。

《經元善集》，(清)經元善著，華中師範大學出版社 1988 年版。

《居東集》，蔣智由著，文明書局 1910 年鉛印本。

《康南海先生詩集》，康有為著，長沙商務印書館 1941 年版。

《康南海自編年譜》，康有為著，江蘇人民出版社 1999 年版。

《康有為政論集》，湯志鈞編，中華書局 1981 年版。

《葵園四種》，王先謙著，岳麓書社 1986 年版。

《萊陽文史資料》第二輯，山東萊陽政協文史委員會編，1989 年內部印刷。

《李鴻章全集》，(清)李鴻章著，安徽教育出版社 2008 年版。

《李平書七十自述·藕初五十自述·王曉籟述錄》，李平書等著，上海古籍出版社 1989 年版。

參考文獻

《李文忠公全集》,(清)李鴻章著,臺灣文海出版社 1968 年版。
《梁任公先生年譜長編初稿》,丁文江、趙豐田編,中華書局 2010 年版。
《凌霄一士隨筆》,徐凌霄、徐一士著,山西古籍出版社 1997 年版。
《六君子傳》,陶菊隱著,中華書局 1946 年版。
《論鐵路之統一》,張嘉璈著,臺灣文海出版社 1987 年版。
《馬克思恩格斯全集》,中共中央馬克思恩格斯列寧斯大林著作編譯局編譯,人民出版社 1956 年版。
《馬相伯集》,朱維錚主編,復旦大學出版社 1996 年版。
《滿老文檔》,廣祿、李學智譯註,中華書局 1990 年版。
《孟森政論文集刊》,孟森著,中華書局 2008 年版。
《夢蕉亭雜記》,陳夔龍著,上海古籍書店 1983 年版。
《內黃縣志》,內黃縣志編纂委員會編,中州古籍出版社 1987 年版。
《那桐日記》,北京檔案館編,新華出版社 2006 年版。
《寧調元集》,寧調元著,湖南人民出版社 2008 年版。
《歐陽脩集》,(宋)歐陽脩著,中州古籍出版社 2010 年版。
《清稗類鈔》,(清)徐珂編撰,中華書局 2010 年版。
《清朝續文獻通考》,劉錦藻著,浙江古籍出版社 2000 年版。
《清代碑傳全集》,(清)錢儀吉等編,上海古籍出版社 1987 年版。
《清代軍機處電報檔彙編》第三冊,中國第一歷史檔案館編,中國人民大學出版社 2004 年版。
《清代外債史論》,許毅等著,中國時政經濟出版社 1996 年版。
《清帝遜位與列強》,〔美〕李約翰著,孫瑞芹、陳澤憲譯,江蘇教育出版社 2006 年版。
《清末籌備立憲檔案史料》,故宮博物院明清檔案部彙編,中華書局 1979 年版。
《清末民初的政情內幕:《〈泰晤士報〉駐北京記者莫里遜書信集》,〔澳〕駱惠敏編,劉桂梁等譯,知識出版社 1986 年版。
《清實錄》,中華書局 1986 年影印本。
《清實錄廣西資料輯錄》,廣西壯族自治區通志館、廣西壯族自治區圖書館編,廣西人民出版社 1988 年版。

最初的國會
晚清精英救國之謀 1910～1911（修訂版）

《清史稿》，趙爾巽總撰，中華書局 1976 年版。
《清史紀事本末》，（清）黃鴻壽編，北京圖書館出版社 2003 年版。
《清世祖實錄》，中華書局 1985 年版。
《日本國志》，（清）黃遵憲著，天津人民出版社 2005 年版。
《日俄戰爭檔案史料》，遼寧省檔案館編，遼寧古籍出版社 1995 年版。
《三水梁燕孫先生年譜》，沈雲龍編，臺灣文海出版社 1966 年版。
《山東近代史資料》第二冊，中國史學會濟南分會編，山東人民出版社 1959 年版。
《上海錢莊史料》，人民銀行上海分行編，上海人民出版社 1978 年版。
《上海文史資料存稿彙編》金融卷，上海市政協文史資料委員會編，上海古籍出版社 2001 年版。
《上海軼事大觀》，陳伯熙編著，上海書店出版社 2000 年版。
《尚書古文疏證》，（清）閻若璩撰，上海古籍出版社 2010 年版。
《盛世危言》，鄭觀應著，中州古籍出版社 1998 年版。
《盛宣懷檔案資料選輯之一——辛亥革命前後》，陳旭麓、顧廷龍、汪熙主編，上海人民出版社 1979 年版。
《盛宣懷實業朋僚函稿》，王爾敏、吳倫霓霞編，臺灣中研院近代史研究所 1997 年版。
《述德筆記》，愛新覺羅·毓盈著，民族出版社 2009 年版。
《思文大紀》，（明）陳燕翼著，上海古籍出版社 1995 年版。
《四川保路運動史料》，戴執禮著，科學出版社 1959 年版。
《四川保路運動史料彙纂》，戴執禮著，臺灣中研院進代史研究所 1994 年版。
《四川文史資料選輯》，四川省成都市委員會文史資料研究委員會編，四川人民出版社 1983 年版。
《蘇輿集》，（清）蘇輿著，湖南人民出版社 2008 年版。
《孫中山年譜長編》，陳錫祺編，中華書局 1991 年版。
《臺灣外紀》，江日昇編，世界書局 1979 年版。
《太平天國史料叢編簡輯》，太平天國歷史博物館編，中華書局 1963 年版。
《太平天國文書彙編》，太平天國歷史博物館編，中華書局 1979 年版。
《太平天國印書》，太平天國歷史博物館編，江蘇人民出版社 1979 年版。

參考文獻

《譚嗣同全集》,(清)譚嗣同著,生活·讀書·新知三聯書店1977年版。
《天津商會檔案彙編1903—1911》,天津市檔案館編,天津人民出版社1989年版。
《晚清國際會議檔案》,中國第一歷史檔案館編,江蘇廣陵書社2008年版。
《晚清政治革命新論》,郭世佑著,湖南人民出版社1997年版。
《汪康年師友書札》,汪康年著,上海古籍出版社1986年版。
《汪榮寶日記》,汪榮寶著,西北大學出版社1986年版。
《忘山廬記》,孫寶瑄著,上海古籍出版社1983年版。
《文廷式集》,(清)文廷式著,汪叔子編,中華書局1993年版。
《翁同龢日記》,(清)翁同龢著,中華書局2006年版。
《戊戌變法》,翦伯贊等編,上海人民出版社1957年版。
《戊戌變法人物傳稿》,湯志鈞著,中華書局1961年版。
《錫良遺稿》,錫良著,中華書局1959年版。
《湘鄂米案電存》鉛印本,中國社會科學院近代史研究所圖書館藏1910年版。
《湘難雜錄》長沙鉛印本,湖南省圖書館藏1910年版。
《湘省要電匯錄》長沙鉛印本,湖南省圖書館藏1910年版。
《湘潭縣志·卷三十五·人物卷——易宗夔小傳》,湘潭縣地方志編纂委員會員主編,湖南出版社1995年版。
《心太平室集》,張一麐著,上海書店1991年版。
《辛亥革命》,中國史學會主編,上海人民出版社1957年版。
《辛亥革命回憶錄》,中國人民政治協商會議全國委員會文史資料研究委員會編,文史資料出版社1982年版。
《辛亥革命前萊海招抗捐運動》,劉同鈞編,社會科學文獻出版社1989年版。
《辛亥革命前十年間民變檔案史料》,中國第一歷史檔案館、北京師範大學歷史系編,中華書局1985年版。
《辛亥革命前十年間時論選集》,梁枘、王忍之編,生活·讀書·新知三聯書店1977年版。
《辛亥革命資料新編》,章開沅編,湖北人民出版社2006年版。
《新世說》,易宗夔著,上海古籍書店1986年影印本。
《新語林》,陳贛一著,上海書店出版社1997年版。

最初的國會
晚清精英救國之謀 1910～1911（修訂版）

《熊希齡集》，周秋光編，湖南出版社 1996 年版。
《徐錫麟評傳》，謝一彪著，人民出版社 2011 年版。
《宣統政紀》，張朝墉著，遼海書社 1932 年版。
《嚴復年譜新編》，羅耀九主編，鷺江出版社 2004 年版。
《研堂見聞雜記》，（明）謝國楨著，大通書局 1987 年版。
《顏惠慶自傳》，顏惠慶著，臺灣傳記文學出版社 1982 年版。
《楊度集》，劉晴波主編，湖南人民出版社 1986 年版。
《洋務運動》，牟安世著，上海人民出版社 1957 年版。
《飲冰室合集》，梁啟超著，中華書局 1989 年版。
《飲冰室文集》，梁啟超著，臺灣中華書局 1981 年版。
《愚齋存稿》，盛宣懷著，臺灣文海出版社 1975 年版。
《遠生遺著》，黃遠庸著，商務印書館 1920 年版。
《張謇全集》，張謇研究中心編，江蘇古籍出版社 1994 年版。
《張人駿家書日記》，張守中編，中國文史出版社 1993 年版。
《張文襄公年譜》，許同莘編著，商務印書館 1944 年版。
《章太炎政論選集》，章太炎著，中華書局 1977 年版。
《趙柏岩集》，（清）趙炳麟著，廣西人民出版社 2001 年版。
《鄭觀應集》，鄭觀應著，夏東元編，海人民出版社 1982 年版。
《鄭孝胥日記》，鄭孝胥著，中華書局 1993 年版。
《中國財政史》，陳光焱等編，中國財政經濟出版社 2001 年版。
《中國近百年政治史》，李劍農著，藍天書報合作社 1943 年版。
《中國近代教育史教學參考資料》，陳學恂著，人民教育出版社 1986 年版。
《中國近代教育史資料》，舒新城著，人民教育出版社 1961 年版。
《中國近代經濟思想資料選輯》，趙靖、易夢虹著，中華書局 1982 年版。
《中國近代啟蒙思潮》，丁守和編，中國社會科學文獻出版社 1999 年版。
《中國近代史詞典》，陳旭麓編，上海辭書出版社 1983 年版。
《中國近代史通鑒》，戴逸著，紅旗出版社 1997 年版。
《中國近代鐵路史資料》，宓汝成著，中華書局 1963 年版。

《中國清代外債史資料》，中國人民銀行參事室編，中國金融出版社 1991 年版。
《中國書院史》，李國均著，湖南教育出版社 1994 年版。
《中國鐵路史》，曾鯤化著，燕京印刷局 1944 年版。
《中國早期工業化：盛宣懷和官督商辦企業》，[美] 費維愷著，虞和平譯，中國社會科學出版社 1990 年版。
《中日戰爭》，中國史學會編，新知識出版社 1956 年版。
《資政院議場會議速記錄》，李啟成點校，上海三聯書店 2011 年版。

（二）報刊

《北京日報》1910 年 11 月 12 日、1910 年 12 月 21 日。
《長沙日報》1910 年 11 月 2 日。
《大公報》1905 年 6 月 24 日、1908 年 3 月 3 日、1909 年 4 月 3 日、1909 年 5 月 3 日、1909 年 10 月 15 日、1909 年 11 月 26 日、1910 年 5 月 15 日、1910 年 6 月 4 日、1910 年 8 月 21 日、1910 年 9 月 4 日、1910 年 9 月 16 日、17 日、1910 年 9 月 22 日、1910 年 10 月 12 日、1910 年 10 月 13 日、1910 年 10 月 15 日、1910 年 10 月 19 日、1910 年 11 月 8 日、1910 年 11 月 12 日、1910 年 12 月 19 日、1911 年 1 月 12 日、1911 年 5 月 2 日、1911 年 8 月 16 日、1911 年 8 月 18 日。
《大中華》1915 年 8 月 31 日。
《帝國日報》1910 年 9 月 12 日。
《東方報》1906 年 11 月 20 日。
《東方雜誌》1904 年第 7 期、1905 年第 12 期、1906 年第 13 期、1907 年第 5 期、1909 年第 9 期、1910 年第 4 期、1910 年第 5 期、1910 年第 10 期、1910 年第 12 期。
《國風報》1910 年 6 月 17 日、1910 年 7 月 7 日、1910 年 7 月 27 日、1910 年 10 月 23 日、1910 年 12 月 21 日。
《民立報》1910 年 11 月 3 日、1910 年 11 月 11 日、1910 年 11 月 13 日、1910 年 11 月 18 日、1911 年 8 月 17 日。
《紐約時報》1908 年 11 月 14 日、1908 年 11 月 15 日、1908 年 11 月 22 日。
《申報》1895 年 7 月 10 日、1909 年 7 月 14 日、1909 年 12 月 11、12 日、1910 年 2 月 14 日、1910 年 3 月 9 日、1910 年 4 月 12 日、1910 年 4 月 24 日、1910 年 5 月 7 日、1910 年 5

最初的國會
晚清精英救國之謀 1910～1911（修訂版）

月 9 日、1910 年 6 月 22 日、1910 年 7 月 20 日、1910 年 7 月 25 日、1910 年 7 月 27 日、1910 年 7 月 28 日、1910 年 7 月 29 日、1910 年 8 月 1 日、1910 年 8 月 3 日、1910 年 8 月 4 日、1910 年 8 月 5 日、1910 年 8 月 7 日、1910 年 9 月 6 日、1910 年 9 月 10 日、1910 年 9 月 16 日、1910 年 9 月 22 日、1910 年 10 月 11 日、1910 年 10 月 14 日、1910 年 10 月 18 日、1910 年 10 月 21 日、1910 年 10 月 22 日、1910 年 10 月 28 日、1910 年 11 月 1 日、1910 年 11 月 5 日、1910 年 11 月 7 日、1910 年 11 月 9 日、1910 年 11 月 10 日、1910 年 11 月 11 日、1910 年 11 月 14 日、1910 年 11 月 17 日、1910 年 12 月 3 日、1910 年 12 月 4 日、1910 年 12 月 22 日、1910 年 12 月 29 日、1911 年 1 月 9 日、1911 年 2 月 27 日。

《神州日報》1907 年 9 月 20 日、1910 年 2 月 17 日、1910 年 8 月 8 日、1910 年 9 月 13 日、1910 年 10 月 10 日、1910 年 10 月 15 日、1910 年 10 月 19 日、1910 年 10 月 23 日、1910 年 11 月 6 日、1910 年 11 月 28 日、1910 年 12 月 5 日、1910 年 12 月 29 日、1911 年 1 月 7 日、1911 年 1 月 14 日、1911 年 5 月 30 日、1911 年 8 月 1 日、1911 年 9 月 1 日、1911 年 10 月 3 日。

《時報》1904 年 12 月 29 日、1910 年 1 月 31 日、1910 年 8 月 1 日、1910 年 8 月 8 日、1910 年 8 月 31 日、1910 年 9 月 2 日、1910 年 10 月 16 日、1910 年 11 月 4 日、1910 年 11 月 5 日、1910 年 11 月 7 日、1910 年 12 月 29 日、1910 年 12 月 30 日、1911 年 1 月 8 日、1911 年 1 月 9 日、1911 年 1 月 12 日。

《蜀報》第 6 冊，本省記事欄。

《順天時報》1908 年 12 月 22 日。

《四川官報》第 15 冊，1905 年 6 月。

《泰晤士報》1908 年 10 月 30 日。

《外交報》1906 年 11 月 1 日。

《星洲日報》1910 年 2 月 18 日。

《政治官報》1910 年 8 月 4 日、1910 年 9 月 7 日、1910 年 10 月 31 日、1910 年 11 月 7 日。

《直棣教育雜誌》1905 年 9 月 23 日。

《中國新報》1907 年 1 月號。

《中外報》1911 年 3 月 24 日。

參考文獻

《中外日報》1904 年 1 月 31 日。

《中外實報》1910 年 6 月 22 日、1910 年 9 月 21 日。

《中央銀行月報》第 9 卷第 1 期。

《字林西報》1898 年 11 月 7 日。

（三）文獻、檔案

〈前河南補用知縣應秉鈞為呈進印花稅條議事致度支部堂上稟文〉，載於《清代兩次試辦印花稅史料》，中國第一歷史檔案館藏。

〈1894 年孫中山謁見李鴻章一事的新資料〉，載於《辛亥革命史叢刊》第一輯，中華書局 1980 年版。

《電報檔》軍機處漢文檔冊，第 2042 盒，中國第一歷史檔案館藏。

〈趙爾巽檔案全宗〉，載於《度支部來電》第 81 卷，中國第一歷史檔案館藏。

《度支部清理財政處檔案》，中國社科院近代史圖書館藏，清末鉛印本。

〈光緒帝被囚瀛台醫案〉、〈奉宸苑值宿檔〉，載於《歷史檔案》2003 年第 2 期，中國第一歷史檔案館館藏。

〈富爾遜奏為變法自強設立內閣總理制敬陳管見事〉，清史編撰委員會資料庫，檔案號：04-01-01-1106-040。

〈詭謀直記〉，載於《各國內政關係雜纂·支那之部·光緒二十四年政變》第一卷一門六類一項四二二號內，日本外務省檔案。

〈胡思敬奏為特參民政部尚書善耆勾通議員易宗夔等墮壞國紀請懲責事〉，清史編撰委員會資料庫，檔案號：04-01-12-0689-037。

《近代史資料》總第 71 號，中國社會科學出版社 1988 年版。

《軍機處全宗·隨手登記》，膠片 169 號，中國第一歷史檔案館藏。

《清民政部檔案》，卷號 1509-376，中國第一歷史檔案館藏。

《清末經濟恐慌與辛亥革命之聯繫》，菊池貴晴著，載於《國外中國近代史研究》第二輯，中國社會科學出版社 1981 年版。

《外交部遵議變通外交官服裝及宴會章服以示級別品級》、《軍機處錄副奏摺 外交類》膠片，第 582 卷 002049 號，中國第一歷史檔案館藏。

《辛亥革命時期有關孫文的資料——森恪關於「滿洲問題」的書信》，[日] 藤井升三撰，

最初的國會
晚清精英救國之謀 1910～1911（修訂版）

載於《中山大學學報論叢·孫中山研究論叢》第 7 集，中山大學學報編輯部 1990 年版。
《政務處議度支部奏試辦宣統三年預算請飭交資政院照章辦理摺》，會議政務處檔案·財政卷，982 卷，中國第一歷史檔案館。
《中國的形勢及祕密結社》，山口昇著、趙金鈺譯，載於《近代史資料》總 57 期，中國社會科學出版社 1989 年版。
《周震鱗的家世和生平簡述》，周世賢著，載於《長沙文史資料》1991 年第 11 輯。
《資政院總裁、資政院副總裁法部右侍郎沈家本奏為瀝陳軍機大臣失職不勝輔弼之任事》，清史編撰委員會資料庫，檔案號：04-01-01-1107-035。
《資政院奏為據實瀝陳大臣責任不明難資輔弼事》，清史編撰委員會資料庫，檔案號：04-01-02-0112-006。
《奏為謹擬大元帥典禮請旨飭議事》，《宮中全宗·硃批奏摺》，中國第一歷史檔案館藏，檔案號：04-01-01-1095-062。
《奏為敬陳預備憲政變法維新管見事》，《宮中全宗奏摺》，中國第一歷史檔案館藏，檔案號：04-01-02-0112-007。
《奏為統籌洋員漢納根呈遞練兵購船各節費巨事艱擬就京旗閒散子弟先行試練以免後患摺》，載於《翁同龢文獻》，轉引於《廣東社會科學》雜誌 2003 年第 1 期。
《軍機處錄副奏摺》，檔號 03—7514—035，縮微號 559—0193，中國第一歷史檔案館藏。

二、英文著作及文獻

British Documents on the Origins of the War，1898-1914，Harold William Vazeille Temperley，Great Britain Foreign Office H.M.Stationery Office，1932.
Remnants of Ch'in Law：An Annotated Translation of the Ch'in Legal and Administrative Rules of the 3rd Century B.C.Discovered in Yün-meng Prefecture，Hu-pei Province，in 1975，A.F.P.Hulsewe，E.J.Brill 1985.
Records of the United States Legation in China，1843—1945，microfilm，Roll No.11.
Kang Yuwei to President Roosevelt，November 14，1908，Ibid.
Division of Far Eastern Affairs to Mr.Bacon，November17，1908，RDS，1906—

參考文獻

1910,microfilm,Roll No.171.

Mr.Rockhill to the Secretary of State,November 25,1908,Ibid.

Kang Yuwei to President Roosevelt,November 30,1908,Telegram,Ibid.

Mr.Root to Mr.Rockhill,December 3,1908,Telegram;Rockhill to Secretary of State,December 12,1908;Rockhill to Prince of Ch』ing,December 5,1908,Ibid.

Memorandum reference by Mr.Rockhill with the Prince of Ch』ing,January15,1909;Records of the Department of State Relating to Internal Affairs of China,1906—1910.

最初的國會

晚清精英救國之謀 1910～1911（修訂版）

作　　者：李德林 著	
發 行 人：黃振庭	
出 版 者：崧燁文化事業有限公司	
發 行 者：崧燁文化事業有限公司	
E-mail：sonbookservice@gmail.com	
粉 絲 頁：https://www.facebook.com/sonbookss/	
網　　址：https://sonbook.net/	
地　　址：台北市中正區重慶南路一段六十一號八樓 815 室	

Rm. 815, 8F., No.61, Sec. 1, Chongqing S. Rd., Zhongzheng Dist., Taipei City 100, Taiwan (R.O.C)

電　　話：(02)2370-3310
傳　　真：(02) 2388-1990

總 經 銷：紅螞蟻圖書有限公司
地　　址：台北市內湖區舊宗路二段 121 巷 19 號
電　　話：02-2795-3656
傳　　真：02-2795-4100
印　　刷：京峯彩色印刷有限公司（京峰數位）

國家圖書館出版品預行編目資料

最初的國會：晚清精英救國之謀 1910-1911 / 李德林著. -- 修訂一版. -- 臺北市：崧燁文化，2020.09
　面；　公分
POD 版
ISBN 978-986-516-475-1(平裝)
1. 晚清史
627.9　　109012976

官網

臉書

- 版權聲明 -
本書版權為九州出版社所有授權崧博出版事業有限公司獨家發行電子書及繁體書繁體字版。若有其他相關權利及授權需求請與本公司聯繫。

定　　價：390 元
發行日期：2020 年 9 月修訂一版
◎本書以 POD 印製